MANAGEMENT BLADE
CORPORATE CULTURE STRONG
CORE STRATEGY

管理之刃

企业文化强核攻略

袁恒常 著

企业管理出版社
ENTERPRISE MANAGEMENT PUBLISHING HOUSE

图书在版编目（CIP）数据

管理之刃：企业文化强核攻略/袁恒常著. —北京：企业管理出版社，2022.7
ISBN 978-7-5164-2575-6

Ⅰ. ①管… Ⅱ. ①袁… Ⅲ. ①企业文化—研究 Ⅳ. ①F272-05

中国版本图书馆CIP数据核字（2022）第040866号

书　　名：管理之刃：企业文化强核攻略
书　　号：ISBN 978-7-5164-2575-6
作　　者：袁恒常
责任编辑：张　羿
出版发行：企业管理出版社
经　　销：新华书店
地　　址：北京市海淀区紫竹院南路17号　　邮　　编：100048
网　　址：http://www.emph.cn　　电子信箱：26814134@qq.com
电　　话：编辑部（010）68456991　　发行部（010）68701816
印　　刷：河北宝昌佳彩印刷有限公司
版　　次：2022年7月第1版
印　　次：2022年7月第1次印刷
开　　本：710mm × 1000mm　1/16
印　　张：19
字　　数：360千字
定　　价：88.00元

大变革时代的企业文化探索

推荐序一

PREFACE

袁恒常先生是中国企业文化研究会高级咨询专家，长期致力于我国企业文化的研究与推广，辛勤耕耘，创获颇丰，并获得业内好评。最近，他将他的新作《管理之刃：企业文化强核攻略》书稿寄给我，嘱我作序。我抱着学习的心态读完书稿，受益良多。本书结合中国企业改革的发展历程，对企业文化理论创新和实践创新进行了多角度的积极探索，一定意义上代表了我国当代企业文化研究的最新成果。

众所周知，企业文化理论的诞生是基于国际化竞争的时代背景。中国改革开放的持续推进和深化，为企业文化理论的中国化实践提供了广阔的沃土，焕发了企业文化建设的勃勃生机。在此过程中，许多先进的管理理论和管理思想在中国市场化改革的大舞台上“八仙过海、各展其技”，与中国传统人文精神和哲学思想碰撞交融，为提升中国企业的核心竞争力和国际市场竞争力提供了强大的思想文化动力。

《管理之刃：企业文化强核攻略》一书从企业文化理论诞生的全球化背景和中国改革开放背景出发，对中西历史文化渊源进行比较分析，对企业文化理论和相关管理理论进行综合分析，提出了“企业文化、CIS、品牌一体化”的基本思路；根据中国企业变革转型的实际，对企业党建、领导力、执行力、企业兼并与文化融合、集团文化管控、企业社会责任以及工匠精神等进行了专题论述；从企业文化咨询实战角度，阐述了企业文化调研、企业文化体系构建、企业文化规划制订、企业文化落地实施的策略和技法，编制了一幅“企业文化执行路线图”，具有现实的指导性和可操作性；在案例分析部分，既介绍了针对客户实际问题的企业文化解决方案，更描述了相关行业背景、时代背景和地域文化特色，颇具画面感和可读性。

通读全书，我以为作者的企业文化研究有以下突出特点。

第一，力求体现企业文化和社会历史文化背景的有机性对接。无论是企业文化理论和企业文化现象，都是基于一定的社会背景和历史文化渊源，中西方不同的历史文化特征，必然对不同社会形态下、社会体制下的企业文化产生重大影响。比如，美国企业文化、日本企业文化和中国企业文化也呈现出不同的特征。本书将诸多企业文化问题的分析置于特定民族或国家的社会历史文化背景下，彰显了企业文化形态的个性色彩，这对于我们在现实企业文化实践中去提炼把握企业文化的个性无疑具有启示意义。

第二，力求体现企业文化理论和相关管理理论的系统性整合。企业文化是一个综合的概念，也是一个动态的概念。本书从企业文化建设、企业文化管理、企业文化资源和企业文化品牌等方面研究企业文化的价值功能，从企业文化理论、企业生长周期理论、学习型组织理论、CIS 和品牌理论等方面进行企业文化管理的交叉应用研究，既拓展了企业文化的新视野，又为具体企业的企业文化实践提供了参照。

第三，力求体现企业文化实践和专业咨询实践的实战性统一。本书强调企业文化是企业之魂，也是企业竞争力之源。在企业文化实践中，既需要企业经营管理者的思想引领和价值观统领，需要企业员工的文化主体意识和自觉意识，也需要借助于外部专家的力量更好地推进企业文化整合创新，通过“上下结合、内外结合”的方式，去创造企业的无形资产价值和软实力价值，以使企业获得文化可持续发展的动力。

袁恒常先生具有 20 多年的企业文化研究与咨询经验，因而他对于我国企业文化建设中的一些关键问题、关键环节的把控可谓得心应手。基于此，本书从时代发展的角度，融理论性、专业性、实战性、可读性为一体，可以说既具有深度的学理性，又具有实践可操作性，相信本书对于企业文化理论研究者和企业文化建设者来说，都会具有积极的参考和借鉴价值。

爰写以上，是为序。

邹广文

（清华大学教授、博士生导师，享受国务院政府特殊津贴专家）

企业文化："文"而"化"之

推荐序二
PREFACE

我与袁恒常先生结缘，始于 2009 年我们合作的首都机场集团企业文化创新项目，即本书"案例篇"的第一个案例，那是一次愉快的合作。

2009 年的时候，首都机场集团旗下拥有从东北、华北，到华东、西南、中南，跨越大半个中国的 40 余家成员机场，除机场管理外，还有建设、地产、证券、酒店等多元业态，资产超千亿元，员工 5 万多人，既是中国规模最大的机场管理集团，也是全球最大的机场管理集团之一。那时企业正处于战略转型、流程再造的特殊时期，迫切需要一套与时俱进、特色鲜明、兼容并包的企业文化体系来凝心聚力，助力企业战略转型。

基于此，集团从各成员单位抽调人员，组建项目组，同时聘请了中国企业文化研究会作为咨询顾问单位，研究会派出的项目负责人即是袁恒常先生，其他成员还有李磊、成华军等几位专家，内外联合，组成企业文化创新联合课题组，由我担任组长。

这项工作从 2009 年 8 月启动，至 2010 年 1 月形成初步成果。其间我们经常在一起交流碰撞，反复斟酌，数易其稿。经过近半年的并肩作战，共同努力，最终比较圆满地完成了首都机场集团企业文化创新：提炼了"天地之道、大国之门"的企业文化主旨和"1+4"的理念文化体系，确立了"一主多元、兼容并包"的"母子文化"管控模式和规则。

其间我们收集、整理资料 400 余万字，发放了 2000 多份调查问卷，近万名员工参与设计征集和理念比选投票。最后提炼的理念文化内涵深厚、个性鲜明，植根中国传统文化元素，展现机场行业特点，凸显集团及成员单位的个性文化特点。“一主多元”文化管控模式在强调整体协同、形象统一的基础上，允许成员单位结合行业特点、地域文化和历史传承，在集团文化的指引下设计彰显个性的“子文化”体系，兼顾了“母文化”的整体性和“子文化”的多样性，形成生动活泼的企业文化建设格局。

这套企业文化体系获得了集团上下、行业内外的一致认可和好评。著名理论家贾春峰先生认为，“首都机场集团企业文化定位准确，内涵深厚，特色鲜明”；中国企业文化研究会孟凡驰教授认为，“首都机场集团企业文化实现了创新性提升，提升做法原创性很强，在全国企业文化建设中都具有示范性效用”。

项目收官之后，我和袁恒常先生也还保持着联系，在他牵头承担国电科环集团、辽宁机场集团、日照港集团等企业文化项目时，我们还就一些问题做过探讨。即使我后来回到重庆，电话、微信的沟通交流也未间断。思想砥砺，相谈有趣，也为繁忙的工作增添了几分愉悦。十多年的交往中，他求实、务实的风格给我留下了深刻印象。

在中国企业文化研究会举办的第五届中国企业文化百人学术论坛上，我做了题为《天地之道、大国之门——首都机场集团的文化创新与融合》的主题演讲，其中谈到这样一个观点：文化，文化，“文”而“化”之。所谓“文”，要有底蕴、有内涵，这是一个企业的灵魂与气质；所谓“化”，是融合、是教化，是一个企业将其灵魂与气质外显和内化的过程。企业文化建设的过程中，一定要有“文”，进而必须“化”。这就要求我们所有的企业文化建设者，不仅要关注企业文化的设计创新，还要重视企业文化的融合教化。因为只有这样，那些停留在纸面上的理念、口号，才可以被称为文化，而非文字。文化要做到真正内化于心、外化于行，要能够引领组织和组织中的每个人，朝着共同的愿景目标前进，文化才有生命力。这其中，“文”很重要，“化”很关键，“化”是需要一些方法的。

《管理之刃：企业文化强核攻略》这本专著规模宏大，体系完整，论述充实，花了很大工夫，实属难能可贵。“攻略”可理解为方法指南、地图指引，即做事的步骤和技巧，或者是工具和策略。用到企业文化上，就是指导企业文化如何建设的方法指南，但又不仅仅局限于此。书中包含“基础篇”“专论篇”“实战篇”和“案例篇”四个版块，“攻略”准确地浓缩了这四个版块的作用和指向。从内容来看，本书既有理论创新性，也有很强的实践操作性。

在与袁恒常先生的交往中，我感到他有很深的文化底蕴和理论功底，其研究更多的是基于实践基础上的总结、提炼和呈现，同时又归纳上升到一定的理论高度。本书中有很多创新的理论论述，例如"专论篇"中对企业文化整合提升的四个层面的论述，就是其长期从事企业文化研究咨询的总结和思考。

另外，本书单列两篇来讲述企业文化的实战方法和案例参照，更具可操作性和指导性。整本书以实战导向和工具导向进行编排，是一本难得的企业文化从业者和研究者可以随手拿来用的"工具书"。它不仅是一部论述企业文化是什么的著作，更是一部指导企业文化怎么做的著作，一部指导文化如何"化"的著作。书中体现的"知行合一"的文化理念，与我自己的文化理念与企业管理逻辑不谋而合。

所以，我愿意向业内外的朋友们推荐这本书。

是为序。

黄　伟

（重庆机场集团总经理，博士后合作导师，重庆大学等多所高校兼职教授）

交通强国　大道为公

推荐序三

PREFACE

中国古代的“交通”概念具有丰富的哲学思想和深厚的人文内涵，《易经》中说“天地交而万物通”，《庄子》中说“交通成和而万物生焉”，《礼记》中说“大道之行也，天下为公”，《汉书・地理志》记载“昔在黄帝，作舟车以济不通，旁行天下”，这些都是中华传统文化的有机组成部分。在中华民族几千年的文明传承中，形成了“天人合一、道法自然”的哲学观，“刚健有为、自强不息”的人生观，“贵和尚中、厚德载物”的道德观，“协和万邦、天下大同”的世界观，等等。当今时代，这些优秀文化成果依然滋养着中国交通人，成为中国交通运输文化的重要历史渊源。

人类的发展史可以说是一部交通发展史。从古代车、马、船的传统交通运输方式，到工业技术革命之后发明火车、轮船、汽车、飞机等交通工具，逐步形成现代铁路、公路、水路、民航和管道等综合交通运输体系，促进了世界各国政治、经济、文化等的沟通交流，推动了人类社会“全球化”“地球村”的发展进程。

交通运输是兴国之要、强国之基。党的十八大以来，习近平总书记深刻把握新时代我国发展的阶段性特征，对交通事业发展做出一系列重要论述，提出了建设交通强国的时代课题。按照习近平总书记重要论述和党的十九大决策部署，党中央、国务院先后印发《交通强国建设纲要》《国家综合立体交通网规划纲要》，标志着党和国家把建设交通强国作为建设现代化经济体系的先行领域，作为建设社会主义现代化强国的重要支撑，作为新时代交通工作的总抓手。建设交通强国，是党中央赋予交通人的历史使命，我们要认真落实交通运输部印发的《关于进一步提升交通运输发展软实力的意见》精神，大力推进交通强国文化建设，为交通运输事业发展提供理念指引、精神动力、价值导向，提升交通运输行业的凝聚力、感召力、竞争力，提升交通运输文化软实力、品牌竞争力，推动交通事业高质量发展，为建设人民满意、保障有力、世界前列的交通强国提供强大的文化动力和生生不息的智慧源泉。

交通运输文化是交通运输行业精神文明和物质文明的总和，是对交通运输行业发展过程中积淀形成的理想信仰、思想智慧、价值理念、行为准则等的集中概括。交通运输文化主要由精神文化、制度文化、行为文化和物质文化等要素构成，如“人民交通为人民”“以人民为中心、建设人民满意交通”的交通事业宗旨，以及“两路精神”“青藏铁路精神”“民航英雄机组精神”“雪线邮路精神”“救捞精神”“铺路石精神”等交通精神谱系，成为中国交通人的宝贵精神文化财富。

在建设交通强国的伟大征程中，我们需要继往开来，坚持新时代发展理念，弘扬新时代交通精神，为交通文化建设赋予新的价值内涵、注入新的文化活力。交通运输文化建设是交通强国建设的核心动力，是推动交通运输事业发展的灵魂工程。我们要建立交通运输企事业单位以及行政管理机构的价值理念体系、行动准则体系、品牌形象体系，以及智慧解决方案，提升交通运输文化软实力、品牌竞争力，助力交通强国建设，推动交通事业高质量发展。

《管理之刃：企业文化强核攻略》一书，既有全球化变革转型的宏观视野，又有中外文化渊源比较、不同行业文化传承以及地域文化交汇的历史纵深；既有对企业文化理论和当代管理思想理论的综合论述，又有对中国化企业文化理论和实践的真知灼见；既有企业文化咨询的实战技术和操作方法，又有许多具体可感的企业文化示范案例。概而言之，本书在企业文化理论创新和实践创新上都可圈可点，而且语言表述生动精炼，具有可学性、可读性、可借鉴性的特点，对于交通运输管理部门和企事业单位的经营管理者和文化工作者都具有积极的学习和借鉴意义。

王诗杨

（中国交通企业管理协会副秘书长、发展战略工作委员会理事长、

“交通强国文化建设研究”课题组副组长）

让企业文化更具广阔视野

自 序
PREFACE

文化是人类生存发展之根本。从最初的社会大分工开始，农耕文化、游牧文化和狩猎文化逐步形成，不同的种族之间、民族之间、国家地域之间就存在着文化分野。工业革命的爆发，全球化的变革，推动了文化融合、创新、碰撞、竞争的进程，让人类文化更具多元化和共生化的发展趋势。

企业文化是企业生存发展之根本。企业是现代社会的主要经济组织形式，是技术革命和管理革命的产物。企业的第一要素是企业人，企业文化是企业人的文化。无论是“经济人”“社会人”，还是“自我超越人”，“有企业就有企业文化，无论你自觉或者不自觉，文化就在那里”。

企业文化是一种企业管理理论和管理方式，也是一种企业人的思维方式和行为方式。无论是从企业文化管理的角度还是从企业文化建设的角度来说，企业文化都是具有综合性、交叉性的理论学科，更是具有动态性、应用性的实践课题。

企业文化是企业的人文资源，也是企业的战略资源。企业领导者必须坚持“抓战略、抓人才、抓文化”的基本原则，这不仅可以提升企业的文化软实力，而且可以提升企业的品牌竞争力和战略竞争力，只有文化活力生生不息，才能实现基业长青。

本书由基础篇、专论篇、实战篇和案例篇四个部分构成，追求企业文化理论性、专业性、实战性的有机统一，并辅之以相关社会历史背景分析和行业背景分析，对“我们是谁？我们从哪儿来？我们到哪儿去”等根本问题提供哲学关照。

基础篇部分介绍企业文化理论及相关理论知识，主要内容包括企业文化的缘起、企业生长周期理论、学习型组织理论、CIS 和品牌理论、西方主要管理思想以及中国传统文化及地域文化等。

专论篇部分介绍企业文化实践中的专题理论研究成果，主要内容包括企业文化与党建文化、社会文化的关系，企业文化与领导力、执行力的关系，第四次技术革命对企业文化的挑战，企业兼并重组过程中的文化融合，企业集团“母子文化”管控，企业工匠精神传承，以及企业社会责任等。

实战篇部分介绍企业文化咨询的具体操作方法，主要内容包括企业文化体系构架、企业理念文化、企业行为文化、企业视听文化、企业文化规划、企业文化落地深植等系统解决方案。

案例篇部分是企业文化咨询典型案例解析，通过案例背景分析、文化主题分析、主要咨询方案及实践效果等，展示企业文化建设、企业文化管理的实际应用价值以及企业文化传播的个性化魅力。

“往者不可谏，来者犹可追”。在未来挑战中，我们依然感受中国改革开放的脉动，人类全球化浪潮的冲击，以及社会变革转型的时代脚步。概而言之，文化是传承的过程，也是变革的过程，有什么样的企业，就有什么样的企业文化；反之，有什么的企业文化，也会造就什么样的企业。企业文化是企业人思想、智慧、能力和形象的集合体，社会在变革，企业在变革，企业文化也在变革。

袁恒常

2021 年冬

目　录
CONTENTS

基础篇

专论篇

案例篇

基础篇

对企业文化概念的认识，看似一个简单的问题，却是一个困难的问题。

企业文化并没有统一的概念。因为“文化”本身就没有统一的概念。大家比较认同的企业文化概念表述主要是：企业文化的本质是“以人为本，以文化人”；企业文化的核心是企业认同并践行的价值理念。

从企业文化实践出发，对企业文化的概念可以从三个层面来理解。

第一，企业文化建设。这是企业文化的社会学属性。所谓“有企业就有企业文化”，主要包括企业宗旨、企业道德、企业哲学、企业价值观、企业作风等，概括为企业文化的精神成果、制度成果和物质成果。

第二，企业文化管理。这是企业文化的管理学属性。所谓“经验管理—科学管理—文化管理”的进阶，主要包括企业战略、人力资源和企业文化的互动管理体系和机制，是相对于制度“硬管理”的一种文化“软管理”。

第三，企业文化资源。企业文化是企业的无形资源，或者无形资本、无形资产。所谓“文化＋形象＋品牌”，就是通过企业文化内外传播，形成企业文化软实力、企业形象竞争力和品牌竞争力。从这个角度来说，企业文化也是一种无形资产投资。

企业文化理论、企业生长周期理论、学习型组织理论、CIS理论和品牌理论，以及西方的管理思想、中国的文化传统等，都是企业文化咨询工作者和企业文化工作者必要的专业理论储备和相关知识储备。

第一章　企业文化缘起：全球化和中国改革开放

20 世纪 80 年代是一个美好的年代。

肇始于 20 世纪 70 年代末、80 年代初的中国改革开放的春风，吹遍了中国的长城内外、大江南北，突然间，一切变得生机勃勃起来。就像朱自清的散文《春》所描写的："一切都像刚睡醒的样子，欣欣然张开了眼。山朗润起来了，水涨起来了，太阳的脸红起来了。"

20 世纪 80 年代，企业文化作为一种全新的企业管理理论也应运而生，它是继古典管理理论（又称科学管理）、行为科学管理理论、丛林学派管理理论（又称管理科学）之后，世界企业管理史上出现的第四个管理阶段的理论，也称世界企业管理史上的"第四次管理革命"。企业文化理论甫一诞生，即迅速传入中国并在中国企业的改革发展过程中生根发芽，茁壮成长。

中国改革开放的大环境又与经济全球化的大趋势不期而遇。经济全球化是一把"双刃剑"，是机遇也是挑战，面对这种情况，中国顺势而为，持续多年保持两位数的经济增长，在对外贸易、吸引外资、基础建设、科技创新、工业制造等诸多领域不断突破，并一跃而为世界第二大经济体，实现"中国崛起"，成为发展中国家在经济全球化过程中的成功典范。

一、企业文化理论诞生与中国化实践

企业文化理论诞生，源于美国学者对日本经济崛起的研究。第二次世界大战结束后，日本在一片战争废墟上重建了经济，其国民生产总值到 1980 年跃居世界第三位，增长率比美国高一倍。美国明显感到来自日本的竞争与挑战，于是一些专家学者通过对日本经济和企业管理的深入研究，陆续出版了一系列研究成果。1981—1984 年出版的威廉·大内的《Z 理论——美国企业界怎样迎接日本的挑战》、理查德·帕斯卡尔和安东尼·阿索斯的《日本的管理艺术》、特伦斯·迪尔和艾伦·肯尼迪的《企业文化》、托马斯·彼得斯与小罗伯特·沃特曼的《寻求优势——美国最成功公司的经验》，被称为企业文化研究的“四重奏”。此外还有埃德加·沙因的《组织文化与领导力》、约翰·科特和詹姆斯·斯科特的《企业文化与经营业绩》，也是企业文化研究的经典著作。

企业文化理论的主旨是：企业管理的基本原则是以人为本，即以尊重人的人格、促进人的发展为中心，成功企业之所以取得成功，不在于它们的资金、技术、设备、建筑物、销售网络等硬件，而在于有致力于人的发展的企业文化。

比如《Z 理论》认为，企业文化的核心是重视人的因素，企业文化表面上决定效率，而在根本上决定企业生存发展。《日本的管理艺术》提出了著名的“7S”管理模型，包括结构（Structure）、制度（Systems）、风格（Style）、员工（Staff）、技能（Skills）、战略（Strategy）、共同的价值观（Shared values），并特别强调价值观在企业文化中的核心地位。《组织文化与领导力》提出了领导力的概念，认为企业文化和企业领导力是一枚硬币的正反两面，洞察文化并提高其适应能力是领导力的本质。《企业文化与经营业绩》认为企业文化决定企业的长期经营业绩，并强调企业领导在企业文化变革中的主导作用。

20 世纪 80 年代，在中国企业改革发展过程中，一些学者和敏锐的企业家意识到企业文化理论对于企业发展的重要作用，开始对企业文化理论中国化问题进行研究和探索，并逐步在许多企业普及和推广。

在企业文化理论传播和中国化实践的过程中，企业文化建设是从企业思想政治工作的角度切入的，因为企业文化不是传统企业的固有职能，而传统的企业思想政治工作又在改革开放的形势下遇到很多新问题，所以关于“企业文化与企业思想政治工作的关系”是企业探讨的热点问题和难点问题，一度形成了“企业文化热”。最初形成的主要观点是：第一，企业文化是企业思想政治工作的新渠道、新载体、新方法；第二，企业文化和企业思想政治工作互相融合、互相促进。如此这般，企业文化才渐渐在企业中生根发芽。

1984 年 10 月，党的十二届三中全会通过《中共中央关于经济体制改革的决定》，提出“增强企业活力是经济体制改革的中心环节”，要“确立国家和全民所有制企业之间的正确关系，扩大企业自主权”。决定强调，所有权同经营权是可以适当分开的，要使企业真正成为相对独立的经济实体，成为自主经营、自负盈亏的社会主义商品生产者和经营者，具有自我改造和自我发展的能力，成为具有一定权利和义务的法人。在所有权与经营权分离的条件下，出现了承包经营责任制、租赁制、股份制等多种搞活企业的经营方式。

1993 年，党的十四届三中全会通过《关于建立社会主义市场经济体制的若干问题的决定》，明确了国有企业改革的方向是建立“产权清晰、权责明确、政企分开、管理科学”的现代企业制度，并提出“加强企业文化建设，培育优良的职业道德，树立敬业爱厂、遵法守信、开拓创新的精神”。这标志着中国企业文化进入重要发展阶段，企业文化在企业管理中的地位得到确认和提升。

进入 21 世纪，中国企业与国际市场和国际企业管理模式接轨，企业文化建设成为企业提升管理水平和增强核心竞争力的重要途径。2005 年，国务院国资委正式下发《关于加强中央企业文化建设的指导意见》，明确提出要用 3 年左右的时间，基本建立起适应世界经济发展趋势和市场经济发展要求、符合企业发展战略、反映企业特色的企业文化体系。由此，把企业文化建设推进到一个崭新的发展阶段。

概括来说，企业文化作为 20 世纪 80 年代诞生的新的管理理论和管理方法，在中国企业界、理论界得到迅速的传播和实践，并形成了“几度文化热”。中国国有企业从计划体制下的政府依附者，逐步变成独立的市场经营主体，是一个艰难蜕变的过程，其中“解放思想、转变观念”成为企业改革的前提和关键。可以说，企业文化理论的中国化是推动企业从计划体制向市场体制转轨的一场“文化变革”，特别是中国特色企业文化建设，对于推进中国的改革开放、市场体制的确立、现代企业制度的探索，可谓功莫大焉。

二、经济全球化与中国经济崛起

经济全球化是当代世界经济的重要特征之一，也是世界经济发展的重要趋势。经济全球化是商品、技术、信息、服务、货币、人员、资金、管理经验等生产要素跨国跨地区的流动，可以实现各种生产要素在全球范围内的最佳配置。

经济全球化的概念也是诞生于 20 世纪 80 年代，最早是由美国经济学家特·莱维于 1985 年提出的。国际货币基金组织（International Monetary Fund，IMF）认为：“经济全球化是指跨国商品与服务贸易及资本流动规模和形式的增加，以及技术的广泛迅速传播使世界各国经济的相互依赖性增强。”

“地球村”（Global Village）概念是全球化理论的萌芽，是对地球的一种比喻说法。现代科技的迅速发展，缩小了地球上的时空距离，国际交往日益频繁便利，因而整个地球就如同是茫茫宇宙中的一个小村落。一个人人参与的、新型的、整合的地球村，将人类带入了一种极其融洽的环境之中，消除了地域的界限和文化的差异，把人类大家庭结为一体，开创了一种新的和谐与和平。

20 世纪 90 年代以来，以信息技术革命为中心的高新技术迅猛发展，不仅冲破了国界，而且缩小了各国和各地的距离，使世界经济越来越融为一体。但经济全球化是一把“双刃剑”，它推动了全球生产力大发展，加速了世界经济增长，为少数发展中国家追赶发达国家提供了一个难得的历史机遇。与此同时，经济全球化也加剧了国际竞争，增多了国际投机，增加了国际风险，并对国家主权和发展中国家的民族工业造成了严重冲击。更为严重的是，在经济全球化中，由于实力不同，发达国家和跨国公司将得利最多，而发展中国家所得甚少。因此，发展中国家与发达国家的差距将进一步拉大，一些最不发达国家将被排除在经济全球化之外，越来越被“边缘化”，甚至成为发达国家和跨国公司的“新技术殖民地”。长期以来一直存在“反全球化”的声音，但不少人也认为全球化是好事，曾荣获诺贝尔奖的美国经济学家阿马蒂亚·森说：“全球化丰富了世界的科学、文化，使世界人民在经济上受益。联合国预测全球化有望在 21 世纪消除贫困。”

中国是在经历了新民主主义革命、社会主义革命和社会主义建设之后，在艰苦探索的过程中踏上改革开放之路的。1978 年 12 月，党的十一届三中全会做出把党和国家工作中心转移到经济建设上来、实行改革开放的历史性决策，开启了改革开放历史新时期。通过 40 多年的经济体制改革和对外开放，中国经济实现快速增长和迅速崛起。40 多年来中国从贫穷、落后的国家发展为世界第二大经济体、第一大工业国、第一大货物贸易国、第一大外汇储备国，中国人民的生活从短缺走向丰裕，中国社会从贫困走向全面小康。“天翻地覆慨而慷”，中国改革开放 40 多年的巨变大概就是如此，我们需要思考，这背后到底发生了什么？

第一，市场。市场经济是一种开放性的、全球性的创造价值的形式。有市场，就有了活力。

第二，科技。科技是第一生产力。人类的历史就是科技发展的历史。究其根本，“一切的技术都是人的延伸”，例如电脑是大脑的延伸，电话是听觉的延伸，电视是视觉的延伸，汽车、火车、轮船、飞机是脚的延伸，各种工业机器是手的延伸，等等。

第三，企业。企业是现代社会经济组织，是创造社会财富的主体，也是国家经济实力的标志。对于国家和国民来说，无论是国有企业，还是集体企业，以及民营（私有）企业，都是创造社会财富的英雄，“英雄不问出处”。

第四，文化。文化是“人化”，人是生产力的最核心要素，解放思想才是改革开放的根本动力。就像当初深圳提出的“解放思想，黄金万两”口号一样，文化变革推动社会变革、企业变革，创造持久的经济发展活力。

中国特色社会主义进入新时代，习近平总书记强调“除了深化改革开放，别无他途”“改革开放只有进行时没有完成时”。随着中国经济在持续深化改革开放的进程中逐步崛起，逆全球化浪潮也在悄然袭来，贸易保护主义开始大行其道。2019 年，中美贸易战进入白热化状态，美国政府限制中国、限制华为，打压中国的经济崛起和技术崛起。中国政府反而以更加积极主动的姿态推进全球化，推进“一带一路”，推进中日韩的“新三国时代”，提出全球治理的“中国方案”，提出构建人类命运共同体的宏大命题。

概括来说，经济全球化的时代潮流，对世界各国经济、政治、军事、社会、文化等所有方面，甚至包括思维方式等，都造成了巨大的冲击，成为不可阻挡的大趋势。中国改革开放的风生水起，则是顺应了这个潮流和趋势，并汇聚成为一股强大的“中国力量”。我们处于一个崇尚变革的时代，正如管理学大师彼得·德鲁克所言：“我们无法左右变革，我们只能走在变革的前面。”

第二章　企业生命周期理论：打造基业长青

企业的生存发展，也像人的出生成长一样，有一定的生命周期。“日月总会黯淡，星辰也终将陨落，但是暗淡的光芒后面，一定会出现更夺目的炫彩”。我们仍然致力于变革和创新，激发企业活力，追求基业长青的境界。

中国的企业体制，接受了计划经济的淬炼，也接受了市场经济的洗礼。在“中国制造”“中国创造”“中国方案”时代，中国企业既有历史的纵深，更有新时代的向往。

一、企业组织的诞生和演变

企业的诞生还不到300年的历史。在18世纪工业革命之前，长期存在的是“家庭手工业”或“工场手工业”，也就是“作坊”。到19世纪三四十年代工厂制度在英、德等国普遍建立，成为企业的雏形。进入20世纪，随着新技术的应用、产权制度的完善，以及管理理论的出现，现代企业才真正形成。

其基本定义为：企业一般是指以盈利为目的，运用各种生产要素（土地、劳动力、资本、技术和企业家才能等），向市场提供商品或服务，实行自主经营、自负盈亏、独立核算的法人或其他社会经济组织。

这里涉及法人的法律概念。所谓法人，是相对于自然人而言，是在法律上具有拟制人格的社会组织；法人拥有独立的法人财产所有权，以其独立财产对外承担独立责任。自然人，即生物学意义上的人，经历生老病死的生命历程，基于出生而取得民事主体资格，包括本国公民、外国公民和无国籍人。自然人又和公民不同，公民仅指具有一国国籍的人，没有取得国籍的自然人无法享受公民的权利和义务。我们每个自然人，都有自己的姓名、年龄、籍贯、住址等，而法人也有名称、注册时间、注册地址、经营范围等。

法人和法定代表人、法人代表都是不同的概念。法定代表人是指依法律或者法人章程规定代表法人行使职权的负责人，一般为董事长（但很多时候大家喜欢把法定代表人简称为法人）。法人代表是受法定代表人委托（比如出具授权委托书），从事特定法律事务的人，可以是张三，也可以是李四。

法人制度是世界各国规范经济秩序以及整个社会秩序的一项重要法律制度。在我国，法人作为社会组织，一般分为以下几种。

（1）企业法人。从事生产经营并取得法人资格的企业经济组织。根据所有制形式不同，可以分为国有企业、集体企业、私企、外企等。

（2）机关法人。获得法人资格的国家机关，包括立法机构、行政机构、司法机构等。

（3）事业单位法人。一般是指政府机构附属的从事公益事业的社会组织，如学校、医院等。

事业单位是我国特殊国情下的特殊产物。根据1998年国务院发布的《事业单位登记管理暂行条例》的定义，事业单位是指为了社会公益目的，由国家机关举办或者其他组织利用国有资产举办的，从事教育、文化、卫生等活动的社会服务组织。

根据2011年3月23日中共中央、国务院发布的《关于分类推进事业单位改革的指导意见》，按照社会功能将现有事业单位划分为承担行政职能、从事生产经营活动和从事公益服务三个类别。对承担行政职能的，逐步将其行政职能划归行政机构或转为行政机构；对从事生产经营活动的，逐步将其转为企业；对从事公益服务的，继续将其保留在事业单位序列，强化其公益属性。

（4）社会团体法人。一般是指由法人或自然人组成，谋求公益事业、行业协调或专业爱好的法人，如各种协会、学会、研究会等。

企业作为法人，一切经营管理活动都必须在法律的范围内进行。目前，关于企业的主要法律有：企业改革的法律，如1988年颁布的《中华人民共和国全民所有制工业企业法》（2009年修订）、1996年颁布的《中华人民共和国乡镇企业法》；外商投资企业的法律，如2019年颁布的《中华人民共和国外商投资法》；合伙与独资企业的法律，如1997年颁布的《中华人民共和国合伙企业法》（2006年修订）、1999年颁布的《中华人民共和国个人独资企业法》；涉及公司企业的法律，如1993年颁布的《中华人民共和国公司法》（1999年、2004年、2005年、2013年、2018年多次修正修订）；涉及企业破产的法律，如2006年颁布的《中华人民共和国企业破产法》。

上述法律都是由国家立法机构制定的。我国的立法机构是全国人民代表大会及其常务委员会。在中国的改革进程中，这些法律都会根据社会经济关系的变化和调整而进行修订，自然以最新修订的为准。

概括来说，企业作为社会经济组织，是一个社会先进生产力的代表，是推动社会经济发展的根本力量。在经济全球化、市场化一体化的时代，企业正在打破地域的局限、所有制的局限甚至国家的局限，成为集科技创新、制度创新、管理创新、人力资源创新、产品创新、服务创新等各种生产要素综合创新的“经济引擎”，甚至成为“企业帝国”。但是，企业与其说是资本、技术、设备等的集合体，不如说是人的集合体，人是企业最具活力的生产要素，这是企业生命周期中最关键的问题。

二、企业生命周期的基本原理

企业是市场的主体，是各种生产要素的集合，也是社会生态的有机组成部分。社会的发展和进步，也带动企业的变革和成长。现代企业具有三个新特征：第一，技术上的先进性——建立在现代先进技术基础上；第二，管理上的科学性——实行现代化科学管理，包括标准化、精细化管理和社会化、人性化管理；第三，运营上的“社会性”——它不再是“自由放任”的企业，而是“社会企业”，立足于适应社会需要。

但是，就像一个人要经历从出生到死亡的生命过程一样，一个企业也存在从创立到消亡的发展过程。根据调查，历史上没有一家企业的生命是超过 1000 年的，也没有一家企业是超过 500 年的，甚至连超过 300 年的企业也比较少见。美国波士顿咨询公司对《幸福》杂志中世界 500 强企业的研究显示：20 世纪 50 年代的世界 500 强企业，近一半在 20 世纪 90 年代的世界 500 强企业的名单中消失；20 世纪 70 年代的世界 500 强企业，近三分之一在 20 世纪 90 年代的世界 500 强企业的名单中消失。

企业生命周期是企业发展与成长的动态轨迹，包括发展、成长、成熟、衰退等阶段。企业生命周期理论的研究目的就在于试图为处于不同生命周期阶段的企业找到能够与其特点相适应，并能不断促使其发展延续的特定组织结构形式，使得企业可以从内部管理方面找到一个相对较优的模式来保持企业的发展能力，在每个生命周期阶段内充分发挥特色优势，进而延长企业的生命周期，帮助企业实现自身的可持续发展。

美国著名管理学思想家伊查克·爱迪思是企业生命周期理论创立者，他在 1988 年写的《企业生命周期》一书中，把企业成长过程分为孕育期、婴儿期、学步期、青春期、盛年期、稳定期、贵族期、官僚化早期、官僚期以及死亡期，其中盛年期之前是成长阶段，盛年期之后是老化阶段，如图 2-1 所示。

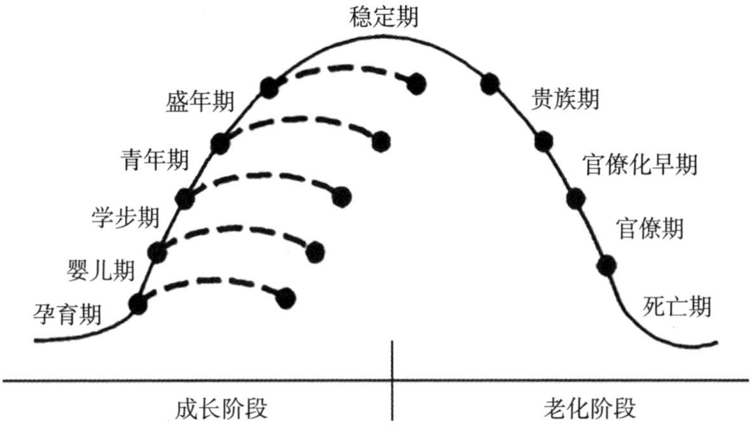

图 2–1　伊查克·爱迪思所描绘的企业生命周期

综合分析，伊查克·爱迪思的企业生命周期理论的主要价值如下。

第一，将企业拟人化，视作一个生命体，从孕育到死亡，拥有完整的生命周期。企业生命周期理论解释了企业为什么会生长、衰老和死亡，以及我们应该如何应对。

第二，根据生命周期中每一个阶段的目标，诊断现实企业中的问题。企业由于缺乏对异常问题的敏感和应对能力，小概率事件和突发事件往往成为导致企业衰败的主要原因。

第三，在企业生命周期理论中，伊查克·爱迪思创造性地提出了 PEAI 基因，这 4 个基因的有机组合构成了企业的活力强度。其中，Perform 指执行力，Administrate 指制定流程和清晰的职责考核，Entrepreneurship 指创新创业精神，Integrate 指整合资源。

第四，在企业发展的各个阶段，需要适时进行外部干预，引入外部竞争或挑战因素，从外因解决内因问题，打破封闭的系统，激活组织活力，这是企业保持活力的关键因素之一，从而实现不断成长。

第五，伊查克·爱迪思提出，创业精神是企业活力的根源，创业精神会引发增长，而缺乏创业精神会导致衰老。还有，企业资源整合能够更加积极主动地处理衰老的问题，但是这个因素在企业追求增长的过程中常常被忽视。

根据我国企业生命周期理论研究和实践，将其大体分为初创期、成长期、成熟期和衰退期四个阶段，如图 2–2 所示。

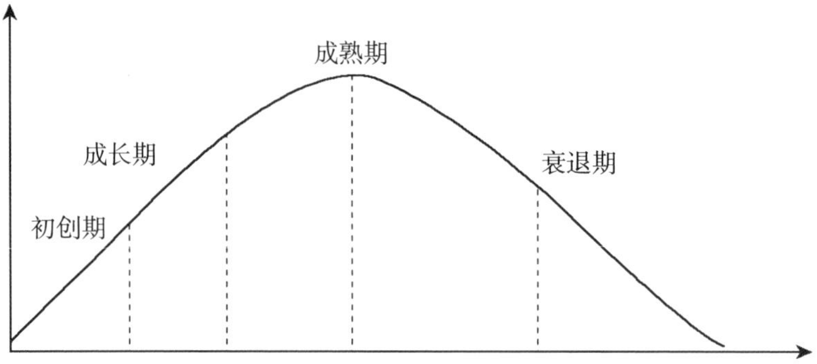

图 2-2　企业生命周期的四个阶段

1. 初创期

在初创时期，企业具有发展活力，充满创新、冒险和创业精神。创业者精诚团结，同心协力，凝聚力强，但是生存能力较弱。企业面临的主要问题是如何生存，而不是成长，只有在市场立足下去，才能争取成长的机会。

2. 成长期

这一阶段，企业基本度过创业的艰难时期，开始由小变大、由弱变强，蒸蒸日上，逐步呈现繁荣景象，组织活力、创造力、凝聚力不断增强。但处于成长期的企业往往面临十分激烈的市场竞争环境，如果出现战略失误，很容易一败涂地、全盘皆输。

3. 成熟期

这一阶段，企业形成了显著的竞争优势，规模扩大，市场占有率增强，盈利水平达到高峰，但是成长速度趋缓，凝聚力开始减弱，保守思想滋生，特别是创造力和冒险精神消失。许多企业领导者往往提出“二次创业”“变革创新”的思想，如果没有新的成长机会和空间，就会走向衰老和消亡。

4. 衰退期

这一阶段，企业规模虽大，但是包袱沉重，人心涣散，各种矛盾集聚爆发，市场份额很小，竞争力很低，产品逐步被竞争者取代，只靠少数产品和有限客户维持生计，一派“日落黄昏”的景象。企业需要根据企业内外环境的变化进行大刀阔斧的改革，以避免进入破产境地。

想要解决企业生长周期问题，走出企业生死循环的困境，提高企业成长性，延长企业寿命，需关注以下问题。

1. 产品和行业的生命周期

关注产品和行业生命周期是一种非常有用的方法，能够帮助企业根据行业是否处于成长、成熟、衰退或其他状态来制定适当的战略。

任何产品都是可以更新换代的，也是会逐步被取代或淘汰的。比如，电子通信领域中一度辉煌的“大哥大”“BB 机”“小灵通”等电子产品。

与产品相关的行业或产业领域也有一个新兴和衰落的过程，是“朝阳产业”还是“黄昏产业”，对一个企业的生命周期也至关重要。

2. 市场和客户的需求周期

市场和客户是长期存在的，为企业生存发展提供了无限的空间。消费者（个人、私有或公有企业）都有某种特定的需求（娱乐、教育、运输、社交、交流信息等）希望能够得到满足，在不同的时候需要不同的产品来满足这些需求。比如，人的“衣食住行”的基本需求，就是一个长期而持续的市场机会。把握市场需求，满足客户需求，通过科技和创新提升自身的变革发展能力，是保持和提高企业成长性的解决之道。

3. 构建和优化企业生态系统

从企业生命周期的角度出发，视企业为一个生命有机体，构建和优化企业的生态系统，通过内外资源整合，在产业的价值链条上获得竞争优势，与员工、客户、合作伙伴、股东、社区等利益相关者，构建利益共享、风险共担、和谐共赢、共同成长的利益共同体、责任共同体和命运共同体，从一个更高的层次理解企业的战略、愿景和使命，打造百年老店，实现基业长青。

4. 培育和提升企业成长性

企业成长性是企业附加值不断增加、企业不断增值的能力，既包括长期盈利能力，也包括企业资产（有形资产和无形资产）的不断增值能力。

企业成长性以企业主体性为基础，由企业文化、创新能力、核心技术、产业定位、运营模式、管理水平、团队精神、经营能力、产业升级能力决定，是企业全要素综合生产力。根据社会经济发展规律与趋势，把生态效益、社会效益摆在经济效益的前面，是决定企业成长性的根本。成长性企业把企业成长性摆在第一位，盈利模式摆在第二位，利润率摆在第三位，这是企业高质量发展的基础，是企业自生能力的关键，也是企业可持续发展的根本保证。

概括来说，企业生命周期和人的生命周期一样，都有一个诞生和消失的过程。但是，相同的生命，其价值和意义不同。就像萨特所说，生命就像一张白纸，本来无所谓有意义与否，人生的意义是我们自己去赋予的。企业的价值和意义也在于此，需要通过企业的愿景、使命、创新、变革去提升企业的生命质量和价值意义。

三、中国企业的成长历程分析

1949 年以来，中国的企业发展大体经历了计划体制下的“会战式”发展时期，以及后来的“改革探索”时期、“改革突破”时期、“改革深化”时期等不同的阶段。

中国企业的成长历程是在计划体制向市场体制转轨的大背景下实现的，其生命周期与社会变革、时代大潮息息相关。在体制转轨过程中，市场调节和政府干预都是社会经济发展的常见方法。

1. 计划体制时期

中华人民共和国建立初期，是迅速恢复被战争破坏的国民经济的时期。国家没收全部官僚资本企业，并把私营工商业初步纳入社会主义改造的轨道，确立国营经济的领导地位，从而掌握了国民经济的命脉，有系统地恢复工农业、交通运输业和商业贸易。

1955 年第一届全国人民代表大会第二次会议通过了《关于发展国民经济第一个五年计划的报告》。“一五”期间，中国借助于苏联、东欧国家的资金与技术援助，推动工业化进程，大规模开展经济建设。这一时期，中国依靠一整套高度集中、计划控制的非常严密的生态链，由国务院指挥、计划委员会调度，全国无数个工厂和车间由财政拨款、银行结算，保证国民经济的有序运行，从而在“一穷二白”的基础上，构造了中国完整的工业体系和国民经济体系。

2. 改革探索时期

以 1978 年党的十一届三中全会为标志，全党的工作重点转移到社会主义现代化建设上来，企业进入改革探索阶段。中国开始向亚洲四小龙、日本、欧洲和美国学习，特别是学习借鉴新加坡模式，引进外资，开放贸易，推动民营经济发展，也催生了一大批中国企业家，如柳传志、鲁冠球、张瑞敏、王石，还有华为的任正非等，这是改革开放后的第一代企业家。他们是中国现代企业的探路者、开创者。

3. 改革突破时期

以 1993 年党的十四届三中全会为标志，通过了《中共中央关于建立社会主义市场经济体制若干问题的决定》，这是中国建立社会主义市场经济体制的总体规划，提出建立适应市场经济要求，产权清晰、权责明确、政企分开、管理科学的现代企业制度。这一时期，大批政府机构、科研院所的知识分子辞职下海，开启了按照现代企业制度创办市场化股份制企业的浪潮。

2001 年中国加入 WTO，中国企业的制度体系和管理体系取得重大突破，公正、规范、透明的市场环境和法制环境，也赋予企业强大的生命力和创新力。

4. 改革深化时期

以 2013 年党的十八届三中全会为标志，通过了《中共中央关于全面深化改革若干重大问题的决定》，描绘了全面深化改革的新蓝图、新愿景、新目标，汇集了全面深化改革的新思想、新论断、新举措，是我们党在新的历史起点上全面深化改革的科学指南和行动纲领。

2017 年 10 月 18 日，在党的第十九次全国代表大会上，习近平总书记作了题为《决胜全面建成小康社会 夺取新时代中国特色社会主义伟大胜利》的报告。提出要坚持全面深化改革，不断推进国家治理体系和治理能力现代化，坚决破除一切不合时宜的思想观念和体制机制弊端，构建系统完备、科学规范、运行有效的制度体系。

2019 年 11 月 29 日中共中央政治局会议审议批准、2019 年 12 月 30 日中共中央发布《中国共产党国有企业基层组织工作条例（试行）》，提出要坚持中国特色现代企业制度改革方向，把加强党的领导和完善公司治理统一起来，把党的领导融入公司治理各环节，把企业党组织内嵌到公司治理结构之中，明确和落实党组织在公司法人治理结构中的法定地位，确保国有企业党委（党组）领导作用发挥组织化、制度化、具体化。

条例明确规定：国有企业应当将党建工作要求写入公司章程，写明党组织的职责权限、机构设置、运行机制、基础保障等重要事项，明确党组织研究讨论是董事会、经理层决策重大问题的前置程序，落实党组织在公司治理结构中的法定地位；坚持和完善“双向进入、交叉任职”领导体制，符合条件的党委（党组）班子成员可以通过法定程序进入董事会、监事会、经理层，董事会、监事会、经理层成员中符合条件的党员可以依照有关规定和程序进入党委（党组）；党委（党组）书记、董事长一般由一人担任，党员总经理担任副书记，确因工作需要由上级企业领导人员兼任董事长的，根据企业实际，党委书记可以由党员总经理担任，也可以单独配备；不设董事会只设执行董事的独立法人企业，党委书记和执行董事一般由一人担任，总经理单设且是党员的，一般应当担任党委副书记；国有企业党组织实行集体领导和个人分工负责相结合的制度，进入董事会、监事会、经理层的党组织领导班子成员必须落实党组织决定。

概括来说，中国企业是社会主义制度下的企业，是在中国的土地上成长起来的企业，在公有制为主体的经济体制下，企业不仅要担负一般意义上的经济责任，更要担负社会责任、道德责任、文化责任甚至政治责任，特别是要坚持党的领导，坚持中国特色社会主义思想。

第三章　学习型组织理论：与知识经济共舞

科技是第一生产力。随着“后工业社会”以及信息经济、知识经济时代的来临，“资本”逐步演变为“人力资本”“知识资本”，为企业带来前所未有的挑战，于是一种新的组织理论和管理理论诞生了，这就是学习型组织理论。

学习型组织理论认为，“企业唯一持久的竞争优势，就是具备比竞争对手学习得更快的能力”。美国著名管理大师杰克·韦尔奇也强调，“组织学习的能力，以及组织变学习为行动的速度，将最终决定企业的竞争优势”。

1990 年美国著名管理学家彼得·圣吉出版的《第五项修炼：学习型组织的艺术与实务》，是学习型组织理论的经典名著。其提出的团队学习、系统思考、心智模式、自我超越、共赴愿景等一系列理念以及实践方法，在中国企业界以及社会上产生了巨大的轰动效应，并产生了学习型政党、学习型政府、学习型社会、学习型城市等说法。

在中国的许多企业实践中，往往把企业文化建设和学习型企业建设融为一体，共同推进，“你中有我，我中有你”，产生了积极的效果。

一、学习型组织理论解读

学习型组织理论最初被描述为“未来成功企业的模式”。学习型组织的基本定义是：充分发挥每个员工的创造性能力，努力形成一种群体和组织学习的氛围，使个人价值得到实现、组织绩效大幅提高的一种新型组织形式。

1. 学习型组织理论，是适应知识经济时代的管理理论

一般认为，知识经济是以知识为基础的经济，是与农业经济、工业经济相对应的一个概念，是一种新型的富有生命力的经济形态。

在人类社会发展历程中，由于科学技术的推动带来了经济结构的重大变革。17 世

纪到18世纪的产业革命使经济结构由农业经济走向工业经济；1980年美国著名未来学家阿尔文·托夫勒在出版的《第三次浪潮》中，将人类发展史划分为第一次浪潮的“农业文明”、第二次浪潮的“工业文明”以及第三次浪潮的“信息社会”。1982年美国另一著名未来学家约翰·奈斯比特在《大趋势》中又称之为“信息经济”，此后约翰·奈斯比特又出版了《亚洲大趋势》《中国大趋势》等著作。20世纪80年代中期，新经济增长理论兴起，认为“劳动力”的概念已经扩展为“人力资本”的概念。

1990年经合组织提出了“知识经济”的概念。经合组织在《以知识为基础的经济》的报告中，将知识经济定义为建立在知识的生产、分配和使用（消费）之上的经济。其中所述的知识，包括人类迄今为止所创造的一切知识，最重要的部分是科学技术、管理及行为科学知识。报告认为，人类的发展将更加倚重自己的知识和智能，知识经济将取代工业经济成为时代的主流。

人们在强调“知识经济”这一概念时，主要是区别于以物质为基础的“资本经济”。在知识经济时代，主导经济增长的信息性产业、知识性产业已经形成，标志着人类社会进入一种新的生产方式。

在这种形势下，彼得·圣吉提出的学习型组织理论被认为是一种开创性的研究，是知识型组织的理想状态，是知识型组织的奋斗目标。虽然有些管理学家认为真正的学习型组织是很难实现的，但这并不影响学习型组织理论对于企业变革和发展的推动作用。

2. 学习型组织理论，提倡“学习工作化，工作学习化”

学习型组织从形式上来说，既是一个工作体，又是一个学习体，通过提高学习能力，解决发展中的问题，突破组织成长的极限，从而保持持续发展的态势。这是学习型组织的本质特征。

第一，强调终身学习。即组织中的成员均应养成终身学习的习惯，这样才能形成组织良好的学习气氛，促使其成员在工作中不断学习。

第二，强调全员学习。即企业组织的决策层、管理层、操作层都要投入学习，尤其是经营管理决策层，更需要学习。

第三，强调全过程学习。即学习必须贯彻于组织系统运行的整个过程之中。不要把学习与工作分割开，应强调边学习边准备、边计划、边推行。

第四，强调团体学习。即不但重视个人学习和个人智力的开发，更强调组织成员的合作学习和群体智力（组织智力）的开发。

3. 学习型组织理论，要求建立扁平化组织结构

传统的企业组织结构，通常是金字塔式的直线职能制或事业部制、矩阵式组织结构形式。而学习型组织的组织结构则是扁平的，强调分权和授权，决策权下移，只有这样的体制结构，才能保证上下级的高效沟通，提倡员工之间、部门之间、地域之间广泛的相互学习，汲取新思想，企业内部才能形成互动思考、协调合作的团队学习效果，才能产生巨大、持久的创造力。

4. 学习型组织理论，要求建立自主管理模式

自主管理模式，就是通过对基层组织和员工个体的授权，强调员工个体的自我管理，自主计划，自主实施，自主检查，自主改进，从而激发员工的自觉性和创造性；员工在团队中保持开放、务实的心态，彼此沟通协作，注重员工个人目标与企业目标的统一，在实现组织目标的同时实现员工的个人价值。

5. 学习型组织理论，要求领导者担任新的角色

第一，设计师的角色。领导者要对组织要素进行整合，不仅设计组织的结构和组织政策、策略，更重要的是设计组织发展的基本理念。

第二，教师的角色。领导者要协助人们对真实情况进行正确、深刻的把握，提高他们对组织系统的了解能力，促进每个人的学习。

第三，服务的角色。领导者要树立为员工服务的意识，与员工建立一种“伙伴关系”而不是“领导控制关系”，分享权力、理念、信息，分享知识、经验、智慧，为员工完成工作任务提供各种帮助。

建立学习型组织有着积极的意义：一方面，学习是为了保证企业的生存，使企业组织具备不断改进的能力，提高企业组织的竞争力；另一方面，学习更是为了实现个人与工作的真正融合，使人们在工作中活出生命的意义。

二、“五项修炼”的实践操作

建立学习型组织，是一个“修炼”的过程。彼得·圣吉认为，要建立学习型组织并使其保持持久的竞争优势，必须进行“五项修炼”。

1. 建立共同愿景

“没有共同愿景，就没有学习型组织”。共同愿景就是组织中人们所共同持有的意象或景象，从而创造出众人一体的感觉，把各种活动融会贯通起来。

只有建立起共同愿景，才能汇聚群体的智慧，激发组织的生机和活力。有愿景，就会有热情，就会有行动，树立共同的目标感和命运感。

共同愿景是建立在个人愿景之上的。个人愿景是源于员工个体的目标期望，只有建立共同愿景，才能形成群体的力量。

共同愿景可以凝聚公司上下的意志力，形成组织共识，大家努力的方向一致，个

人也乐于奉献，为组织目标奋斗。没有共同的愿景，就没有共同的目标，企业就形不成凝聚力。

2. 推进团队学习

团队是学习型组织的基本学习单位和工作单位。

团队学习是学习型组织的基本学习方式。个人学习、团队学习和组织学习的关系是：团队学习是建立在个人学习之上的，同时，没有团队学习，就没有组织学习。

团队学习的主要方式有信息、知识的共享，深度会谈和讨论等。

团队智慧应大于个人智慧的平均值，以做出正确的组织决策，通过集体思考和分析，找出个人弱点，强化团队向心力。

团队学习是提高个人能力和团队执行力的重要方法，只有团队学习才能互相补充，形成团队战斗力。

3. 改善心智模式

简单地说，心智模式是指深植我们心中的习惯思维、定式思维以及相关的假设和印象。心智模式决定了我们如何认识问题以及如何解决问题。

无论是人还是组织，都会在不同的发展阶段形成一定的心智模式。比如企业发展到一定规模，进入成熟发展期，就容易产生“自满、自大、保守”的思维模式。

组织的障碍，多来自个人的旧思维，例如固执己见、本位主义，唯有通过团队学习以及标杆学习，才能改变心智模式，有所创新。只有改变心智模式，才能转变思维方式，如果延续旧的思维，只会因循守旧，被市场抛弃。

4. 追求自我超越

在学习型组织中，存在如何对待人性假设的问题。

英国经济学家亚当·斯密最早提出了“经济人假设”，“泰罗制”管理思想就是建立在“经济人假设”的基础上。20 世纪 30 年代，美国管理学家乔治·梅奥主持了著名的“霍桑实验”，提出了“社会人假设”。20 世纪 40 年代，美国著名社会心理学家亚伯拉罕·马斯洛在其需求层次理论中，提出了“自我实现人”的概念。

学习型组织理论认为，企业员工可以通过学习实现职业成长，工作不再是谋生的手段，而是体现了自身价值，从而提出了“自我超越人”的概念，相当于马斯洛的“自我实现人”概念。

自我超越的人，是永不停止学习的人，这需要一个过程，这是一种终身的修炼。他们能够察觉自己的知识的不足和成长上限，从而找到办法，不断学习，不断进步。

个人有意愿投入工作，在专业上精益求精，个人与愿景之间形成“创造性的张力”，正是自我超越的来源。有了自我超越的精神，就有否定自我的勇气，才能不断地创新，不断地前进。

5. 提升系统思考能力

系统思考能力是学习型组织的核心和灵魂。这是基于有机体系统论和系统动力学的修炼方法，只有掌握了系统的观点和方法，才能避免建立学习型组织过程中的种种误区。

系统思考是分层次的，包括对事件现象的思考、对行为变化形态的思考以及对系统结构的深层思考等，体现了系统思考的创意性和概括性。

系统思考是最重要的一项修炼，统率其他四项修炼，这也正是《第五项修炼》书名的由来。没有系统思考，团队学习中的问题就无法解决，自我超越就会脱离组织的发展，心智模式的局限性就难以破除，共同愿景就会成为一个模糊的符号而已。

概括来说，系统思考为建立学习型组织提供了一个健全的大脑、一种完善的思维方式，无论是个人学习、团队学习，还是自我超越、建立共同愿景，都因为系统思考而融为一体，共同实现组织的目标。

三、学习型组织理论与中国化实践

学习型组织理论自从20世纪90年代被引入中国，在中国社会各个领域都产生了十分重要的影响，掀起了建立学习型组织的高潮，无论是在学习型政党、学习型政府、学习型社会还是学习型企业等方面都进行了扎扎实实的推进。

1. 关于建设学习型政党、学习型社会

2002年12月26日，中国共产党第十六届中央政治局开始了第一次集体学习，并成为一种正式制度。党的十六大以来，明确提出建设学习型政党和形成学习型社会的要求。在党中央带动下，各省、区、市党委和政府，中央和国家机关各部委，解放军各总部、各大单位，各人民团体也纷纷采取了常委会集体学习、中心组集体学习等多种形式，广泛开展学习活动。一些地方、部门、军队、企业、社区和群团组织创新学习载体、拓展学习内涵，学习活动开展得有声有色、富有成效。全党、全军、全国各地丰富多彩的学习活动为我国社会主义现代化建设提供了强大的发展动力。

2004年，中华全国总工会、中央文明办、国家发展和改革委员会、教育部、科技部、人事部、劳动和社会保障部、国务院国有资产监督管理委员会、全国工商联联合发布《关于开展全国“创建学习型组织，争做知识型职工”活动的实施意见》，并成立全国创争活动领导小组，宏观管理并指导全国创争活动的开展。提出开展创争活动的总体目标是：倡导终身学习理念，提高职工的学习能力和实践能力，着力提高职工的创新能力；营造尊重劳动、尊重知识、尊重人才、尊重创造的社会环境，形成全员学习、全程学习、团队学习和工作学习化、学习工作化的氛围和机制；努力建设各类学习型组织，为职工创造更多的学习机会和成才机会；促进人才队伍建设，为各类人才不断涌现和充分发挥作用奠定坚实基础，努力造就一支有理想、有道德、有文化、有纪律的职工队伍。

2009 年，中国共产党第十七届中央委员会第四次全体会议通过《中共中央关于加强和改进新形势下党的建设若干重大问题的决定》，要求“组织党员、干部重点学习马克思主义理论，学习党的路线方针政策和国家法律法规，学习党的历史，同时广泛学习现代化建设所需要的经济、政治、文化、科技、社会和国际等各方面知识”。

2. 关于建设学习型企业需要注意的问题

学习型组织理论作为一种开创性的现代管理理论，像其他现代管理理论一样，存在一个如何中国化的问题。

彼得·圣吉所说的“在终极的意义上使人获得生命的价值”，与中国传统思想文化会有一个交集。把中国传统思想文化的精髓，与学习型组织的思想精髓进行整合融通，将会呈现新的亮点。比如，孔子的“学而时习之，不亦说乎”“学而不思则罔，思而不学则殆”“三人行，必有我师焉”；荀子的“学不可以已”“锲而不舍，金石可镂”；中国共产党第一代领导人毛泽东主席更是终身学习的典范，他曾说“我一生最大的爱好是读书”，他博览群书，思想深邃，在政治、哲学、军事以及经济建设、文化建设等方面都形成了完整的思想体系和实践体系；周恩来总理在年轻时提出的“为中华崛起而读书”，更是激励了中国无数的青年。

对于中国企业来说，建立学习型企业，要考虑社会环境、企业体制、管理基础、员工素质等综合因素，还要解决学什么、如何学、如何用的问题。

第一，要与社会环境及相关背景相适应。学习型组织理论和“五项修炼”的方法不是靠“拿来主义”就行的，也不是适用于所有企业的，需要知识管理、知识产业的相应配套，需要根据中国实际进行探索实践。

第二，要与企业体制及组织结构相适应。比如官僚式的金字塔型直线制组织结构，领导高高在上，设置重重壁垒，组织层级森严，员工只是服从，这样的企业显然无法建立学习型组织。

第三，要与企业管理的基础相适应。开展学习型组织建设的，都是管理基础比较好的企业。如果企业还是沿袭“经验管理”“能人管理”，拍脑袋决策，“一言堂”指挥，这样的企业还需要管理再上台阶才行。

第四，要与企业的发展阶段相适应。一个企业在生命周期的不同阶段，应分别采取一个能够实现其效益最大化的组织形式，“适合的才是最好的”，不能为了“贴标签”而去建立学习型企业。

在中国企业文化建设实践中，许多企业提出“学习理念”的问题，作为企业价值理念的一个组成部分，比如“岗位学习、学以致用”的理念、“快速学习、持续学习”的理念、“团队学习、超越自我”的理念等，把学习型组织的一些思想和方法融入企业文化建设中，对于提升员工的综合素质能力发挥了积极的作用，这也是一种有益的尝试和探索。

概括来说，学习型组织理论和“五项修炼”，提供了一套使传统企业转变成学习型企业的方法，对于应对新技术革命的挑战，推动企业转型和变革，具有十分重要的引领作用。但是，在传统经济与现代经济交汇、传统产业和现代科技产业胶着的时期，学习型组织理论还是一种理想化的管理理论和管理形式，“虽不能至，然心向往之”，提升企业的学习力、创造力和竞争力依然是实现企业做强做大、繁荣发展目标的重要途径。

第四章 CIS 战略理论与企业品牌战略理论

CIS（Corporate Identity System）也是一种比较流行的理论。其实 CIS 比企业文化理论诞生得要更早一些。20 世纪 50 年代，美国著名的 IBM 公司最早导入了 CIS 战略，60 年代在欧美企业中风靡一时，70 年代在日本企业中风靡一时，80 年代在中国企业中风靡一时。CIS 设计现在已经成为企业的“标配”，一个企业总要设计企业标志、标准色、标准字，企业旗帜，企业歌曲，企业名片，企业标牌，以及企业网站、企业视频，等等。

对于 CI 的概念有两种英文表述，其一是从“识别”的角度（Corporate Identity），其二是从“形象”的角度（Corporate Image）。无论是“识别”还是“形象”，关于 CI 的思想意识都比 CIS 理论要更久远。比如，每个国家都会有国徽、国旗、国歌，通过这些图案、色彩和音符等，证明这个国家的存在，象征这个国家的意义。

CIS 理论和企业文化理论有很大的交集，CIS 由 MI（Mind Identity，即理念识别）、BI（Behavior Identity，即行为识别）、VI（Visual Identity，即视觉识别）三个部分构成，其中，MI、BI 分别对应企业文化体系中的理念文化、行为文化，所以企业导入 CIS 战略，主要是导入 VI 部分，CIS 设计与企业文化设计是并驾齐驱的。

关于企业品牌战略，又是与 CIS 战略和企业文化战略“互联互通”的，品牌设计离不开 CIS 设计，或者说 CIS 本身就是一种品牌形象设计。同时，“品牌彰显文化，文化塑造品牌”，品牌的内涵就是企业文化。

概括来说，品牌是一种识别标志、一种价值理念、一种企业形象，是企业核心能力以及综合竞争力的集中体现。在现代市场经济条件下，品牌价值不仅具有经济附加值，更具有文化附加值和社会附加值，实施品牌战略，已经成为企业经营管理者的必然选择。

一、CIS 理论诞生及其传播应用

CIS 理论的关键词是“识别”或“形象”，其实无论是一个国家、一个企业还是一个人，都存在“识别”或“形象”的问题。这是一个由来已久的问题，比如一个人的名字、性别、样貌以及言行构成了一个人的基本形象识别，一个企业则可以通过实施 CIS 战略，将这种形象识别提升到竞争战略的层面，从而占领市场竞争的高地。

1.CIS 概念解读

CIS 即企业形象识别系统，由 MI、BI、VI 三部分构成，如图 4-1 所示。

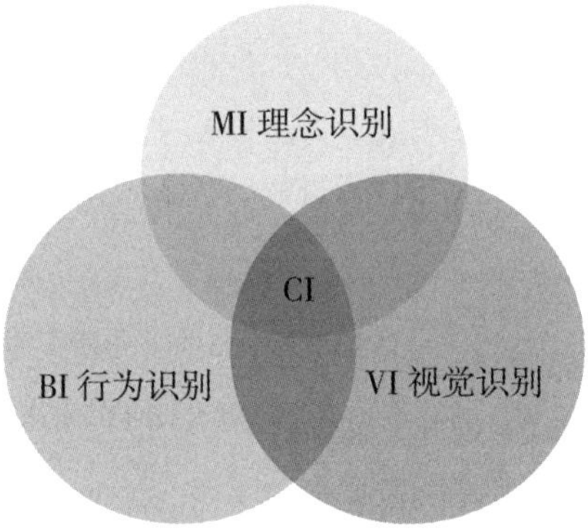

图 4-1　CIS 的构成

MI 主要包括企业愿景、使命、精神、价值观、作风以及经营战略、发展目标等要素。

BI 主要包括企业行为规范、企业基本政策制度的实施行为等，可以分为内部行为和外部行为。

VI 主要包括企业标志、标准字、标准色等基本要素以及办公、交通、制服、环境、包装设计等应用要素。

三者的逻辑关系是：MI 规定企业的基本文化内涵，BI 是理念识别系统的动态表达，VI 是理念识别的静态表达。

CIS 的本质是企业形象战略，是通过设计统一化、规范化、个性化的企业形象要素，传播企业理念形象、企业行为形象、企业视觉形象，从而在市场竞争中超越一般的产品竞争、质量竞争、服务竞争、价格竞争等，直接上升到企业形象的竞争。

CIS 理论的传播应用，为企业文化理论、企业品牌理论提供了十分重要的思想元素和设计理念，特别是催生了企业形象、品牌形象、文化资产、品牌资产、无形资产等概念，对于提升企业文化软实力和企业品牌竞争力，可谓做出了开创性、前驱性的贡献。

概括来说，企业形象是一个企业在消费者和社会公众心目中的总体印象，具体由企业产品形象、经营服务形象、管理者形象、员工形象、公共关系形象等要素综合而成。在现代“人本管理”时代，企业形象归根结底是“企业人”的形象。

塑造优秀企业形象，主要具有以下效果。

第一，信任效果。优秀的企业形象是基于消费者和社会大众的优秀评价，从而产生对企业及其产品的信赖和支持。这种信赖和支持，保证了企业拥有更多的客户资源和社会资源，使企业立于不败之地。

第二，聚才效果。企业形象提升企业的知名度和美誉度，从而吸纳更多的优秀人才加入，人才是资源企业的关键资源，也是第一资源。企业竞争的根本是人才竞争，“得人才者得天下”，企业何愁不能做强做大？

第三，竞争效果。企业形象是市场竞争中最厉害的“大杀器”。通过 CIS 的设计和传播，使企业产品形象、质量形象、服务形象特别是品牌形象等，在众多竞争对手中脱颖而出、所向无敌，从而形成强大的市场竞争优势。

第四，缓和效果。企业形象具有一定的持续性和稳固性，在企业出现“问题行为”“问题事件”的时候，基于企业良好的信誉和口碑，往往能够获得社会公众的谅解，从而减轻社会舆论对企业的压力，但是处理不好，也会出现“信任危机”。

第五，增值效果。优秀的企业形象是企业的无形资产，会给企业产品、服务带来形象附加值，比如品牌形象的增值效果更为明显和突出。不仅如此，企业的社会责任形象还能够帮助企业整合更多的市场资源、社会资源等，推动企业无形资产的价值最大化。

2. 美国、日本、中国的 CIS 特征分析

一般认为，CIS 战略起源于美国，导入 CIS 战略并取得巨大成功的第一家企业为著名的 IBM 公司。1955 年，美国 IBM 公司总裁采取“公司名称 = 商标名称”的方法，把公司的全称“International Business Machines”浓缩成“IBM”三个字，选用蓝色为标准色，树立了“蓝色巨人”的高科技企业形象。其后，美国可口可乐公司设计了全新的企业形象，创造了世界第一的饮料品牌。从 20 世纪 60 年代开始，美国 3M 公司、英国航空公司、法国航空公司等也纷纷导入 CIS 系统。

20 世纪 70 年代，CIS 战略在日本企业界广泛应用，比如日本的马自达汽车、朝日啤酒、富士胶卷、索尼公司等也由于 CIS 战略的成功，而成为国内外著名的企业品牌。同时，中国香港、台湾以及东南亚各地区的企业也纷纷实施 CIS 战略。

其中，日本索尼公司创始人盛田昭夫在设计“Sony”名称时，借鉴了 Sonny 或者

Sunny（阳光普照）的词语，都有乐观、光明、积极的含义，从而建立健康的企业形象。“Sony”并不是一个正式的英文单词，而是一个企业的专属名称。

CIS 战略在 20 世纪 80 年代进入中国大陆地区，最早成功导入 CIS 战略的是广东太阳神集团，通过视觉元素的展现，较好地体现了企业经营理念和经营风格，并在经营上取得了巨大的成功。伴随着中国改革开放的进程，健力宝、乐百氏、中国银行、中国建设银行等中国企业相继导入了 CIS 战略系统，成为拓展市场、塑造品牌的有力武器。

概括来说，美国企业、日本企业、中国企业在导入 CIS 战略过程中体现了不同的特征，简单归纳如下。

美式 CIS 战略：以 VI 为中心，体现企业经营理念和特色，非常重视标志、标准色、标准字的设计和传播，以工业设计和视觉传达见长。

日式 CIS 战略：以理念为中心，强调“文化 CI”，注重 CIS 整体设计，对内增强企业员工归属感，对外整合提升企业形象。

中式 CIS 战略：借鉴美式和日式，受日式影响较大，注重 MI、BI、VI 三部分的系统设计，并与企业文化建设、企业品牌塑造融为一体。

二、CIS 设计框架及其操作方法

导入 CIS 战略，实施“CIS、文化、品牌一体化”工程（见图 4-2），是市场竞争日趋国际化、综合化、激烈化的必然要求。企业之间的竞争已不是单纯的产品、质量、技术等方面的竞争，已发展为多元化的整体的品牌形象竞争。实施企业形象战略、企业文化战略、企业品牌战略，提升企业形象力、文化力和品牌力，已经成为提升企业核心竞争力和市场竞争优势的主要途径和方法。

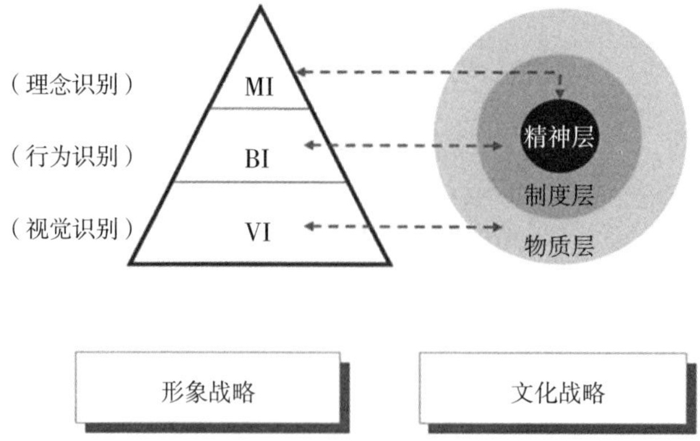

图 4-2　通过形象战略和文化战略提升品牌形象

1.CIS 设计的作业流程

CIS 设计与实施导入是一种循序渐进的计划性作业，其作业流程大约可分为下列四个阶段。

第一，企业实态调查阶段。调研是 CIS 设计的基础，主要包括企业总体形象调研、企业视觉形象调研等，据此形成《企业 CIS 调研报告》。

第二，CIS 概念确立阶段。在综合调研的基础上，提炼形成 CIS 的整体概念和框架，关键是企业理念定位和企业形象定位，重点把握企业理念的个性内涵和企业形象的个性特征。

第三，CIS 设计作业阶段。按照 MI、BI、VI 三部分体系结构，根据 CIS 的概念和框架，设计具体可见的信息符号等，通过讨论、修改、完善，最终确立企业识别系统设计方案。

第四，CIS 实施导入阶段。CIS 的实施导入，需要企业领导者“从上而下”的大力推动，需要广告公关企划、市场营销以及党群宣传部门的重点介入，特别要考虑实施导入的优先顺序，比如先导入 VI 部分，然后带动 MI、BI 的应用实施；先从集团导入，然后带动分、子公司的应用实施等。

2.CIS 设计的基本原则

在 CIS 设计过程中，要坚持统一化、规范化、个性化的基本原则。

MI 设计是企业识别系统的核心，也是最抽象、最深层的部分。MI 要体现企业价值观，要体现企业精神和群体意志，还要体现企业的战略思想和管理理念，体现企业的经营宗旨和经营方针，其中，特别要把握企业理念的基本内涵和个性特征。MI 设计的成败，决定了 BI、VI 的设计效果。

BI 设计是 MI 设计的动态延展和行为体现，必须和 MI 设计保持统一，不能与 MI 相冲突、相违背，否则会出现“指东打西、言行不一”的问题。但是，由于企业行为各种各样，又涉及企业的各种规章制度和工作纪律等，一般分为企业内部行为和对外行为，在设计时需要从统一行为规范、统一行为形象的角度去综合考虑，有重点地进行设计。

VI 设计是 MI 设计的静态延展和视觉体现，是企业识别系统中最外在、最直观的部分，也是最具体化、最形象化的部分。VI 设计必须和 MI 设计保持统一，特别是要体现企业价值理念，体现企业文化内涵和企业个性特征，做到“有灵魂、有形象”，而不是“身魂分离”“无魂之形”。当然，随着现代信息技术手段的更新和突破，已经不限于视觉识别，比如 AI（Audio Identity，即听觉识别）也成为常见的传播手段，如企业歌曲、企业形象代言以及企业视频等，视觉识别、听觉识别出现一体化融合趋势。

3.VI 设计的主要内容举例

从企业导入 CIS 战略的实际情况来看，大多数企业并不是整体导入企业识别系统，而只是导入视觉识别系统，即 VI 部分，至于 MI、BI 部分，则划入企业文化体系的内容。最后形成两大体系，一是企业文化体系，包括企业理念文化体系（相当于 MI 部分）以及企业行为文化体系（相当于 BI 部分），二是企业视觉识别系统（即 VI 部分）。

就 VI 设计内容来说，可分为基本要素设计和应用要素设计两个部分。

第一，基本要素设计。基本要素设计的内容，主要包括企业名称、企业标志、企业标准字、标准色彩、象征图案、吉祥物以及相应组合等。

第二，VI 应用要素设计。应用要素的设计内容，是基本要素在各种媒介上的组合应用方式。主要包括：办公事务用品，比如信封、信纸、便笺、名片、徽章、工作证、请柬、文件夹、介绍信、账票、备忘录、资料袋、公文表格等；企业外部建筑环境，比如建筑造型、旗帜、招牌、公共标识标牌、路标指示牌、广告牌等；企业内部建筑环境，比如企业内部各部门标示牌、企业形象牌、吊旗、吊牌等；交通工具，比如轿车、中巴、大巴、货车、工具车等；服装服饰，比如管理人员制服、员工制服、礼仪制服、领带、工作帽、胸卡等；广告媒体，比如电视广告、报纸广告、杂志广告、路牌广告、招贴广告等；产品包装，比如纸盒包装、纸袋包装、玻璃包装、塑料包装、金属包装、陶瓷包装等；赠送礼品，比如领带、领带夹、钥匙牌、雨伞、纪念章、礼品袋等；陈列展示，比如橱窗展示、展览展示、货架商品展示、陈列商品展示等；印刷出版物，比如企业简介、产品简介、企业简报、年历等。

三、企业品牌战略与品牌设计

追溯品牌的历史，也是十分久远。西方古希腊和罗马时代，就已经出现“商品标识”，欧洲中世纪出现了“行会标识”和“城市标识”。中国古代的“图腾”符号，以及后来的“酒旗”“老字号”等，都说明了“识别”现象以及商品交换中的“标识”存在。现代意义上的品牌概念诞生于 20 世纪，特别是 CIS 理论出现之后。或者说，品牌理论是基于 CIS 理论而形成的。

1. 品牌概念解读

对品牌概念的理解，可以从三个方面表述。

第一，对于企业来说，品牌是关于企业产品和服务的标志。这个标志，可以是词语、图形或其组合的形态符号，其目的是与其他企业产品和服务相区别。这个标志，可以理解为“品牌标识”（Logo），也是品牌设计的关键点。

第二，对于消费者来说，品牌是关于企业产品和服务的认知和记忆形象。通过这个品牌标识，展示企业的产品、服务、质量、科技、信誉、文化等各种信息，在消费者心目中树立对品牌的形象评价，体现对品牌的美誉度和忠诚度。

第三，品牌通过“附加值”的方式，成为联结企业和消费者的纽带。品牌附加值，主要包括经济价值、社会心理价值和认知选择价值。对消费者来说，品牌商品不仅满足自身的消费需要，而且满足了提升社会身份、地位以及自我认同的心理需要；对企业来说，品牌提升了消费者对品牌商品的认知度和美誉度，也提升了对品牌商品的选择率和使用率，从而为企业带来无形资产价值。根据对世界500强企业的统计，多数企业的品牌资产价值都高于企业有形资产价值，这也是那么多企业对品牌战略趋之若鹜的重要原因。

对品牌含义的理解，可以这样概括：品牌的本质是其价值、文化和个性；品牌是企业重要的无形资产，是企业总资产的有机组成部分，可以进行品牌资产评估；品牌经注册后作为商标，享有专有使用权，并获得法律保护。具体包括以下几个方面。

（1）品牌属性。品牌代表着特定商品的属性，以及企业的属性、行业的属性等，这是品牌最基本的含义。

（2）品牌利益。品牌为消费者提供了之所以购买该品牌产品而非其他产品或品牌的利益或理由，主要包括功能性利益和精神性利益。

（3）品牌价值。品牌价值是为消费者承诺的理性价值、感性价值或象征性价值，是品牌的精髓，也是品牌的终极追求。

（4）品牌文化。品牌必须附着其文化内涵，体现品牌价值观以及品牌使命，体现企业的文化内涵。

（5）品牌个性。品牌要体现企业的个性化风格和特质以及个性化定位，在消费者心目中形成“独树一帜”的品牌形象。

2. 品牌理论综述

从品牌理论的萌芽到现代品牌理论的形成，经过了一个较长的时期。工业革命的兴起和市场经济的发展，催生了人们的品牌观念，企业的品牌部门、品牌经理、品牌广告等开始出现。

现代品牌理论的形成和发展，大体经历了两个阶段。

第一，品牌理论初步形成阶段（20世纪50年代至80年代）。这一时期，品牌理论侧重于从品牌的定义、命名、标识、商标等方面对品牌的内涵和外延进行研究，从塑造品牌的角度提出了许多具有战略性意义的品牌理论，如品牌生命周期理论、品牌形象理论、品牌个性理论、品牌定位理论、品牌延伸理论等。

第二，品牌理论深化发展阶段（20 世纪 90 年代至今）。这一时期，各种品牌理论相互渗透和竞相创新，最有代表性的是品牌资产理论和品牌关系理论，其他还有品牌权益、品牌价值、品牌管理、品牌战略、品牌力以及品牌生态学理论等。

美国著名品牌大师大卫·艾克 1998 年在《建立强势品牌》中提出了基于单个企业品牌系统的"品牌群"概念，将生态学的种群概念引入品牌理论研究；美国学者安格尼斯嘉·温克勒 1999 年在《快速建立品牌：新经济时代的品牌战略》中系统阐述了品牌生态环境的新概念，并指出品牌生态环境是一个复杂的充满活力、不断变化的有机组织。品牌生态学理论从品牌和生态结合的角度进行研究，是新经济时代各种品牌思想、品牌管理技术的集成、综合和创新，成为品牌理论发展的新趋势。

无论是从品牌理论还是品牌实践的角度来看，品牌建设都是立足于企业产品或服务与消费者、社会公众以及利益相关者的互动关系。纵观品牌的前沿理论，在经济全球化、市场化一体化、信息网络化的大背景下，形成了品牌关系理论、品牌生态理论、品牌竞争理论和品牌精神理论等。从纵向来看，品牌理论从品牌战术、品牌战略转向品牌哲学；从横向来看，品牌理论从注重以消费者为导向转向以消费者为导向和以员工为导向并重；从空间来看，品牌理论从把组织体系作为一个封闭系统转向作为一个开放系统；从研究对象来看，品牌理论既研究企业品牌，也研究个人品牌、产品品牌以及品牌，等等。

美国"现代营销学之父"菲利普·科特勒的营销思想和理论，以及美国著名营销专家艾·里斯与杰克·特劳特的定位理论，让品牌营销真正成为一门学科。特别是"4P"营销理论、"4C"营销理论、"4R"营销理论，促进了品牌营销理论的纵深发展。

（1）"4P"营销理论。美国营销学教授杰瑞·麦卡锡在 20 世纪 60 年代提出，后来经过菲利普·科特勒的发扬，已经成为品牌营销的范式。"4P"即产品（product）、价格（price）、渠道（place）、推广（promotion），产品包括功能、质量、外观、包装和规格、服务、售后等，价格包括基本价格、折扣价格、付款时间、借贷条件等，渠道包括分销、储存、物流、存货控制等，推广包括广告、销售、促销与公关等。

（2）"4C"营销理论。美国营销专家罗伯特·劳特朋在 1990 年提出了与传统营销"4P"理论相对应的 4C 理论。它以消费者需求为导向，重新设定了市场营销组合的四个基本要素：即消费者（Customer）、成本（Cost）、便利（Convenience）和沟通（Communication）。强调企业应该把追求顾客满意放在第一位，以消费者为中心实施有效的营销沟通。

（3）"4R"营销理论。2001 年，美国营销专家艾略特·艾登伯格和美国整合营销传播专家唐·舒尔茨在"4C"营销理论的基础上提出了"4R"营销理论。"4R"营销理论的四要素是：关联（Relevancy）、反应（Reaction）、关系（Relationship）、报酬（Reward）。“4R”营销理论是以关系营销为核心，注重企业和客户关系的长期互动，重在建立顾客忠诚的一种理论。它既从企业的利益出发又兼顾消费者的需求，是一个更为实际、有效的营销制胜术。

3. 品牌战略规划

所谓品牌战略就是企业将品牌作为核心竞争力，以获取差别利润与价值的企业经营战略。品牌战略是市场经济中竞争的产物，战略的本质是塑造出企业的核心专长，从而确保企业的长远发展。在科技高度发达、信息快速传播的今天，产品、技术及管理诀窍等很容易被对手模仿，难以成为核心专长，而品牌一旦树立，则不但有价值并且不可模仿，因为品牌是一种消费者认知，是一种心理感觉，这种认知和感觉不能被轻易模仿。

品牌战略规划主要包括品牌化决策、品牌模式选择、品牌识别界定、品牌延伸规划、品牌管理规划及品牌愿景规划等内容。

第一，品牌化决策解决的是品牌的属性问题。是选择制造商品牌还是经销商品牌、是自创品牌还是加盟品牌，在品牌创立之前就要解决好这个问题。不同类别的品牌，在不同行业与企业所处的不同阶段有其特定的适应性。

第二，品牌模式选择解决的是品牌的结构问题。是选择综合性的单一品牌还是多元化的多品牌，是选择联合品牌还是主副品牌，品牌模式虽无好与坏之分，但有一定的行业适用性与时间性。

第三，品牌识别界定确立的是品牌的内涵，也就是企业希望消费者认同的品牌形象，它是品牌战略的重心。从品牌的理念识别、行为识别与符号识别三个方面规范品牌的思想、行为、外表等内外含义，其中包括以品牌的核心价值为中心的核心识别和以品牌承诺、品牌个性等元素组成的基本识别。

第四，品牌延伸规划是对品牌未来发展领域的清晰界定。明确了未来品牌适合在哪些领域、行业发展与延伸，在降低延伸风险、规避品牌稀释的前提下，以谋求品牌价值的最大化。

第五，品牌管理规划是从组织机构与管理机制上为品牌建设保驾护航，并明确品牌发展各阶段的目标与衡量指标。要建立品牌管理制度，对品牌进行系统的专业化管理，包括品牌传播、品牌知识产权保护等。

第六，品牌愿景规划是对品牌的现存价值、未来前景和信念准则的界定，能够统率品牌价值管理计划，协调各种利益相关者的期望，提高品牌在市场竞争中的价值和能力，以应对竞争和变化的各种挑战。

品牌战略的确立应该围绕企业的竞争力来进行，企业要根据自身的实际情况，结合行业特点、市场形势、产品特征等，制定切实可行的品牌战略。

4. 企业品牌识别体系设计

企业品牌识别体系设计是制定品牌战略的核心部分，也是最关键的环节。

在品牌设计过程中，需要综合运用 CIS 设计的理念和企业文化体系设计的理念，从品牌识别、品牌形象的角度，构建具有鲜明个性特征、充满生机活力的品牌识别系统。

在品牌设计过程中，像“文化无定式”一样，“品牌也无定式”，根据相关品牌理论和品牌实践，坚持“CIS、文化、品牌一体化”的原则思路，是构建品牌识别体系的基本途径。

一般来说，设计品牌识别体系需要解决以下几个关键问题。

第一，品牌定位分析。

“好的品牌定位是品牌成功的一半”。概括来说，品牌定位是指企业根据自身特色和优势，对品牌文化和品牌个性进行分析以区别于其他品牌的决策过程，主要包括对产品服务的个性分析、潜在消费者分析、行业特征分析等。从品牌定位的过程来看，品牌定位就是根据消费者对于品牌的认知和理解，赋予品牌特定化、个性化内涵，在消费者和企业之间对品牌产生共鸣，从而塑造企业有别于竞争对手的品牌特征，实现创造品牌价值的目的。简言之，“定位就是如何在预期顾客的头脑里独树一帜”。可见，定位是一个从外向内的过程，是从消费者的角度出发，针对消费者的心理采取行动。

第二，品牌核心价值分析。

“品牌核心价值是品牌的灵魂”。品牌核心价值是品牌资产的主体部分，同时也是品牌保持持久竞争力、生命力的保证。它让消费者明确、清晰地识别品牌的利益与个性，促使消费者认同、喜欢、选择一个品牌。品牌的核心价值是品牌的终极追求，主要解决品牌蕴含什么样的文化内涵和精神实质的问题。一个人如果没有内涵，则只剩一具躯壳；一个品牌没有内涵，同样也只是一个空洞的符号。

第三，设计品牌名称。

“品牌命名是品牌设计的关键环节”。对于品牌来说，名称是第一位的，也是给人印象最深的部分。品牌名称是品牌的核心要素，是品牌特征的浓缩，是形成品牌的基础。品牌名称不仅可以传神地表达产品服务的特征，而且有助于消费者的认知，进而产生消费的欲望。品牌名称在很大程度上影响品牌联想，提升企业产品形象和服务形象。设计品牌名称要抓住消费者的利益诉求和心理诉求，为消费者带来愉悦的品牌体验。从传播的角度来说，品牌名称还要清新高雅，体现产品服务的品位、档次和特色，同时也要便于记忆和传播。

第四，设计品牌理念。

“品牌理念是品牌文化内涵的集中表达”。品牌产品不同于普通产品的最大特点，就是品牌具有特定的文化内涵、文化风格，具有社会人文思想和满足消费者心理需求的品牌利益和品牌附加值。一般来说，品牌理念包括品牌价值内涵、品牌使命、品牌愿景等，表明品牌的价值诉求和价值主张、品牌的社会责任以及品牌的发展愿景等，从文化认同、心理认同到品牌认同，提升品牌的知名度、美誉度和忠诚度。

第五，设计品牌传播用语。

“以文化塑造品牌，以品牌彰显文化”。品牌传播用语亦称为品牌宣传语，或品牌口号，是一种个性鲜明、内涵丰富、意味深长的语言表达，主要用以向消费者和社会大众传播品牌文化和品牌形象，提升品牌影响力和市场竞争力。品牌传播用语可以表达品牌内涵、反映品牌定位、丰富品牌联想、清晰品牌名称和标识等，具有较强的情感色彩、赞誉性和感召力。品牌传播用语是基于品牌定位、品牌价值以及品牌个性等要素进行设计的，具有相对稳定性，不应轻易变动，可运用于广告、宣传、海报、条幅、网站等。

此外，在设计品牌识别体系过程中，品牌标志（Logo）设计也是一个十分重要的环节。值得注意的是，品牌标志与企业标志不同，企业标志的主体是企业，企业标志具有统一性、唯一性；品牌标志只适用于企业特定的品牌产品或品牌服务，在企业中不具有统一性、唯一性，企业可以有多个品牌以及品牌标志。如果企业实施单一品牌战略，也可以直接使用企业标志，不再另行设计。

【链接：著名品牌广告语】

M&M 巧克力：只溶在口，不溶在手

这是著名广告大师威廉·伯恩巴克的灵感之作，堪称经典，流传至今。它既反映了 M&M 巧克力糖衣包装的独特卖点，又暗示 M&M 巧克力口味好，以至于我们不愿意使巧克力在手上停留片刻。

百事可乐：新一代的选择

在与可口可乐的竞争中，百事可乐终于找到突破口，它从年轻人身上发现市场，把自己定位为新生代的可乐，邀请新生代喜欢的超级歌星作为自己的品牌代言人，终于赢得青年人的青睐。一句广告语明确地传达了品牌的定位、创造了一个市场，它可谓居功至伟。

耐克：Just do it

耐克通过以“Just do it”为主题的系列广告，和篮球明星乔丹的明星效应，迅速成为体育用品的第一品牌，而这句广告语正符合青少年一代的心态，要做就做，只要与众不同，只要行动起来。然而，随着乔丹的退役，随着“Just do it”改为“Idream”，耐克的影响力逐渐式微。

诺基亚：科技以人为本

“科技以人为本”似乎不是诺基亚最早提出的，但它把这句话的内涵发挥得淋漓尽致。事实证明，诺基亚能够从一个小品牌一跃为移动电话市场的第一品牌，正是遵从了这一理念。从产品开发到人才管理，真正体现了以人为本的理念，因此口号才喊得格外有力。

戴比尔斯钻石：钻石恒久远，一颗永流传

事实证明，经典的广告语总是丰富的内涵和优美的语句的结合体，戴比尔斯钻石的这句广告语，不仅道出了钻石的真正价值，而且也从另一个层面把爱情的价值提升到足够的高度，使人们很容易把钻石与爱情联系起来，这的确是最美妙的感觉。

麦氏咖啡：滴滴香浓，意犹未尽

作为全球第二大咖啡品牌，麦氏的广告语堪称语言的经典。与雀巢不同，麦氏的感觉体验更胜一筹，虽然不如雀巢那么直白，却符合品味咖啡时的那种意境，同时又把麦氏咖啡的那种醇香与内心的感受紧紧结合起来，同样经得起考验。

德芙巧克力：牛奶香浓，丝般感受

之所以够得上经典，在于那个“丝般感受”的心理体验。能够把巧克力细腻滑润的感觉用丝绸来形容，意境够高远，想象够丰富。充分利用联想感受，把语言的力量发挥到极致。

可口可乐：永远的可口可乐，独一无二好味道

在碳酸饮料市场上可口可乐总是一副舍我其谁的姿态，似乎可乐就是可口。虽然可口可乐的广告语每几年就要换一次，而且也流传下来不少可以算得上经典的主题广告语，但还是这句用的时间最长，最能代表可口可乐的精神内涵。

第五章 西方管理思想及管理理论综述

从一般意义上来说，管理起源于人类的共同劳动，甚至可以追溯至“结绳记事”的远古部落时期。中国古代典籍《周易·系辞》就记载：“上古结绳而治。”古代朴素的管理思想兴起于2000多年前的中国、巴比伦、印度等早期文明古国。

19世纪末20世纪初，管理思想和管理理论才真正形成，仅仅具有100多年的历史，但各种思想和理论迅猛爆发、交相辉映，并在全球范围内传播和实践。这得益于工业革命的诞生，科技革命的一次次浪潮，经济全球化的趋势，甚至经济危机的挑战和大规模战争的刺激。

关于管理的概念，众说纷纭，没有形成统一的定义。

管理过程学派创始人亨利·法约尔认为：“管理是所有的人类组织都有的一种活动，这种活动由五项要素组成：计划、组织、指挥、协调和控制。”

“现代管理学之父”彼得·德鲁克认为：“管理是一种工作，它有自己的技巧、工具和方法；管理是一种器官，是赋予组织以生命的、能动的、动态的器官；管理是一门科学，一种系统化的并到处适用的知识；同时管理也是一种文化。”

一、西方管理思想演变历程

西方管理思想的演变历程，大体可分为四个阶段。

1. 第一阶段：早期管理思想

19世纪后期，德国著名哲学家马克斯·韦伯的《新教伦理与资本主义精神》，英国哲学家、经济学家亚当·斯密的《国富论》，以及英国生物学家达尔文的《物种起源》及“生物进化论”等著作和理论，特别是工业革命的划时代发展，催生了管理思想和管理理论的形成。

2. 第二阶段：科学管理思想

美国工程师弗雷德里克·泰罗 1911 年出版的《科学管理原理》及其创造的“泰罗制”工作方法，标志着企业管理从“经验管理”走向了“科学管理”。弗雷德里克·泰罗也被誉为“20 世纪最具影响力的管理宗师”，他的科学管理思想影响到工业心理学和工业社会学的产生，以及法国工程师亨利·法约尔的工业管理理论。亨利·法约尔对管理要素、管理职能和管理过程进行了系统研究，成为管理过程学派的创始人。

科学管理思想的主要特征包括：管理是科学，而不是单凭经验的方法；管理是和谐，而不是冲突；管理是合作，而不是个人主义；管理是让每个人达到最高效率，获得最大财富。

3. 第三阶段：行为科学管理思想

弗雷德里克·泰罗的科学管理思想的重大缺陷，是忽视“人”的要素，是基于“经济人”的人性假设。1924—1932 年，美国哈佛大学教授乔治·梅奥主持的著名的“霍桑实验”，则是证明了“社会人”的人性假设，并推动了人际关系理论、行为科学理论的诞生，如美国心理学家亚伯拉罕·马斯洛的需求层次理论，美国心理学家弗雷德里克·赫茨伯格的双因素理论，以及美国著名学者切斯特·巴纳德的系统组织理论等。

这一时期，1929 年起源于美国的“经济大萧条”波及整个资本主义世界，其中包括美国、英国、法国、德国和日本等资本主义国家的经济危机，这也成为行为科学一系列管理思想产生的诱因。

4. 第四阶段：现代管理思想

第二次世界大战（1939—1945 年），是管理理论和管理实践发展过程中最重要的事件之一。战争往往会促进科技发明，比如核能技术、计算机技术等，而且以令人惊叹的程度激发了各种管理思想和管理理论。

据统计，“二战”期间，美国的生产量是德国和日本加起来的 2 倍。美国的 GDP 从 1941 年的 913 亿美元，增长为 1945 年的 1666 亿美元。因为战时生产，制造业的产出几乎翻倍，农业的产出也增长了 22%。美国总共生产了 86000 辆坦克，296000 架飞机，150 万支步枪，410 亿发炮弹，5400 艘商船和 6500 艘战舰。可以说，美国在“二战”中的突出表现是管理理论和管理实践的最成功的实验，也奠定了战后美国在全球的崛起。

“二战”之后，各种管理思想和管理理论如雨后春笋般涌现，形成了“管理理论的丛林”，如管理过程学派、经验主义学派、人类行为学派、社会系统学派和决策理论学派等。其后又产生了迈克尔·波特的战略理论、弗雷德·费德勒的领导理论、爱德华·戴明的质量管理理论、菲利普·科特勒的营销理论、吉尔特·霍夫斯泰德的跨文化管理理论，彼得·圣吉的学习型组织理论，以及企业文化理论等。而且还产生了彼得·德鲁克这位“管理大师中的大师”“美国企业家的导师”，以及杰克·韦尔奇这位“全球第一 CEO”“美国当代最成功最伟大的企业家”。

实际上，这些管理思想和管理理论自产生以来，一直交叉并存、互相影响、继承演变，成为人类管理思想的宝贵财富。

二、西方管理理论摘要概述

西方的各种管理思想和管理理论简直浩如烟海、洋洋大观。鉴于其他篇章也有涉猎，这里只对部分管理理论进行摘要概述。

1. 人性假设理论

人性假设是指管理者在管理过程中对人的本质属性的基本看法。随着管理实践的发展，人们对管理中人性的认识也不断深化，先后经历了“经济人假设”“社会人假设”“自我实现人假设”和“复杂人假设”等阶段。

道格拉斯·麦格雷戈是美国著名的行为科学家、人性假设理论创始人，也是人际关系学派最具有影响力的思想家之一。1957 年道格拉斯·麦格雷戈在美国《管理评论》杂志上发表了《企业的人性方面》一文，提出了著名的 X 理论和 Y 理论。道格拉斯·麦格雷戈认为，管理者关于人性的观点是建立在一些假设基础之上的，而管理者又根据这些假设来塑造他们自己对下属的行为方式。

道格拉斯·麦格雷戈把传统的关于人性假设的管理理论叫作 X 理论，其主要特征如下。

第一，大多数人是懒惰的，他们尽可能地逃避工作。工作对他们而言是一种负担，工作毫无享受可言。只要是有机会，他们就会尽可能地偷懒，逃避工作。

第二，大多数人都没有什么雄心壮志，也不喜欢负什么责任，而宁可让别人领导。他们缺乏自信心，把个人的安全看得很重要。

第三，大多数人的个人目标与组织目标都是自相矛盾的，为了达到组织目标必须靠外力严加管制。必须用强迫、指挥、控制并用处罚威胁等手段，使他们做出适当的努力去实现组织的目标。

第四，大多数人都是缺乏理智的，不能克制自己，很容易受别人影响，而且容易安于现状。

第五，大多数人都是为了满足基本的生理需要和安全需要，所以他们将选择那些在经济上获利最大的事去做，而且他们只能看到眼前的利益，看不到长远的利益。

第六，人群大致分为两类，多数人符合上述假设，少数人能克制自己，这部分人应当负起管理的责任。

X 理论假设人对于工作的基本评价是负面的，即从本质上来说，人都是不喜欢工作的，并且一有可能就逃避工作，一般人都愿意被人指挥并且希望逃避责任。

道格拉斯・麦格雷戈认为，以 X 理论为前提的管理模式造成人才创造性和奉献精神的不断下降、员工对工作绩效的毫不关心等不良后果，说明 X 理论是建立在错误的因果概念的基础上的。因此，道格拉斯・麦格雷戈又提出了 Y 理论，其主要特征如下。

第一，一般人并不是天性就不喜欢工作，工作中体力和脑力的消耗就像游戏和休息一样自然。工作可能是一种满足，因而自愿去执行，也可能是一种处罚，因而只要可能就想逃避。到底怎样，要看环境而定。

第二，外来的控制和惩罚，并不是促使人们为实现组织目标而努力的唯一方法。它甚至对人是一种威胁和阻碍，并放慢了人成熟的脚步。人们愿意实行自我管理和自我控制来完成应当完成的目标。

第三，人的自我实现的要求和组织要求的行为之间是没有矛盾的。如果给人提供适当的机会，就能将个人目标和组织目标统一起来。

第四，一般人在适当条件下，不仅学会了接受职责，而且还学会了谋求职责。逃避责任、缺乏抱负以及强调安全感，通常是经验的结果，而不是人的本性。

第五，大多数人，而不是少数人，在解决组织的困难问题时，都能发挥较高的想象力、聪明才智和创造性。

第六，在现代工业生活的条件下，一般人的智慧潜能只是部分地得到了发挥。

除 X 理论、Y 理论外，还有“理性人假设”“情感人假设”“自我超越人假设”“决策人假设”等，这些人性假设理论，在西方管理学史上都具有重要的地位。

2. 企业竞争战略理论

在变革的时代，企业面临着种种挑战，而企业战略管理是这场变革的中心，实现战略管理能够前瞻性地把握企业方向，培育企业的市场竞争优势。20 世纪 80 年代初，以哈佛大学商学院的迈克尔・波特为代表的竞争战略理论，取得了战略管理理论的主流地位。

概括来说，迈克尔・波特的竞争战略理论的基本逻辑是：第一，产业结构是决定企业盈利能力的关键因素；第二，企业可以通过选择和执行一种基本战略影响产业中的五种作用力量，以改善和加强企业的相对竞争地位，获取市场竞争优势（低成本或差异化）；第三，价值链活动是竞争优势的来源，企业可以通过价值链活动和价值链关系的调整来实施其基本战略。

迈克尔·波特认为在行业中存在着决定竞争规模和程度的五种力量，综合影响着产业的吸引力以及现有企业的竞争战略决策。这五种力量分别为同行业内现有竞争者的竞争能力、潜在竞争者进入的能力、替代品的替代能力、供应商的讨价还价能力、购买者的讨价还价能力。

迈克尔·波特提出的行业竞争结构分析理论受到企业战略管理学界的普遍认同，并且成为进行外部环境分析和激发战略选择最为重要和广泛使用的模型，如图 5-1 所示。

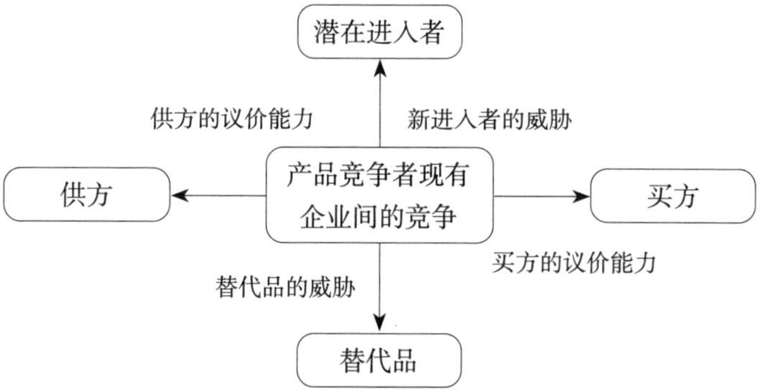

图 5-1　波特竞争力模型

此外，在企业战略规划中，来自美国著名的麦肯锡咨询公司的 SWOT 分析法是一个常用的战略分析工具。SWOT 分析包括分析企业的优势（Strengths）、劣势（Weaknesses）、机会（Opportunities）和威胁（Threats），因此，SWOT 分析法实际上是对企业内外部条件各方面内容进行综合和概括，进而分析组织的优劣势、面临的机会和威胁的一种方法，如图 5-2 所示。

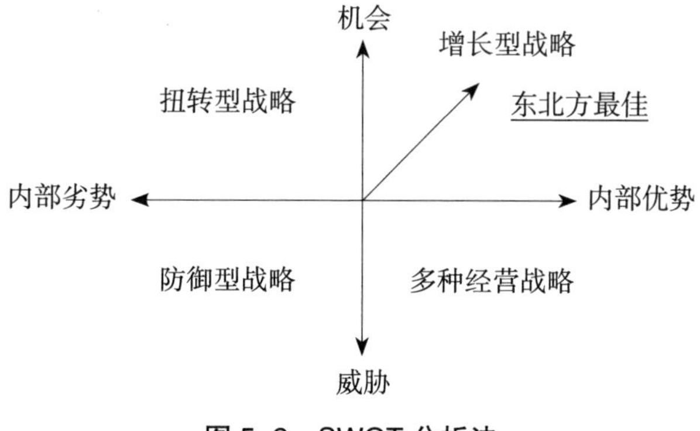

图 5-2　SWOT 分析法

在对企业所处宏观环境分析过程中，PEST 分析法能从各个方面比较好地把握宏观环境的现状及变化的趋势，有利于企业对生存发展的机会加以利用，对环境可能带来的威胁及早发现并避开。所谓 PEST 分析法，是从政治（Policy）、经济（Economic）、社会（Social）、技术（Technic）四个方面，基于公司战略分析企业外部宏观环境的一种方法，如图 5–3 所示。

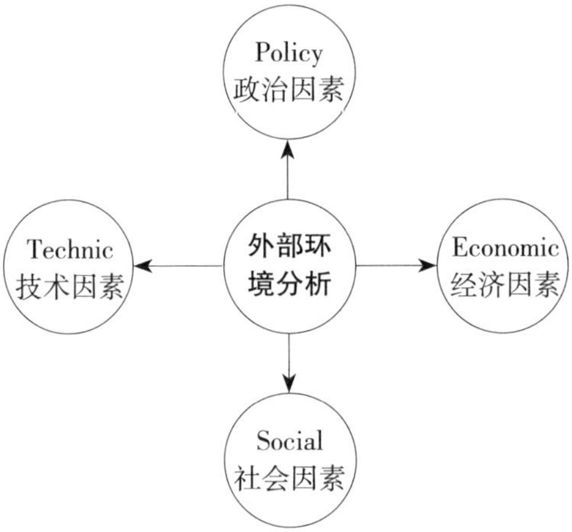

图 5–3　PEST 分析法

3. 企业激励理论

1943 年，亚伯拉罕·马斯洛提出了著名的需求层次理论，其基本内容是将人的需求从低到高依次分为生理需求、安全需求、社交需求、尊重需求和自我实现需求五种需求（见图 5–4）。需求层次理论是人本管理思想之一，其不仅是动机理论，同时也是一种人性论和价值论。

图 5–4　需求层次理论示意图

亚伯拉罕·马斯洛认为，人类具有一些先天需求，越是低级的需求就越与动物相似，越是高级的需求就越为人类所特有，这些需求都是按照先后顺序出现的，当一个人满足了较低的需求之后，才能出现较高级的需求，即需求层次。另外，一般是按照生理需求、安全需求、社交需求、尊重需求和自我实现需求的顺序，但并不一定全部是按照这个顺序出现。该理论的基本内容如下。

第一，生理需求。这是人类维持自身生存的最基本要求，包括饥、渴、衣、住、行等方面的要求。从这个意义上来说，生理需求是推动人们行动的最强大的动力。亚伯拉罕·马斯洛认为，只有这些最基本的需求满足到维持生存所必需的程度后，其他的需求才能成为新的激励因素。

第二，安全需求。这是人类要求保障自身安全、财产安全、劳动安全、职业安全以及躲避灾难、未来保障等方面的需求。亚伯拉罕·马斯洛认为，整个有机体是一个追求安全的机制，人的感受器官、效应器官、智能和其他能量主要是寻求安全的工具，甚至可以把科学和人生观都看成是满足安全需要的一部分。

第三，社交需求。这一层次的需求包括两个方面的内容，一是爱的需求，即人人都需要家庭、朋友、同事以及爱人的关心、信任、理解、友情和爱情等；二是归属的需求，即人人都有归属于一个群体的感情，希望成为群体中的一员、成为团队中的一员，并彼此协作、相互照顾。

第四，尊重需求。人人都希望自己有稳定的社会地位，要求个人的能力和成就得到社会的承认。尊重的需求又可分为内部尊重和外部尊重，内部尊重是指一个人的自尊、自主和自信等，外部尊重是指一个人希望有社会地位，受到认可和关注等。亚伯拉罕·马斯洛认为，尊重需求得到满足，能使人充满信心和热情，体验到自己的价值。

第五，自我实现需求。这是最高层次的需求，是指实现个人理想、抱负，最大程度地发挥个人能力，追求完美人生、获得极大成就感的需求。这是一种创造性的需求，会使个人感到最大的快乐。亚伯拉罕·马斯洛提出，为满足自我实现需求所采取的途径是因人而异的，自我实现的需求是在努力挖掘自己的潜力，越来越成为自己所期望的人物。

4. 跨文化管理理论

荷兰著名心理学家、管理学家吉尔特·霍夫斯泰德 1984 发表专著《文化的影响力》，1991 年发表专著《文化与主题：思想的远见》，提出了跨文化管理理论。他说："在全球经济一体化中，世界各公司的策略都着重发展如何能够满足最大市场、最多顾客的产品及其服务。而对不同文化及价值观的研究，是此类策略成功的关键。"

吉尔特·霍夫斯坦德对世界 50 多个国家的文化进行过调查、分析、比较，提出了不同国家文化差异的五个维度：个人主义与集体主义；权力差距；不确定性规避；男性化与女性化；长期取向与短期取向。

第一，个人主义与集体主义。个人主义和集体主义层面反映的是不同的社会对集体主义态度的不同。在集体主义盛行的国家中，每个人必须考虑他人利益，组织成员对组织具有精神上的义务和忠诚。而在推崇个人主义的社会中，每个人只顾及自身的利益，每个人自由选择自己的行动。

第二，权力差距。吉尔特·霍夫斯坦德认为，权力差距的大小，反映出不同国家在对待人与人存在不平等问题上的不同态度。权力差距在组织管理中常常与集权程度、领导和决策联系在一起。在一个高权力差距的组织中，下属常常趋于依赖其领导人，在这种情况下，管理者常常采取集权化决策方式，管理者做决策，下属接受并执行。而在低权力差距的组织中，管理者与下属之间只保持一个较低程度的权力差距，下属会广泛参与影响其工作行为的决策。

第三，不确定性规避。所谓不确定性规避指的是一个社会感受到的不确定性和模糊情景的威胁程度。不确定性规避倾向影响到一个组织对风险的态度。在一个不确定性规避较强的组织中，组织就越趋向于建立更多的工作条例、流程或规范以应付不确定性，管理也相对是以工作和任务指向为主，管理者决策多为程序化决策。在一个不确定性规避较弱的组织中，很少强调控制，工作条例和流程的规范化和标准化程度较低。

第四，男性化与女性化。男性化倾向是指社会中两性的性别角色差别清楚，男人应表现得自信、坚强、注重物质成就，女人应表现得谦逊、温柔、关注生活质量。女性化倾向则是指社会中两性的性别角色互相重叠，男人与女人都表现得谦逊、恭顺、关注生活质量。男性化社会以更加传统和保守的方式定义性别角色，而女性化社会对于两性在工作场所和家庭中扮演的大量角色则持较为开明的观点。这在组织中也会不同程度地影响到管理者的决策方式。

第五，长期取向与短期取向。长期取向的文化关注未来，注重节约、节俭和储备，愿意为将来投资，对社会关系和等级关系敏感，做任何事均留有余地。在短期取向的文化里，价值观是倾向于过去和现在的，人们尊重传统，关注社会责任的履行，但此时此地才是最重要的，在管理上最重要的是此时的利润，要求立见功效，不容拖延。

从某种意义上来说，各国企业在决策方式上的差异从根本上都可以归因于多维且相互作用的各个文化尺度上。

5. 创新理论

创新作为一种理论，可追溯到 1912 年美国哈佛大学教授约瑟夫·熊彼特的《经济发展概论》。约瑟夫·熊彼特在其著作中提出："创新是指把一种新的生产要素和生产条件的'新结合'引入生产体系。"其后在1942年出版的《资本主义、社会主义和民主主义》一书中加以运用和发挥，形成了以创新理论为基础的独特的理论体系。被誉为"现代企业管理学之父"的彼得·德鲁克也一向承认其深受约瑟夫·熊彼特的影响。

进入21世纪，在信息技术推动下，知识经济成为一种社会大趋势，创新理论得到进一步发展，创新被认为是各创新主体、创新要素交互作用下的一种复杂现象，而关注价值实现、关注用户参与的以人为本的"创新2.0模式"也成为对创新重新认识的探索和实践。创新不仅仅指技术革新或单纯的生产方式革命，同时更具有体制变革、战略变革、文化变革等多重含义。

关于创新理论，主要有以下几个基本观点。

第一，创新是生产过程中内生的。约瑟夫·熊彼特说："我们所指的'发展'只是经济生活中并非从外部强加于它的，而是从内部自行发生的变化。"尽管投入的资本和劳动力数量的变化能够导致经济生活的变化，但这并不是唯一的经济变化；还有另一种经济变化就是"创新"，它是从体系内部发生的。

第二，创新是一种"革命性"变化。约瑟夫·熊彼特曾作过这样一个形象的比喻：你不管把多大数量的驿路马车或邮车连续相加，也决不能得到一条铁路。"而恰恰就是这种'革命性'变化的发生，才是我们要涉及的问题，也就是在一种非常狭窄和正式的意义上的经济发展的问题。"这强调了创新的突发性和间断性的特点，需要进行动态性分析研究。

第三，创新同时意味着毁灭。约瑟夫·熊彼特说："新组合并不一定要由控制创新过程所代替的生产或商业过程的同一批人去执行。"所以，在竞争性的经济生活中，新组合意味着对旧组织通过竞争而加以消灭，尽管消灭的方式不同。比如，在完全竞争状态下的创新和毁灭往往发生在两个不同的经济实体之间，而随着经济的发展、经济实体的扩大，创新则更多地转化为一种经济实体内部的自我更新。

第四，创新必须能够创造出新的价值。约瑟夫·熊彼特认为：先有发明，后有创新；发明是新工具或新方法的发现，而创新是新工具或新方法的应用。"只要发明还没有得到实际上的应用，那么在经济上就是不起作用的。"强调创新是新工具或新方法的应用，必须产生出新的经济价值，这对于创新理论的研究具有重要的意义。

第五，创新是经济发展的本质规定。约瑟夫·熊彼特力图引入创新概念以便从机制上解释经济发展。他认为，可以把经济区分为"增长"与"发展"两种情况。所谓经济增长，如果是由人口和资本的增长所导致的，并不能称作发展。"我们所意指的发展是一种特殊的现象，是流转渠道中的自发的和间断的变化，是对均衡的干扰，它永远在改变和代替以前存在的均衡状态。”这就是说，发展是经济循环流转过程的中断，也就是实现了创新，创新是发展的本质规定。

第六，创新的主体是企业家。约瑟夫·熊彼特认为，“我们所说的发展，可以定义为执行新的组合”。熊彼特把“新组合”的实现称之为企业，那么以实现这种“新组合”为职业的人便是企业家。因此，企业家的核心职能不是经营或管理，而是看其是否能够执行这种“新组合”。每个企业家只有当其实际上实现了某种“新组合”时，才是一个名副其实的企业家。约瑟夫·熊彼特对企业家的这种独特的界定，其目的在于突出创新的特殊性，说明创新活动的特殊价值。

此外，美国著名质量管理学家爱德华·戴明的全面质量管理理论认为，质量管理必须是全面性的，不是个别部门的事情，必须由最高层的管理者推动，让每一个部门和员工参与其中；他同时提出“PDCA 循环”的概念，即通过计划（Plan）、实施（Do）、检查（Check）和行动（Action）一系列工作程序来解决质量问题，在全球范围内产生了巨大影响。

还有，1993 年美国管理学家迈克尔·哈默和詹姆斯·钱皮提出了流程再造理论，其核心是：企业为了适应新的竞争环境，需要对其业务流程、经营管理和运作模式进行根本的再思考和重新设计，如通过业务流程再造、及时存货体系、扁平化组织、柔性生产系统以及市场价值链等全新设计方案，使企业的生产效率、产品质量、服务水平和经营效益取得根本性的变化。这也成为影响全球企业界的管理理论和实践方法。

概括来说，关于管理的概念还是“年轻”的概念，关于管理理论也是“年轻”的理论，西方的管理思想和管理理论无疑走到了世界的前列，但是还没有达到世界的“顶峰”，或者说人类的管理思想和管理理论根本就没有“顶峰”。技术革命的浪潮，全球化的浪潮，正在构建全世界、全人类的命运共同体；无论是西方发达国家的管理思想和管理理论，还是伴随新兴国家崛起而产生的新的管理思想和管理理论，都会“智能互联”，推动人们的智慧迸发和智力突破，不断丰富和拓展管理理论和管理实践。正如管理大师们所说，“管理只有恒久的问题，没有终结的答案”。

第六章　诸子百家与中华文化传承

中国具有五千多年的文明史，博大精深，源远流长。

根据现代考古最新成果，中华民族的历史可以追溯至六千年、七千年甚至更长的时间。

在中国的古史传说中，最早的是三皇五帝时代，又称上古时代、远古时代或神话时代。根据史书文献，“三皇”是指燧人、伏羲、神农（出自《尚书大传》）；“五帝”是指太昊、炎帝、黄帝、少昊、颛顼（出自《吕氏春秋》），是他们率领民众开创了中华上古文明。

在中国远古历史传说中，留下来许多让人津津乐道的美好故事，比如“盘古开天辟地”“女娲抟土造人”“炎黄大战蚩尤”“共工怒触不周山”“神农遍尝百草”“夸父逐日”“后羿射日”，等等。

三皇五帝时代跨越了“良渚文化”“仰韶文化”“龙山文化”等时期，时间跨度长达 7600 多年（前 9684—前 2015 年），是古代中国从城邦时代至中央集权化奴隶制国家时代的过渡时期。

大禹崩逝后，其子夏启建立了第一个奴隶制国家夏朝，中国进入中央集权化奴隶制国家时期。其后，历经商、周朝代，到达春秋战国时期，开始了诸子百家争鸣、百花齐放，中国历史上的第一次思想大爆炸、文化大繁荣时代终于来到了！

一、诸子百家，风云际会，争锋论道

在中国古代思想史上，先秦是诸子百家争鸣、思想碰撞的黄金时代。诸子百家是后世对先秦学术思想人物和派别的总称。春秋后期已出现颇有社会影响的法家、道家、儒家、墨家、阴阳家等不同学派，至战国中期，许多学派纷呈，众多学说丰富多彩，各家代表人物以及诸多学人士子或著书立说，或聚徒讲学，或质疑辩难，成为中国思想文化的渊薮和圭臬。

1. 孔子

孔子（前 551—前 479 年），名丘，字仲尼。春秋末期鲁国人。中国古代著名思想家、教育家、政治家，儒家思想代表人物，被历代帝王尊崇为“至圣先师”。

孔子儿时就喜欢“陈俎豆，设礼容”，15 岁立志读书，主要科目是“礼、乐、射、御、书、数”。35 岁时开始参与政治，先是任鲁国中都宰、司空，后升至司寇。55 岁时开始周游列国。至公元前 479 年，孔子 73 岁，依门哀歌：“泰山其颓乎？梁木其坏乎？哲人其萎乎？”不久就离世了。

《论语》是孔子及其弟子的语录结集，由孔子弟子及再传弟子编写而成，集中地体现了孔子的政治主张、伦理思想及教育原则等。此书是儒家学派的经典著作之一，与《大学》《中庸》《孟子》并称“四书”，再加上《诗经》《尚书》《礼记》《周易》《春秋》，总称“四书五经”。

其主要思想言论如下。

（1）政治思想。在治国的方略上，主张“为政以德”，要求遵从“君君臣臣，父父子子”的政治秩序。主要言论有“克己复礼”“君使臣以礼，臣事君以忠”“礼乐征伐自天子出”“道之以德，齐之以礼，有耻且格”“政者正也”“齐之以礼”“泛爱众”等。

（2）伦理思想。以“仁”为中心，包含爱人、恭敬、谨慎、含蓄、刚毅、朴素等内容。主要言论有“仁者不忧，知者不惑，勇者不惧”“己欲立而立人，己欲达而达人”“己所不欲，勿施于人”“群而不党，和而不同，周而不比”“老者安之，少者怀之，朋友信之”等。

（3）教育思想。以“有教无类”的办学思想，打破了“学在官府”的传统。主要言论有“学而不思则罔，思而不学则殆”“知之者不如好知者，好之者不如乐知者”“学而不厌，诲人不倦”“不愤不启，不悱不发”“三人行，必有我师焉”等。其中，“学而时习之，不亦说乎？有朋自远方来，不亦乐乎？人不知而不愠，不亦君子乎？”更是成为穿越历史时空的中华传统经典语录。

2. 孟子

孟子（约前 372—前 289 年），名轲，字子舆，战国时期邹国人。中国古代著名思想家、教育家、政治家。战国时期儒家的代表人物，是孔子第四代弟子，继承并发扬了孔子的思想，被称为“亚圣”。孟子与孔子的思想，合称为“孔孟之道”。

孟子曾仿效孔子，带领门徒周游各国，但不被当时各国所接受，随后退隐与弟子一起著书。孟子与其弟子的言论汇编于《孟子》一书，是儒家学说的经典著作之一。

其主要思想言论如下。

（1）民本思想。孟子提出了一个著名的政治命题："民为贵，社稷次之，君为轻"，主张暴君无道，可以推翻。针对"武王伐纣"，孟子说："贼仁者谓之贼，贼义者谓之残，残贼之人谓之一夫。闻诛一夫纣矣，未闻弑君也。""桀纣之失天下也，失其民也；失其民者，失其心也。得天下有道：得其民，斯得天下矣。得其民有道：得其心，斯得民矣。得其心有道：所欲与之聚之，所恶勿施尔也。"

（2）仁政思想。提倡"仁者无敌""君仁，莫不仁；君义，莫不义；君正，莫不正""老吾老以及人之老，幼吾幼以及人之幼""父子有亲，君臣有义，夫妇有别，长幼有序，朋友有信"，从而构建和谐有序的理想社会。

（3）天命思想。主要言论有"顺天者昌，逆天者亡""诚者，天之道也""天将降大任于是人也，必先苦其心志，劳其筋骨，饿其体肤，空乏其身，行拂乱其所为，所以动心忍性，增益其所不能……"。

（4）性善论思想。主要言论有"恻隐之心，人皆有之；羞恶之心，人皆有之；恭敬之心，人皆有之；是非之心，人皆有之。恻隐之心，仁也；羞恶之心，义也；恭敬之心，礼也；是非之心，智也。仁、义、礼、智，非由外铄我也，我固有之也"。

3. 老子

老子（约前 571—前 471 年）本名李耳，字聃，春秋末期楚国人。中国古代著名思想家、哲学家、文学家和史学家，道家学派创始人。著有《道德经》一书，上篇开篇为"道可道，非常道；名可名，非常名"，称为《道经》；下篇开篇为"上德不德，是以有德；下德不失德，是以无德"，称为《德经》。这是中国传统文化的著名经典论著，是全球文字出版发行量最大的著作之一，影响极其深远。

其主要思想言论如下。

（1）道学思想。老子以"道"解释宇宙万物的演变，例如："道生一,一生二,二生三,三生万物""人法地，地法天，天法道，道法自然""天之道，损有余而补不足，人之道则不然，损不足以奉有余""民不畏死，奈何以死惧之"。其学说是中国传统哲学的重要思想渊源。

（2）无为思想。老子崇尚"无为"，主张合乎自然，否定有神论；主张"不尚贤"，"使民无知、无欲"；主张"小国寡民"，"虽有舟舆，无所乘之。虽有甲兵，无所陈之。使人复结绳而用之。甘其食，美其服，安其居，乐其俗。邻国相望，鸡犬之声相闻，民至老死不相往来。"

（3）辩证法思想。老子认为一切事物都是正反、阴阳的统一体，相互对立的事物会互相转化。例如："天下万物生于有，有生于无""有无相生，难易相成，长短相形，高下相盈，音声相和，前后相随，恒也”“反者道之动”“正复为奇，善复为妖”“祸兮福之所倚，福兮祸之所伏”。

老子曾做过周朝“守藏室之官”（管理藏书），知识渊博，思想深邃，对礼乐、道德颇有研究。为此，孔子于公元前523年曾“问礼”于老子，回来后孔子对老子评价说：“鸟，吾知其能飞；鱼，吾知其能游；兽，吾知其能走。走者可以为罔，游者可以为纶，飞者可以为矰。至于龙，吾不能知，其乘风云而上天。吾今日见老子，其犹龙邪！”

老子享年101岁，在道教中被尊为道教始祖，称“太上老君”，亦被尊称为“混元皇帝”，也是道教三清道祖中的“道德天尊”。

老子的哲学思想和由他创立的道家学派，不但对中国古代思想文化做出了极其重要的贡献，而且对中国两千多年来的人文精神传承产生了极其深远的影响。

4. 庄子

庄子（约前369—前286年），本名庄周，战国时期宋国人。中国古代著名的思想家、哲学家和文学家，道家学派的主要代表人物之一，与老子并称为“老庄”。庄子著有《庄子》一书，代表了先秦散文的最高成就，是中国古代典籍中的瑰宝，名篇有《逍遥游》《齐物论》《养生主》等，不但反映了庄周的哲学思想，而且显示了他卓越的文学才华，在中国思想史、文学史上都有极其重要的地位。鲁迅先生曾说：“其文汪洋辟阖，仪态万方，晚周诸子之作，莫能先也。”

据《史记》记载，庄周“其学无所不窥，然其要本归于老子之言，故其著书十万余言，大抵率寓言也”。他在哲学思想上继承和发展了老子“道法自然”的观点，使道家真正成为一个学派。

其主要思想言论如下。

（1）“内圣外王”思想。庄子最早提出“内圣外王”的思想，对儒家思想影响深远，其言记载在《庄子・天下》中：“是故内圣外王之道，暗而不明，郁而不发，天下之人，各为其所欲焉，以自为方。”孔子在《大学》提到的“大学之道，在明明德，在亲民，在止于至善”这一统治天下的准则，其中“格物、致知、诚意、正心、修身”被视为内圣之业，而“齐家、治国、平天下”则被视为外王之业。“内圣外王”这一思想也对中国的政治、伦理、文化以及哲学等产生了重要影响。

（2）“天人合一”思想。庄子认为，天人之间、物我之间、生死之间以至万物之间，存在着无条件的同一，主张齐物我、齐是非、齐生死、齐贵贱，追求一种“天地与我并生，万物与我为一”的主观精神境界。

（3）“清静无为”思想。围绕这一思想，庄子的主要言论有：“圣人生而大盗起”“圣人已死，则大盗不起，天下平而无故矣”“窃钩者诛，窃国者为诸侯，诸侯之门而仁义存焉”“绝圣弃知，大盗乃止。擿玉毁珠，小盗不起；焚符破玺，而民朴鄙。掊斗折衡，而民不争”。

庄子曾做过漆园吏，生活贫穷困顿，却视名利为浮云，力图在乱世中保持独立的人格，追寻人生与自然的乐趣，追求逍遥自在的精神自由。这种超凡脱俗的思想品格，可以说是中国人最容易理解的圣人模式，也是儒家文化统治下道家所大力宣扬的一个方面。

关于庄子，有几个著名的哲理故事。

其一是“庄周梦蝶”。

“昔者庄周梦为蝴蝶，栩栩然蝴蝶也，自喻适志与！不知周也。俄然觉，则蘧蘧然周也。不知周之梦为蝴蝶与，蝴蝶之梦为周与？周与蝴蝶，则必有分矣。此之谓物化。”大意是：庄周梦见自己变成一只蝴蝶，飘飘荡荡，十分轻松惬意。他这时完全忘记了自己是庄周。过一会儿，他醒来了，对自己还是庄周感到十分惊奇疑惑。他认真地想了又想，不知道是庄周做梦变成蝴蝶呢，还是蝴蝶做梦变成了庄周？庄周与蝴蝶一定是有分别的，但是居然物我合一了。

其二是“鼓盆而歌”。

庄子妻死，惠子吊之，庄子则方箕踞鼓盆而歌。惠子曰：“与人居，长子老身，死不哭亦足矣，又鼓盆而歌，不亦甚乎！”

庄子曰：“不然。是其始死也，我独何能无概然！察其始而本无生，非徒无生也而本无形，非徒无形也而本无气。杂乎芒芴之间，变而有气，气变而有形，形变而有生，今又变而之死，是相与为春秋冬夏四时行也。人且偃然寝于巨室，而我嗷嗷然随而哭之，自以为不通乎命，故止也。”

庄子认为，既然生死是人生中不可避免的事，生必然要转化为死，死也要转化为生，生有生的意义，死也有死的价值，那么人们对死的态度就应该是坦然地面对它，谈何悲伤呢。

其三是“濠梁之辩”。

庄子与惠子游于濠梁之上。庄子曰：“儵鱼出游从容，是鱼之乐也。”惠子曰：“子非鱼，安知鱼之乐？”庄子曰：“子非我，安知我不知鱼之乐？”惠子曰：“我非子，固不知子矣；子固非鱼也，子不知鱼之乐，全矣。”庄子曰：“请循其本。子曰‘汝安知鱼乐’云者，既已知吾知之而问我，我知之濠上也。”

从逻辑上说，人和鱼是不同类的，人怎么知道鱼的心理呢？但从审美体验上说，庄子也是有道理的，任何动物的动作或表情、痛苦或快乐，人是可以凭观察体验到的。

5. 墨子

墨子（生卒年不详），名翟，春秋末期战国初期宋国人。中国古代思想家、教育家、科学家、军事家，墨家学派创始人。

墨子提出了“兼爱”“非攻”“尚贤”“尚同”“节用”等观点，以“兼爱”为核心，以“节用”“尚贤”为支点。墨子创立了以几何学、物理学、天文学为突出成就的一整套科学理论。在当时的百家争鸣中，有“非儒即墨”之称。

《墨子》一书，是墨子的弟子及其再传弟子对墨子言行的记录。

其主要思想言论如下。

（1）“兼爱非攻”思想。墨子的“非命”“兼爱”之论，和儒家的“天命”“爱有等差”相对立。他认为“官无常贵，民无终贱”，要求“饥者得食，寒者得衣，劳者得息”，是中国历史上第一位站在最底层劳动者和社会弱者的立场上说话的人，具有朴素唯物主义思想。

所谓兼爱，包含平等与博爱的意思。墨子要求君臣、父子、兄弟都要在平等的基础上相互友爱，“爱人若爱其身”，并认为社会上出现强执弱、富侮贫、贵傲贱的现象，是因天下人不相爱所致。因此，他反对战争，呼吁和平。

（2）数理理论与教育思想。墨子是中国历史上第一个从理性高度对待数学问题的科学家，提出了一系列数学概念的命题和定义，例如“倍，为二也”“平，同高也”“中，同长也”，以及杠杆原理、光线直射、光影关系、小孔成像、点线面体圆等概念。墨子的教育思想是“艰苦实践、服从纪律”，并且提出“兴天下之利，除天下之害”的教育目的。

关于墨子，有一个很有名的故事——墨守成规。

战国时期，有一次楚国要攻打宋国，鲁班为楚国特地设计制造了一种云梯，准备攻城之用。那时墨子正在齐国，得到这个消息，急忙赶到楚国去劝阻，一直走了十天十夜，到达楚国的郢都，立刻找到鲁班一同去见楚王。墨子竭力说服楚王不要攻打宋国，但楚王舍不得放弃新造起来的攻城器械，想在实战中试试它的威力。于是墨子解下衣带，围作城墙，用木片作为武器，与鲁班进行攻防表演。鲁班多次使用不同方法攻城，多次都被墨子挡住了。鲁班攻城的器械已经使尽，而墨子守城计策还绰绰有余。楚王眼看没有把握取胜，便决定不攻打宋国了。

6. 孙子

孙子（约前 545—前 470 年），即孙武，字长卿，春秋末期齐国人，是中国古代著名的军事家、政治家。其著有巨作《孙子兵法》十三篇，着重论述了决定战争胜败的基本因素，揭示了战争的若干客观规律，具有朴素的唯物论和辩证法思想，为后世兵法家所推崇，在中国乃至世界军事史、军事学术史和哲学思想史上都占有极为重要的地位，并在政治、经济、军事、文化、哲学等领域被广泛运用。该书被译为英文、法文、德文、日文等，成为国际间最著名的兵学典范之书。

其主要思想言论包括："兵者，国之大事，死生之地，存亡之道，不可不察也""将者，智、信、仁、勇、严也""势者，因利而制权也。兵者，诡道也""故上兵伐谋，其次伐交，其次伐兵，其下攻城""知彼知己，百战不殆；不知彼而知己，一胜一负；不知彼，不知己，每战必殆""故兵无常势，水无常形，能因敌变化而取胜者，谓之神"。

孙中山曾说过："就中国历史来考究，两千多年的兵书，有十三篇，那十三篇兵书，便成立中国的军事哲学。所以照那十三篇兵书讲，是先有战斗的事实，然后才成那本兵书。"

毛泽东评价《孙子兵法》说："中国古代大军事家孙武子书上'知彼知己，百战不殆'这句话，是包括学习和使用两个阶段说的"，又说："孙子的规律，'知彼知己，百战不殆'，仍是科学的真理"。

7. 荀子

荀子（约前 313 年—前 238 年），即荀况，战国末期赵国人。中国古代著名思想家、文学家、政治家，时人尊称"荀卿"。

荀子对儒家思想有所发展，在人性问题上提倡"性恶论"，主张人性有恶，否认天赋的道德观念，强调后天环境和教育对人的影响。其学说常被后人拿来跟孟子的"性善论"比较。

荀子对重新整理儒家典籍有相当显著的贡献。他推崇孔子的思想，以孔子的继承人自居，批判性地总结和吸收了诸子百家的理论主张，形成了富有特色的"明于天人之分"的自然观、"化性起伪"的道德观、"礼仪之治"的社会历史观等。

其主要思想言论包括："学不可以已。青，取之于蓝，而青于蓝""不积跬步，无以至千里；不积小流，无以成江海""锲而舍之，朽木不折；锲而不舍，金石可镂""大巧在所不为，大智在所不虑""天行有常，不以尧存，不以桀亡。应之以治则吉，应之以乱则凶""人无礼则不生，事无礼则不成，国家无礼则不宁""自知者不怨人，知命者不怨天；怨人者穷，怨天者无志"。

8. 公孙龙

公孙龙（前 320 年—前 250 年），战国时期赵国人，名家的代表人物，诡变学派的祖师。其主要著作为《公孙龙子》，其中最重要的两篇是《白马论》和《坚白论》，提出了"离坚白"和"白马非马"等论点。

“离坚白”的观点是：“视不得其所坚而得其所白者，无坚也；拊不得其所白而得其所坚者，无白也。”意思是说，人们用眼睛看，不知道它是坚硬的，而知道石是白颜色的，这就是没有坚硬；用手摸不知道它是白颜色，而知道它是坚硬的，这就是没有白颜色。

“白马非马”是中国古代思想史上的著名命题。公孙龙的论证是这样的：第一，“马者，所以命形也；白者所以命色也。命色者非命形也。故曰：白马非马。”意思是说，“马”一词是指马的形态，凡是具有马的形态的都命名为马；“白”一词是指白的颜色，凡是白颜色的都命名为白。白马是马的形态再加上白的颜色，亦即白颜色的马。可见，马与白马是两个不同的概念，所以白马非马。第二，“求马，黄、黑马皆可致；求白马，黄、黑马不可致。”意思是说，“马”一词包括一切马在内，所以黄马、黑马都在内；而白马仅限于白颜色的马，所以黄马、黑马不在内。马与白马两个概念既然有这样的差别，所以白马非马。第三，“白者，非马也。白马者，马与白也。马与白，非马也。故曰白马非马也。”意思是说，白是一切白色的共性，而不是马；马是一切马的共性，而不是白。白马指白色的共性加上马的共性。所以白马非马。

公孙龙的论证在逻辑和概念分析上做出了独到的历史贡献，但是他把一些概念混淆而流入诡辩，也使其成为中国古代思想史上最具争议的人物。

9. 韩非

韩非（约前 280—前 233 年），又称韩非子，战国末期韩国人。中国古代思想家、哲学家和散文家，是法家思想之集大成者。

韩非将商鞅的“法”、申不害的“术”和慎到的“势”集于一身，并且将老子的辩证法、朴素唯物主义与“法”融为一体。他攻击儒家的“仁爱”学说，坚决反对复古，主张因时制宜，极大地影响了中国历代封建专制主义统治极权化的建立。

韩非著有《韩非子》一书，重点宣扬了其“法”“术”“势”相结合的法治理论，达到了先秦法家理论的最高峰，为秦统一六国提供了理论武器，秦始皇统一中国后采取的许多政治措施，就是韩非关于法家理论的应用和发展。

其主要思想言论如下。

（1）封建专制思想。韩非是封建专制主义思想的倡导者，主张建立统一的中央集权的封建专制国家。他认为：“臣事君，子事父，妻事夫，三者顺则天下治，三者逆则天下乱，此天下之常道也。”加上其“法”“术”“势”的政治主张，构成了封建专制主义的思想体系。其中，“法”是指“以法为本”“以法为教”；“术”是指君王统治的手段和策略；“势”是指君主的权力和权威。

（2）中央集权思想。韩非继承和总结了战国时期法家的思想和实践，提出了君主专制中央集权的法家实践理论。他主张“事在四方，要在中央；圣人执要，四方来效”，国家的大权，要集中在君主一人手里，君主必须有权有势，才能治理天下，“万乘之主，千乘之君，所以制天下而征诸侯者，以其威势也”。为此，君主应该使用各种手段清除世袭的奴隶主贵族，同时，选拔一批经过实践锻炼的封建官吏来取代他们。韩非还主张改革和实行法治，要求“废先王之教”，强调“法不阿贵”“刑过不避大臣，赏善不遗匹夫”。他认为只有实行严刑重罚，人民才会顺从，社会才能安定，封建统治才能巩固。

毛泽东在读《史记·老子韩非列传》时批注道：“韩非师从于荀子，是战国时期法家的代表人物，他提出的‘法治、术治、势治’三者合一的封建君王统治术，对后世影响很大。”

二、新文化运动、五四运动：“西风东渐”与“思想争锋”

以 1840 年鸦片战争为标志，中国历史进入了半殖民地半封建社会时代。鸦片战争和一系列不平等条约的订立，使中国社会发生了根本的变化。中国领土和主权的完整遭到破坏，开始丧失了政治上的独立地位。1894 年中日甲午战争之后，英、俄、美、日、法、德等国争先恐后地夺取侵华权益，迅速形成了瓜分中国的局势，中国到了任人宰割的地步。1898 年康有为、梁启超、谭嗣同等维新派人士通过光绪帝发起了一场资产阶级改良运动——戊戌变法，历时 103 天，最后被慈禧太后为首的守旧派镇压。但谭嗣同的绝命诗“我自横刀向天笑，去留肝胆两昆仑”，以及“各国变法，无不因流血而成。中国还没有因变法而流血的，今天就从嗣同始”的慷慨激愤之语，激励了前赴后继的无数革命仁人志士。

历史演进到 20 世纪，1911 年，中国近代历史上的一次伟大的资产阶级民主革命——辛亥革命爆发，这是一场旨在推翻清朝专制帝制、建立共和政体的全国性革命，开启了中国民主共和的新纪元，以巨大的震撼力和影响力推动了中国社会变革。

在这个急剧变革的社会时代，新文化运动、五四运动开启了中国又一场思想大变革、文化大变革的高潮！

新文化运动（1915—1923 年）是由陈独秀、李大钊和鲁迅等受过西方教育的民主主义者发起的一次“反传统、反孔教、反文言”的思想解放运动。

1915 年 9 月 15 日《青年杂志》在上海创刊，陈独秀任主编，李大钊是主要撰稿人并参与编辑工作。1916 年，《新青年》杂志编辑部迁到北京，李大钊、胡适、鲁迅等成为主要撰稿人。蔡元培出任北京大学校长后，邀请了许多有新思想的学者到校任教。

这样，《新青年》和北京大学就成为新文化运动的主要阵地。

为了反对袁世凯复辟帝制，陈独秀发表了《一九一六年》《吾人最后之觉悟》，批判封建社会制度和伦理思想，认为要实现民主制度，必须消灭封建宗法制度和道德规范；李大钊发表了《民彝与政治》《青春》等文章，揭露了君主专制的危害，要求思想自由，号召青年不要留恋将死的社会，要努力创造青春的中国。进步知识分子团结在《新青年》周围，高举民主和科学两面大旗，从政治观点、学术思想、伦理道德、文学艺术等方面向封建复古势力进行猛烈的冲击，主张男女平等、个性解放。1917 年起他们又举起文学革命的大旗，提倡白话文，反对文言文，提倡新文学，反对旧文学。鲁迅 1918 年 5 月在《新青年》上发表了中国现代文学史上第一篇白话小说《狂人日记》，对旧礼教旧道德进行了无情的鞭挞，这篇小说奠定了新文化运动的基石。在《新青年》的影响下，一些进步刊物改用白话文，并影响到全国用文言文的报纸，开始出现用白话文的副刊，随后短评、通迅、社论也都采用白话文和新式标点。

1917 年俄国十月社会主义革命爆发，《新青年》应社会形势发展的需要，以大量篇幅发表了宣传俄国十月革命的经验和社会主义理论文章。1918 年 11 月，《新青年》发表了李大钊写的《庶民的胜利》《布尔什维主义的胜利》两篇著名论文，热烈欢呼俄国社会主义革命的胜利。《新青年》逐渐成为宣传马克思主义的思想阵地。

新文化运动爆发于辛亥革命之后的北洋军阀黑暗统治时期，倡导科学、民主的西方先进文化思想，沉重打击了延续 2000 多年的封建传统礼教，在社会上掀起了一股思想大解放的潮流，启发了人们的民主觉悟，推动了现代科学在中国的发展，也为马克思主义在中国的传播和五四爱国运动的爆发奠定了思想基础。

1918 年第一次世界大战结束，德国战败。1919 年 1 月 18 日，战胜国在巴黎召开“和平会议”。北洋政府和广州军政府联合组成中国代表团，以战胜国身份参加和会，提出取消列强在华的各项特权，取消日本帝国主义与袁世凯订立的“二十一条”等不平等条约，归还大战期间日本从德国手中夺去的山东各项权利等要求。巴黎和会在帝国主义列强操纵下，不但拒绝中国的要求，而且在对德合约上，明文规定把德国在山东的特权，全部转让给日本。北洋政府竟准备在对德和约上签字，从而激起了中国人民的强烈反对。

1919 年 5 月 4 日，北京高校的 3000 多名学生代表冲破军警阻挠，云集天安门，他们打出“誓死力争，还我青岛”“收回山东权利”“拒绝在巴黎和约上签字”“废除二十一条”等口号，并且要求惩办交通总长曹汝霖、币制局总裁陆宗舆、驻日公使章宗祥，学生游行队伍移至曹宅，痛打了章宗祥，并火烧曹宅，引发“火烧赵家楼”事件。随后，军警出面控制事态，并逮捕了学生代表 32 人。从 1919 年 5 月 4 日开始，北京的学生纷纷罢课，组织演讲、宣传，随后天津、上海、广州等全国多地的学生、工人也给予支持。北洋政府迫于压力，最终决定暂缓在和约上签字。

1939 年，在纪念五四运动 20 周年的时候，陕甘宁边区西北青年救国联合会决定 5 月 4 日为中国青年节（又称“五四青年节”）。1949 年，中华人民共和国政务院正式宣布每年 5 月 4 日为中国青年节。

概括来说，五四运动和新文化运动在时代变革的风云际会中交汇交织，这是一场反帝反封建的民主主义运动，也是一场救亡图存的爱国主义运动，更是一场思想大解放、文化大碰撞的思想文化运动。其中，既有“君主立宪”“民主共和”的国体之争，也有“全盘西化”“中体西用”的思想之争，更有资产阶级民主主义、马克思社会主义的主义之争，最终影响到中国未来发展道路的选择。此后，中国共产党诞生，成为与国民党对抗的一种新生力量，并在 1949 年建立了中华人民共和国，带领中国人民走出了一条中国特色的社会主义道路。毋庸置疑，这是历史的选择，也是时代的选择，更是人民的选择。

中国春秋战国时代的诸子百家，都是一个个在历史天空中闪烁的“思想大师”，“孔孟之道”甚至成为历代封建统治者的主流思想。而民国时期，也是大师云集、群星灿烂，既有鲁迅、李大钊等引领时代的精神领袖，也有胡适、南怀瑾等一代国学大师，还有徐志摩、戴望舒等一批诗人精英，以及老舍、巴金等一众文学巨匠，他们的精彩故事至今仍为人们所津津乐道。

人类社会发展历史无疑就是一部变革的历史。没有战国争雄与百家争鸣，就没有秦汉帝国的建立，就无法形成源远流长的中国传统文化，以至于儒、墨、道、法等诸子思想影响到千年之后的中国主流价值观。没有新文化运动和五四运动，就走不出千年帝制，让民主和科学成为中国近代化、现代化的两面旗帜。同样，如果没有思想启蒙和文艺复兴运动，就没有欧洲在中世纪黑暗中的觉醒，就没有现代资本主义制度的建立，以及工业革命的兴起，从而推动人类社会走进工业时代、信息时代，实现思想大解放、社会生产力大发展。在全球化、网络化时代，我们也正在面临一个更为纷繁复杂的变革时代！

第七章　中国地域文化与传统商业文化

在中国，地域文化一般是指特定区域源远流长、独具特色的文化传统，是具有特定区域的环境、生态、历史、民俗、习惯等文明成果。在一定的地域范围内与环境相融合，因而打上了地域的烙印，具有地域独特性。

“一方水土养一方人”。在中华大地上，孕育了不同特质、各具鲜明特色的地域文化，诸如中原文化、三秦文化、燕赵文化、中州文化、齐鲁文化、三晋文化、湖湘文化、蜀文化、巴文化、徽文化、赣文化、闽文化……这不仅是中华传统文化的有机组成部分，而且是中华民族的宝贵文化财富。

林语堂在《吾国吾民》中说：“中国人在我们心目中仅仅是一个抽象物。南方与北方的中国人被文化纽带连在一起，成为一个民族。但他们在性格、体魄、习俗上的区别之大，不亚于地中海人与北欧日耳曼人的区别……粗犷豪放的北方，温柔和婉的南方，这些区别在他们各自的语言、音乐和诗歌中都能看到。”

这种地域文化映射在社会经济、文化的历史活动中，就形成了不同的商业文化和人文精神。这是中国传统文化的有机组成部分，也是一种“亚文化”现象，对于我们传承优秀的历史文化积淀，创新现代企业文化理念，仍然具有十分重要的价值和意义。

一、晋商文化

晋商是中国最早的商人，其历史可远溯到春秋战国时期，当时晋国实行“轻关易道，通商宽农”的政策，这是晋商发展的起源。明清两代是晋商的鼎盛时期，晋商成为中国十大商帮之首，在中国商界称雄达500年之久。

晋商有着官商的特点，首创中国历史上的票号。票号又叫票庄或汇兑庄，是一种专门经营汇兑业务的金融机构。得到清政府特殊照顾的晋商垄断了中国北方贸易和资金调度，而且插足于整个亚洲地区，甚至把触角伸向欧洲市场。晋商也为中国留下了丰富的建筑遗产，如著名的乔家大院、常家庄园、曹家三多堂、王家大院等。

晋商的成功，就在于他们是在一定的历史条件下自觉和不自觉地发扬了一种“晋商精神”，包括进取精神、敬业精神、群体精神等（见图 7–1）。这种精神也贯穿到晋商的经营意识、组织管理和心智素养之中，可谓晋商之魂。

图 7–1　晋商的群体精神

1. 进取精神

孔子曰：“富而可求也，虽执鞭之士，吾亦为之。”晋商的进取心表现在强烈的开拓精神上，他们拉着骆驼，千里走沙漠，北到蒙藏边疆；漂洋过海，东渡东瀛，南达南洋，始终不畏艰辛，坚韧不拔，为人所敬佩。

2. 敬业精神

在封建社会中，传统的观念是重儒轻商，但明清晋商认为商和士农工是同等重要的事业，同样要敬。他们以经商为荣，改“学而优则仕”为“学而优则商”，把儒家教育的诚信、仁义、忠恕精神引入商界，从而有了商业之繁盛。

3. 群体精神

晋商在经营活动中很重视发挥群体力量。他们重视宗法社会的乡里之谊，设立会馆，崇奉关公，树立共同的精神信仰，通过讲义气、讲相与、讲帮靠，协调商号间的关系，消除人际间的不和，形成大大小小的商帮群体。

二、徽商文化

徽州有着悠久的历史。春秋时期，初属吴国，吴亡属越国，越亡属楚国。秦始皇一统六国，分全国为三十六郡，设黟、歙二县，属会稽郡。汉朝设立新都郡，晋朝设立新安郡，隋朝设立歙州，唐朝确立歙州“一府六县”（即州府下辖歙县、黟县、婺源县、休宁县、祁门县、绩溪县）的建制，此后延续一千余年。宋朝将歙州改为徽州，该名称一直沿用了866年，直至1987年国务院批准成立地级黄山市为止。

徽州是中国历史上的经济文化重地，安徽省便是取“安”（安庆府）、“徽”（徽州府）之组合作为省名。徽州是一个地理概念，也是一个历史、文化、思想概念。自宋至清，徽州文风昌盛、教育发达、人才辈出，“远山深谷，居民之处，莫不有学有师、有书史之藏”。仅明清两代徽州本籍中举人者996人，中进士者618人，状元仅清代就有18人，曾涌现出了朱熹、程大位、汪道昆、朱升、江永、戴震、俞正燮、王茂荫、胡适、陶行知、黄宾虹等一大批杰出人物。徽州文化成为中国的一种重大历史现象，与藏文化、敦煌文化并称中国三大地域文化。

在徽州文化的基本精神之中，诸如重视教育的儒家传统、崇尚儒雅的社会风气、维系族群的宗族观念等，都明显具有中原文化的特质；而其刚健有为的积极进取意识、吃苦耐劳的“徽骆驼”精神、向外拓展的开放风气等，则无疑皆反映出徽州地域中山越人的文化元素，并演绎成具有特色的徽州文化。

明清时代的徽州文化光辉灿烂，如徽州教育、新安理学、新安画派、徽派篆刻、徽州版画、徽派建筑、徽州园林，以及徽剧、徽菜等，几乎在各个文化领域都取得了辉煌成就，成为中华文化之瑰宝。

徽州商人，即徽商，又名新安商人，俗称“徽帮”，是明清时期与晋商齐名的商帮，影响极大，纵横中国商界五百余年，江南一带的市镇常有“无徽不成镇”“徽商遍天下”之说。从明万历四十五年（1617年）到道光十年（1830年），徽州盐商基本把持了全国的盐业运输和买卖，徽商也在这一时期控制了全国财政的4/7。而在诸多徽商之中，最著名的莫过于绩溪商人胡雪岩，人称“为官须看曾国藩，经商必读胡雪岩”。

徽州商人秉承中国传统的商道精神，结合家训的习俗，形成了很多商训，如电视剧《新安家族》中提到的“鸿泰商训”等（见图7-2）。

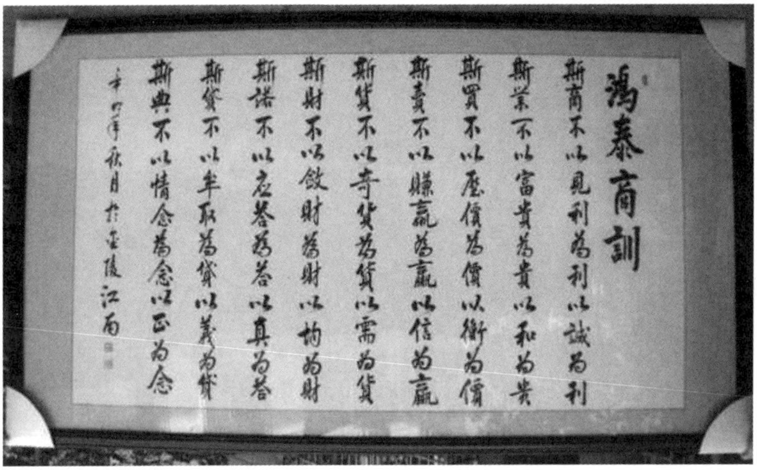

图 7–2 鸿泰商训

徽商的文化内涵十分丰富，主要包括以下几个方面。

1. 敏锐的创业眼光

徽商重视教育，相比于其他商帮要优秀得多，因此能够在张弛万变、风云诡谲的商界权衡利弊，击败竞争对手。徽商的一个明显的特点是“贾而好儒”“贾儒结合”，他们或是“先儒后贾”，或是“先贾后儒”，或是“亦贾亦儒”。

2. 进取的人生态度

出于谋生的需要，徽州人不得不从小背井离乡，外出创业。异地的陌生、商路的艰险，无不从肉体到精神残酷地折磨着他们，但素以“勤于山伐，能寒暑，恶衣食”著称的徽州人，具有开拓进取、矢志不渝、百折不回的勇气。

3. 诚信的处世风格

徽商讲求商业道德，举起“诚信”的旗帜，本着先义后利、义中取利的心态走进市场，恪守货真价实、童叟无欺、奉公守法、互惠互利等基本道德，自然博得广大生产者和消费者的欢迎，使他们在生意场上左右逢源、处处受益。

4. 合作的人际关系

徽商善于处理同宗人士的关系，也注意强化同乡的情谊。遍布各地的徽州会馆或新安会馆，就是徽商将具有地缘关系的同道聚拢在一起的重要据点。即便是与消费者，也会建立互惠互利的长期关系。

5. 超前的契约意识

在频繁的经济活动中，徽商依靠“约”和“法”来维护权益、协调关系，并逐渐形成了凡事“立字为据”的习惯。现存许多徽州契约文书，就反映了徽州民众这种

“民间法”由原始走向规范和成熟的历史演进过程。

三、浙商文化

唐宋以后，中国经济文化重心南移，浙江被称为“鱼米之乡”“丝绸之府”。特别是明代之后，资本主义萌芽最先在浙江出现。鸦片战争后，中外通商交汇的步伐加快，大大刺激了中国近代资本主义工商业的兴起。

19 世纪末至 20 世纪初，浙江商人成为一个强大的商帮。浙商不故步自封，不墨守成规，善于把握机遇，以家乡浙江为基地，以上海为中心，以全国乃至海外为舞台，在近代中国经济史上创造了诸多辉煌。他们顺应时势，因时趋变，心态开放，敢于冒险，最早参与上海的开发，叱咤十里洋场，创造了当时中国经济领域内的许多个“第一”：中国第一家华人自办银行，中国第一家日用化工制造厂，中国第一家民族机器染整企业，中国第一家灯泡厂，中国第一家仪表制造企业……

浙商是中国近代最具实力和影响力的区域商人群体。在历史的演变之中，浙商形成了富有特色的“浙商精神”，即勤奋精神、合作精神和创新精神，这也是浙商能够长久发展的重要原因。

1. 勤奋精神

勤奋务实一直以来都是中华民族的传统美德，浙商将这种优秀的品质充分体现在了其经商的过程中。浙商在创业过程中，始终保持着吃苦耐劳的隐忍精神、脚踏实地的务实精神、以及兢兢业业的敬业精神，比如“白天做老板，晚上睡地板”的“两板作风”和“草根精神”等。

2. 合作精神

浙商具有“抱团”的特性，表现为以产业集群或块状经济为特征的“地缘”合作，以商业协会和行业协会为组织形式的合作以及以家族管理为管理方式的“亲缘”合作。他们讲究“以和为贵”，同时又“海纳百川”，秉承博采众长、兼容并包的文化观念。

3. 创新精神

浙商善于创新，常常会“无中生有”，独创“创富模式”，最典型的是遍及各地的块状经济产业生态链。他们肯学习，肯动脑，有胆识，有眼光，在我国改革开放的进程中，浙商已经成为中国数量最多、分布面最广、影响力最大的经营者群体，形成了自身独特的“浙江模式”“浙江经验”“浙江现象”。

四、粤商文化

粤商即广东商人，其历史非常悠久，是中国经济尤其是近现代商贸流通中的最主要的企业群体，也是对中国改革开放影响力最大的一个商帮。粤商包括广府商帮、潮汕商帮、客家商帮以及其余商帮，主要是由广州商人和潮州商人所组成。明清时期，粤商足迹遍布全国，广东会馆在全国的地域分布相当广泛，也逐渐遍及世界各地。粤商在外贸买办行业中显赫一时，在通商口岸开埠后逐渐向近代商人转变，也成为近代上海最大的商帮之一。

广东地处中国岭南，这是中国分布最广、情况最复杂的地区，岭南的广府、客家和潮汕这三大民系，是由不同历史时期从中原地区不断南迁而来的汉族移民，与土著南粤的古越族后裔交流融合而产生的。在历史发展长河中，他们创造了独具一格的岭南文化及各种“亚文化”，如广府文化、客家文化、潮汕文化、雷州文化等。

粤商文化包含的内容非常丰富，在经商处世的过程中形成了“敢为人先”“务实通达”“开放兼容”“和气生财”等特征，并执着于儒家文化的传承与发扬，尤重信守“忠孝仁爱”“重义轻利”“热心公益”等观念。

1. 农耕文化与乡土观念

中原汉人南迁的过程中，不少族氏举族迁移，迁至岭南后也多聚族而居，从事农业生产，这就将中原汉族传统的家族制度、农耕文化复制到岭南。在商业经营活动中，同族、同乡之间的团结互助不仅有利于粤商们的声气相通，更有利于以血缘或地缘关系为基础的商业网络的迅速构建。晚清以后，粤商开始在南洋、美洲等世界各地立足生根。

2. 海洋文化与重商主义

岭南面朝大海，自古以来就有频繁的中外交流和繁荣的海上贸易，使得岭南文化与传统农耕文化重农轻商的观念不同。海洋文化的重商特征，使粤商在商贸活动中，讲求以义生利，讲求商业道德和商业精神。宋元以来，岭南世家大族经营商业活动的情形就屡见不鲜，近代更有许多华侨粤商回国兴办实业，是我国近代民族工业产生发展的重要力量。

3. 开放文化与开拓进取

岭南文化的开放特性，养成了粤商勇于开拓创新的精神。粤商不满足于经营中外贸易，而是远赴海外开展国际贸易，比如南洋各地处处都有粤商的身影，还有的粤商在美国的保险、证券和铁路等行业都有大笔的投资。鸦片战争后，粤商遍布全球，“各行省无不有粤商行店，五大洲无不有粤人足迹”。晚清时粤商学习西方新型的商业运营模式，促进了中国商业的近代化转型，成为粤商创新精神的突出表现。

五、齐鲁文化

齐鲁文化是齐文化和鲁文化的合称。东临滨海的齐国产生了以姜太公为代表的道家思想学说，又吸收了当地土著文化（东夷文化）并加以发展。而春秋时期的鲁国，产生了以孔子为代表的儒家思想学说，到战国时期，孟子、荀子穿越于齐鲁之间，推动齐国的“稷下学派”和“黄老之学”与鲁国的儒学互相交流，齐文化与鲁文化开始融合。两种古老文化存在差异，相对来说，齐文化尚功利，鲁文化重伦理；齐文化讲求革新，鲁文化尊重传统。由于地理、历史等多种因素，两种文化在发展中逐渐有机地融合在一起，形成了具有丰富历史内涵的山东人的齐鲁文化。

据传，清朝乾隆年间，山东进士刘公墉刚到江南任职，江南士人合谋在官衙的门上贴了一个上联：“江南千山千水千才子”。刘公墉看后，不慌不忙地续写了下联：“山东一山一水一圣人”。一山即泰山，号称五岳之尊（见图 7–3）；一水即黄河，为华夏民族的母亲河；一圣人即“孔子”，被尊为万世师表。由此镇住了江南士人，使其自惭形秽，不再造次。从中可看出齐鲁文化的历史地位。

图 7–3　五岳独尊石

齐鲁文化之所以能够在中国传统文化中发挥重要作用，其凝聚力和生命力来自其基本精神。主要概括为：自强不息的刚健精神，崇尚气节的爱国精神，经世致用的救世精神，人定胜天的能动精神，民贵君轻的民本精神，厚德仁民的人道精神，大公无私的群体精神，勤谨睿智的创造精神，等等。

六、燕赵文化

燕赵文化是在战国时期燕国、赵国区域内产生的一种区域文化，燕文化以燕太子丹策划的“荆轲刺秦王”为主要标志，赵文化以赵武灵王的“胡服骑射”为代表。据《战国策》记载，战国著名刺客荆轲受燕太子丹指使往刺秦王，燕太子丹在易水河边为他饯行，其友高渐离击筑，荆轲和而歌曰：“风萧萧兮易水寒，壮士一去兮不复还。探虎穴兮入蛟宫，仰天呼气兮成白虹。”战国时赵武灵王即位的时候，赵国正处在国势衰落时期，周边的游牧民族也常以骑兵进犯赵国边境，为了富国强兵，赵武灵王在邯郸城提出“着胡服、习骑射”的改革主张，取胡人之长补中原人之短，终于成为当时除秦国外国力最强的国家。司马迁在《史记》中描述燕赵区域内的风气时，就使用了“悲歌慷慨”一语。

燕赵区域的划分以黄河为南界，以太行山和燕山山脉为西界和北界。从地理环境和生产方式上看，燕赵文化是一种平原文化、农耕文化。在民族上，它是一种以汉民族为主体的文化，燕赵文化甚至比处在核心位置上的中原、齐鲁各区更具典型性。从文化特征上看，“慷慨悲歌，好气任侠”是对燕赵人民最好的概括。

燕赵文化尽显汉民族的文化精髓。其精神特质大体有：革新精神，主张开启智慧、创新思想、革故鼎新、富国强民等；包容精神，燕赵文化“致广大而尽精微”，人才济济，各学咸集；求是精神，如《汉书》记载，河间献王刘德“修学好古，实事求是”；忧患精神，燕赵思想家大都胸怀“国家兴亡，匹夫有责”的担当。

七、湖湘文化

湖湘文化是中国具有鲜明特征、相对稳定并有传承关系的历史文化形态。先秦、两汉时期，体现在楚文化之中。而南北朝及唐宋以来，由于历史的变迁发展，特别是经历了宋、元、明的几次大规模的移民，使湖湘士民在人口、习俗、风尚、思想观念上均发生了重要变化，从而组合、建构出一种新的区域文化形态，称之为湖湘文化。先秦、两汉的楚文化对两宋以后建构的湖湘文化有着重要的影响，是湖湘文化的源头之一。湖湘文化在历经先秦湘楚文化的孕育、宋明中原文化等的洗练之后，在近代造就了“湖南人才半国中”“中兴将相，什九湖湘”“半部中国近代史由湘人写就”“无湘不成军”等盛誉。

荆楚和湖湘之地处于中国腹心，历史悠久，人杰地灵，占据非同一般之地位。春秋战国时期，伟大的爱国主义诗人屈原创造了流传千古的《楚辞》；东汉蔡伦造纸，推动文化传播技术革命；唐代欧阳询，成就楷书与草书之巅峰；宋代的程朱理学，以及岳麓书院（见图 7–4），奠定湖湘文化所代表的儒学正统地位，被誉为“道南正脉”“惟楚有材，于斯为盛”；明末清初，王夫之提出的“均天下”“理势合一”等哲学思想，颠覆程朱理学，开启了中国早期的思想启蒙；维新变法时期以及辛亥革命前后，以谭嗣同为代表的维新派，以黄兴、宋教仁、蔡锷等为代表的革命派，引领历史潮流之先；五四运动后的新民主主义革命时期，以毛泽东、蔡和森、刘少奇等为代表的中国共产党人，更是缔造了一个新中国，开创了中国的现代历史进程。

图 7–4　岳麓书院

湖湘文化的基本精神可以概括为以下四个方面。

第一，淳朴重义。淳朴，即敦厚雄浑、未加修饰、不受拘束的生猛活脱之性。重义，即强烈的正义感和向群性。

第二，勇敢尚武。即临难不惧、视死如归的精神，构成了湖湘文化独特的强力特色，具有鲜明的英雄主义色彩。

第三，经世致用。即重视实践的务实精神，与英雄主义相结合，就成为一种“当今天下，舍我其谁”的“敢为天下先”的豪迈气概。

第四，自强不息。这是“天行健”的基本形态，包括强烈的政治意识、爱国主义精神，以及“博采众长”“敢为天下先”的开放创新精神等。

八、古代“丝绸之路”与现代“一带一路”

“丝绸之路”是西汉张骞于公元前 202 年—公元 9 年出使亚洲中部、西部地区开辟的以长安（今陕西西安）为起点，经关中平原、河西走廊、塔里木盆地，到锡尔河与乌浒河之间的中亚河中地区、大伊朗，并联结地中海各国的陆上通道。它最初的作用是运输中国古代出产的丝绸、瓷器等商品。从运输方式上分为“陆上丝绸之路”和“海上丝绸之路”。“丝绸之路”是一条东方与西方之间在经济、政治、文化方面进行交流的主要道路。千百年来，“和平合作、开放包容、互学互鉴、互利共赢”的“丝绸之路”精神薪火相传，推进了人类文明进步，是促进沿线各国繁荣发展的重要纽带，是东西方交流合作的象征，是世界各国共有的历史文化遗产。

“一带一路”是“丝绸之路经济带”和“21 世纪海上丝绸之路”的简称。“一带一路”不是一个实体和机制，而是合作发展的理念和倡议，是依靠中国与有关国家既有的双多边机制，借助既有的、行之有效的区域合作平台，旨在借用古代“丝绸之路”的历史符号，高举和平发展的旗帜，主动地发展与沿线国家的经济合作伙伴关系，共同打造政治互信、经济融合、文化包容的利益共同体、命运共同体和责任共同体。

专论篇

企业文化是一门交叉性学科，涉及管理学、社会学、组织行为学、领导学、传播学等众多学科内容；在实践中需要根据企业实际进行相关专题研究，保证企业文化解决方案具有科学性、系统性、逻辑性和可操作性。

第一，企业文化和思想政治工作、党建工作以及社会文化的关系，是一个十分重大的问题。特别是在国有企业中，这个问题无法回避。

第二，企业文化和领导力、执行力的关系，是企业文化的战略性问题，也是涉及企业文化运作机制和运作效果的问题。

第三，企业兼并重组和文化融合创新，企业集团“母子文化”管控，是企业文化实践中一个十分突出的问题，甚至事关企业成败。

第四，企业社会责任，是企业作为社会经济组织的功能延伸，涉及企业的社会生态系统，也是社会发展和企业发展互相调适的一个潮流和趋势。

企业文化是“问题解决学”，需要企业文化咨询工作者和企业文化工作者具备相应的专业素质能力，根据企业经营管理实际，发现问题、分析问题和解决问题，做到“专业的人，做专业的事”。

第八章　企业文化与党建文化、社会文化

企业文化与党建文化以及社会文化的关系，是一个十分重要的命题。这是从企业文化的“社会属性”而言，基于中国特色社会主义制度，针对中国国企的政治特征和社会责任特征等。

党的十九大报告指出：“党政军民学，东西南北中，党是领导一切的。”加强党的领导，不仅是中国特色社会主义的根本标志，而且是中国特色社会主义新时代的更高要求。

在企业改革特别是国有企业改革深化过程中，如何加强党建文化，如何以党建文化引领企业文化，是企业领导者需要审慎思考的问题。分析中国共产党从建党到执政的历史，以及共和国建国、建设、改革和崛起的历史，可以充分证明党的思想先进性、组织先进性和纪律先进性。

《共产党宣言》确定了党的历史使命，《中国共产党章程》确定了党在政治、思想、组织和行动上的总纲领。这是党建文化的核心组成部分。特别是发挥党组织的“战斗堡垒作用”和党员的“先进模范作用”，是党建文化具有生机与活力的重要保障。

习近平总书记指出，党对国有企业的领导是政治领导、思想领导、组织领导的有机统一，国有企业党组织要发挥领导核心和政治核心作用。这将是相当一个时期企业党建文化的指导思想和基本方针。

企业文化需要社会主义核心价值理念的指导，更需要党建文化的引领。以党建文化的先进性、社会主义价值理念的先进性，进而实现企业文化的先进性，这是必然的文化逻辑。企业是社会先进生产力的载体，市场是企业竞争活力的源泉，只有企业党建文化生机勃勃，带动企业文化创造生命力和竞争力，才能为中国特色社会主义建设、党的建设提供强大的生产力基础。

中国特色社会主义建设是一项探索性的伟大事业。中国的改革开放也经历了“摸着石头过河”的阶段，并已经进入“顶层设计”阶段。比如“四个全面”的战略布局

（即全面建设社会主义现代化国家、全面深化改革、全面依法治国、全面从严治党），“中国梦”的愿景描述，“一带一路”的宏伟构想，等等。

一、企业文化与党建、思政“互联互通”

从企业文化的本质分析，企业文化是企业及其员工信奉并践行的一系列价值理念。而企业价值理念的形成，对内源于企业长期生产经营过程中优秀文化传统的积淀以及企业战略选择、制度安排、人力资源政策等的规定和影响，对外又受到整个社会文化、历史文化、社会主义核心价值观的引领和制约。所以，在企业改革发展过程中，企业党建工作、企业思想政治工作与企业文化建设必然是“八仙过海，各显其能”，因而也是“互联互通”的关系。

1. 企业党建：融政治职能与管理职能为一体

如何对待企业中的党组织建设问题？中国共产党在中国的领导地位，不仅是一种现实的选择，她是中国的执政党，是共和国宪法明确规定的；而且是中国历史的选择，她是中国特色社会主义的领导核心。在国有企业中，加强党建工作，主要围绕思想建设、组织建设、作风建设而展开。

概括来说，企业党建工作和企业经营管理工作是相辅相成的关系，企业党组织成员既是党的一员，又是企业的一员，这是一种双重职责。在国企改革过程中，一度出现过“核心”和“中心”之争。随着现代市场经济体制的逐步确立和现代企业制度的不断完善，“两心之争”显然已成为一个“伪命题”。

加强党建工作是推动企业改革发展的强大力量。无论是“保持共产党员先进性教育活动”“党的群众路线教育实践活动”，还是“三严三实”专题教育活动，以及企业党风廉政建设，都是企业思想政治工作和企业文化建设的重要载体，是提高企业领导力、执行力和激发员工积极性、创造性的重要举措。

2. 企业思想政治工作：融思想教育与企业文化为一体

企业思想政治工作，或简称企业思想工作，是在企业党组织领导下开展的具有企业管理职能的员工思想教育活动。企业思想政治工作是企业经营管理的有机组成部分，为企业生产经营活动提供精神动力和思想保证。因为企业思想政治工作是从计划体制下承袭而来，而且带有比较浓厚的政治色彩，所以在市场化改革过程中，“弱化”现象比较突出，政工专业人员队伍也越来越少。据调查，有些企业把原来的党委宣传部、党委办公室或政工部甚至工会、团委、女工委等机构统一整合成为党群工作部。鉴于企业思想政治工作和企业文化建设的特殊关系，有的企业还设立了企业文化部，取代了政工部。

企业文化建设和思想政治工作虽然在性质上不同，分属企业党委工作和企业行政工作，但在基本原则、工作方法上又有很多共同点。在企业改革过程中，企业员工会存在各种各样的心态和思想问题，通过引导和思想教育，通过企业文化建设，可以帮助企业员工认清改革形势、增强市场意识，树立共同的企业价值观，从而增强企业的凝聚力和竞争力。

二、企业文化与社会文化之关系辨析

企业文化相对于社会文化来说是一种“亚文化”，而这种“亚文化”必然受到社会文化的规定和影响。中国的企业文化根植于中国的企业，而中国企业又根植于中国的企业制度环境和人文环境，也即社会文化大环境。

毋庸置疑，中国企业文化与中国社会历史文化同源同脉。企业文化不仅仅是一种管理理论和管理方式，更与社会文化存在千丝万缕的联系。

在中国特色社会主义新时代，企业文化建设在助力企业战略、荣膺企业使命、融合经营管理、打造品牌形象过程中，必须要关注到社会文化与企业文化存在互动互融关系。

1. 社会“主文化”与企业“亚文化”

中国社会历史文化源远流长，从早期的诸子百家和“世界大同”思想，到长期封建专制的“大一统”思想，到近代革命先行者孙中山提出的“天下为公”思想，到中华人民共和国的主要缔造者毛泽东提出的“为人民服务”的思想，构成了中国社会文化的重要历史渊源。

中国最终选择了社会主义制度，从计划体制到市场体制，从改革开放到中国特色社会主义新时代，在此过程中形成了中国社会主义核心价值观的基本内容：“富强、民主、文明、和谐；自由、平等、公正、法治；爱国、敬业、诚信、友善”，这些构成了中国社会文化的核心内涵。

企业是社会的经济细胞。企业文化是社会文化的有机组成部分。企业的核心价值观与经营管理思想，应该是社会主义核心价值观在企业中的延展和细化。因此，企业核心价值观必须符合社会主义核心价值观的要求，不能与之相悖和游离。

2. 社会“共性文化”与企业“个性文化”

社会文化包罗万象，是一个大概念，而企业文化基于企业经营管理，是一个小概念。根据我国社会学家的分析，整个社会就好比一捆柴，西方社会的每个人都是其中的一根柴，而中国传统社会的一捆柴分出许多小捆柴，每个人首先归属于其中一个小捆柴。这是中西社会文化的差异所在。

社会文化涉及政治、经济、军事、外交、行政、司法等诸多领域，主要界定人与人、人与社会、人与自然的关系，体现的是一种“共性文化”。

企业文化涉及企业体制、企业战略、人力资源、品牌塑造、社会形象等经营管理的方方面面，主要界定企业与员工、企业与客户、企业与股东、企业与社会的关系，相对而言，体现的是一种“个性文化”。

从辩证的角度分析，企业的“个性文化”要服从于社会的“共性文化”，同时企业文化要结合企业的业务领域、经营管理方式、员工队伍的素质能力、企业领导者的风格以及文化积淀等，呈现企业的“个性文化”和独特形象，从而提升企业的文化软实力和品牌竞争力，以及企业的核心竞争力和综合竞争力。

3. 企业文化存在“弱势文化”与“强势文化”

如前所述，社会文化和企业文化存在互动互融关系，然而在企业文化建设实践中，又会出现企业文化和社会文化“孰强孰弱”的问题。作为企业员工，要认同社会核心价值观，也要认同企业核心价值观，二者本应该不冲突。但是，当社会风气不正、腐败现象突出的时候，企业的文化主张和价值导向就会面临一个困难的抉择。

所谓“弱势文化”，就是社会不良文化和潜规则在企业中大行其道，企业缺乏积极向上的价值理念引领，企业文化要么流于形式，要么混同于社会“大染缸”。

所谓“强势文化”，就是企业强力推行积极向上的价值理念，在社会文化环境不良的情况下，建立自己独特的“优秀文化氛围”，推动企业持续健康成长。

无论是“弱势文化”还是“强势文化”，都纠结于企业和社会的关系，特别是“官商关系”，这是现代社会发展的一个重大课题。企业是社会生产力的集中代表，是社会财富的创造者和社会进步的推动者，更是社会创新的重要主体。社会文化和企业文化的关系，需要在政治清明、社会和谐、共赴“中国梦”的征程中协同发展。

4. 社会文化存在“人治文化”与“法治文化”

人治和法治之争，是人类历史进程中社会发展道路的选择，也是社会治理方式的选择。这种社会文化特征在某种程度上也会影响到企业体制和企业管理，甚至会影响到企业领导体制和领导风格，比如“能人管理”“职业化管理”等，并对企业发展产生重要影响。

第一，人治与德治，是相对统一的概念。

人治就是个人或少数人因历史原因掌握了社会公共权力，以军事、经济、政治、法律、文化、伦理等物质的与精神的手段，对占社会绝大多数的其他成员进行等级统治的社会体制。

在中国，人治思想源于儒家文化。比如孔子认为“为政在人”“其人存，则其政举；其人亡，则其政息”。在西方，古希腊思想家柏拉图曾提出哲人治国论，主张建立“哲学王统治”，这也属于人治的一种政治思想。

德治是人治的理想模式，也是中国古代的治国理论，德治与人治存在相辅相成的关系。比如儒家学说中倡导道德规范，主张无论人性善恶，都可以用道德去感化教育人。这种教化方式，是一种心理上的改造，使人心良善，知道耻辱而无奸邪之心。

古代周朝提出“明德慎刑”“为政以德”的思想，后经两汉魏晋南北朝的法律儒家化运动，礼法合流，《唐律》最终确定了“德礼为政教之本，刑罚为政教之用”的德治方略，并为以后历代所尊崇。

第二，法治与人治，是绝然对立的概念。

法治是人类政治文明的重要成果，也是现代社会的主要治理方式。大到国家的政体，小到个人的言行，都需要在法治的框架中运行。“依法治国”的思想，已经被世界上绝大多数国家所认同、采用。

早在奴隶制社会时期，公元前800多年，古希腊就诞生了“民主”的概念，意为“由人民进行统治”，建立了希腊共和国。在此基础上，希腊的首都雅典建立了一套十分成熟的民主政治制度，包括“全体公民是统治者，参与政治，集体掌握国家最高权力”“公民集体内部相对平等”“法律至上”等。公元前6世纪，古代罗马共和国的政权掌握在元老院、公民大会以及执政官、监察官等行政长官手中，逐步形成一套十分成熟的共和政体。公民大会和保民官等制度的建立在一定程度上体现了民主的因素，而以《十二铜表法》为开端、《查士丁尼民法大全》为总结的罗马法，则以其丰富的内容和比较完备的形式，对后来欧洲各国的法律制度产生了深远的影响。

古希腊和古罗马是西方文明最重要和最直接的渊源，其民主思想和法治意识也为后人树立了榜样。

而在中国几千年的封建社会里，人们只追求人治的完善，将治国理想寄托在“圣人”“明君”身上，但历史的车轮一次次无情地碾碎了这一幻想……当西方工业革命兴起，科学、民主、法治思想已经形成人类社会“通衢大道”的时候，中国依然在封建帝制的统治下享受“天朝大国”的虚幻梦想，结果将中国陷入半封建、半殖民地的“悲惨世界”，一直到中国近代的五四运动，一直到中国共产党人以“拼将十万头颅血，须把乾坤力挽回”的无畏精神，实现了中华民族的大觉醒，才带领中国人民走上民族复兴的道路。

在全球化时代，人类文明是人类共同的精神财富。像中国的“大同理想”“共同体意识”成为全球共识一样，民主、法治也是现代社会的政治共识。对于现代中国，实施依法治国基本方略、建设社会主义法治国家，既是经济发展、社会进步的客观要求，也是巩固党的执政地位、确保国家长治久安的根本保障。

第九章　第四次工业革命崛起与企业变革应对

第四次工业革命正在呼啸而来，我们很快就会置身其中。

蒸汽机的发明驱动了第一次工业革命，开启了机械时代；流水线作业和电力的使用引发了第二次工业革命，开启了电气时代；半导体、计算机、互联网的发明和应用催生了第三次工业革命，开启了信息时代。

在社会和技术指数级进步的推动下，第四次工业革命的进程又悄然开始！这一轮工业革命是以智能化、信息化为核心，以大数据、云计算、人工智能、量子通信等前沿技术为代表的新一轮产业革命。这是改变传统生产生活方式、重塑世界格局的又一战略机遇！

如果说，在过去200多年世界工业化、现代化的历史上，我们都曾与三次工业革命失之交臂，那么，中国历经40多年的改革开放，已经成为世界最大的ICT（信息通信技术）生产国、消费国和出口国，成功跻身第二大世界经济体，面对第四次工业革命，中国第一次与美国、欧盟、日本等发达国家站在同一起跑线上。

在当前阶段，中国面临着经济新常态、供给侧结构性改革、企业转型升级、“一带一路”和“中等收入陷阱”等系列重大问题。不论是政府还是企业，都必须把握第四次工业革命的时代契机，知难而进，迎难而上，这是我们角逐世界、开拓未来的不二选择。

一、三次工业革命历程：机械化、电气化、信息化

工业革命是人类征服自然、改造世界的重大事件之一。纵观历史发展进程，第一次工业革命，造就了“大英帝国”，使之成为世界霸主；第二次工业革命，使欧美国家崛起，诞生了资本主义世界；第三次工业革命，在全球范围内推动了工业化、城市化

和现代化进程，“地球村”概念形成。概括来说，工业革命不仅是一次次技术革命，更是深刻而广泛的社会革命，推动了经济领域、政治领域、思想领域、世界市场等诸多方面的变革与重整。

欧美国家的科技革命客观上也推动了中国的工业化进程。中国近现代工业化从引进欧美国家先进的科学技术开始发展，即洋务运动。20 世纪 70 年代末开始的中国改革开放，与全球化浪潮融汇在一起，更是助力了中国经济的崛起。

1. 第一次工业革命：机械化时代

18 世纪从英国发起的工业革命是人类技术发展史上的一次巨大革命，以蒸汽机作为动力机械为标志，开创了以机器代替手工的时代。这不仅是一次技术改革，更是一场深刻的社会变革。从生产技术方面来说，工业革命使工厂制代替了手工工场，用机器代替了手工劳动；从社会关系来说，工业革命使依附于落后生产方式的自耕农阶级消失了，工业资产阶级和工业无产阶级形成和壮大起来。

2. 第二次工业革命：电气化时代

19 世纪末到 20 世纪初，科学技术的进步和工业生产的高涨，被称为近代历史上的第二次工业革命。世界由蒸汽时代进入电气时代。在这一时期，一些发达资本主义国家的工业总产值超过了农业总产值，工业重心由轻纺工业转为重工业，出现了电气、化学、石油等新兴工业部门。由于 19 世纪 70 年代以后发电机、电动机相继发明，远距离输电技术的出现，电气工业迅速发展起来，电力在生产和生活中得到广泛的应用。

3. 第三次工业革命：信息化时代

从 20 世纪四五十年代以来，在原子能、电子计算机、微电子技术、航天技术、分子生物学和遗传工程等领域取得重大突破，标志着新的科学技术革命的到来。这次科技革命被称为第三次科技革命。其中最具划时代意义的是电子计算机的迅速发展和广泛运用，开辟了信息时代。这次革命以原子能、电子计算机、空间技术和生物工程的发明和应用为主要标志，不仅极大地推动了人类社会经济、政治、文化领域的变革，而且也影响了人类的生活方式和思维方式，使人类社会生活和人的现代化向更高境界发展。

二、第四次工业革命：数字革命与颠覆性影响

如果我们审视时代发展的蛛丝马迹，就会发现一系列前所未有的变革性技术在诸多领域同时进行着：人工智能、机器人、物联网、自动驾驶汽车、3D 打印、纳米技术、生物技术、材料科学、能源储存、量子计算机，等等。它们重新定义了行业，模糊了

传统的界限，创造出新的机会。这就是即将来临的第四次工业革命，也被称为“数字革命”。

第四次工业革命是一场全新的技术革命，而不是第三次工业革命的延续。据专家分析，正在展开的这一次技术革命规模极大、范围极广，将引发经济、社会和文化多个领域的变革，特别是对经济、企业、政府、社会及个人来说，其影响非比寻常。

1. 对于经济：爆发式增长和就业困境

第四次工业革命将对全球经济产生深远的影响，影响的范围非常广泛且涉及众多领域。关于第四次工业革命对经济增长的影响，经济学家们也莫衷一是。技术悲观主义者认为，数字革命的关键性贡献已经完成，它对生产效率的影响已经到了强弩之末。而反方阵营的技术乐观主义者则称，技术和创新正处于拐点，将很快推动生产效率的大幅上升，加速经济增长。有一点是肯定的，第四次工业革命有助于很多人以更低价格享受更多服务，并在一定程度上使消费行为更具可持续性、更加负责。

尽管技术可能对经济增长产生积极影响，但是我们也必须应对其可能产生的消极影响，至少在近期要缓解技术对就业市场产生的负面影响。技术对就业产生的两个相互对立的影响是：一方面，技术对就业是有破坏效应的，因为技术带来的颠覆和自动化会让资本取代人工，从而导致工人失业，或者把他们的技能用到其他地方；另一方面，这样的破坏效应也伴随着资本化效应，对新商品和新服务需求的增加，会催生全新职业、业务，甚至是全新行业。

2. 对于企业：要么变革，要么死亡

增长模式、就业市场和未来工作的变化会对所有企业产生影响。除此之外，有证据表明，那些推动第四次工业革命的技术正在对企业的领导、组织和资源配备方式产生重大影响。新兴技术几乎都是由数字技术催生和驱动的，企业变革的速度在加快、范围在拓展。

当今时代信息的泛滥以及颠覆和创新速度的加快都是很难理解或预料的。在这个环境下，企业领导者能否持续不断地学习、调整并质疑自己对于成功的认知和运营模式，将决定企业的未来。面对第四次工业革命对企业的冲击，企业领导者的当务之急便是诚实而严格地审视自身和自己的组织，分析它是否具有快速灵活的运营能力：是否有迹象表明企业和领导层具有学习和变革的能力？企业开发原型产品、做投资决策的速度是否一直够快？企业文化是否包容创新和失败？

3. 对于政府：公共服务和公平正义

关于第四次工业革命对政府的影响方面，更好地利用数字技术，提高治理水平至关重要。更深入、更创新地应用网络技术，能够改善公共管理结构，提高现代化水平，

提升整体效果。加强电子政务的推广应用，可以提高透明度、责任制，以及政府和公民的互动程度。同时，政府必须进行自我调整，适应这样的现实，即权力正从国家向非国家行为体转移，从现有的体制向松散的网络转移；新技术以及在新技术推动下产生的社会分组和互动允许任何人发挥数年前不可想象的影响力。

伴随着新技术带来的竞争加剧、权力下放和再分配，政府现有的形态将不得不发生改变，其以执行政策为核心的职能将逐步弱化。政府将被看作公共服务中心，其能否以最有效、最个性化的方式提供更广泛服务的能力要接受公众的评估。在当今世界，核心公共职能、社会交流和个人信息都汇集在数字化平台上。政府需要通过与商界和公民社会开展合作，共同制定规则，不断检验修订，平衡各方利益。这样才能维持正义，保证竞争和公平。

4. 对于社会：前所未有的变革

人们在各种不同背景下相互交流思想、价值观、兴趣和社会准则，才实现了诸如科学进步、商业发展和创新普及等社会进步。因此，很难理解新技术体系对社会的全面影响——社会的构成元素彼此交织，而它们又共同催生了很多创新。但是，大多数社会都面临着一个重大挑战，即如何在吸收和适应现代新事物的同时，又不摒弃我们传统价值体系的精华内容。

新型数字媒体是第四次工业革命的核心组成部分，对我们个人和集体构建社会及社群产生着越来越大的推动力。数字媒体以全新的方式将人们以“一对一”及“一对多”的形式联系起来，让用户得以超越时间和空间维系友谊，创建兴趣小组，让志同道合的人们突破社会和现实障碍建立联系。数字媒体的实用性、低成本和地理中立的特点也推动了社会、经济、文化、政治、宗教和意识领域之间更密切的互动。在高度互联的世界中，人们有更高的期望值，如果人们感到取得成功或实现人生意义希望渺茫的话，重大的社会风险便会随之而来。

5. 对于个人：做技术的主人，而不是技术的奴隶

第四次工业革命不仅正在改变我们的行为，也在改变我们自身。它对每个个体都产生了多方面的影响，包括我们的身份认同及其相关方面，如隐私保护意识、所有权观念、消费方式、工作与休闲时间的分配以及如何发展职业生涯、学习技能。

信息世界正在侵蚀我们的大脑。世界越朝着数字化及高科技方向发展，人类越需要由亲密关系及社交联系所维系的人与人之间的接触。随着第四次工业革命不断地加深我们个人及群体与科技的联系，它对我们的社交技能及同理心可能产生的消极影响也越发受到人们的关注。

我们与自己的移动设备的关系就是一个典型例子。我们总是与之形影不离，而这有可能让我们丧失最宝贵的财富之一——腾出时间进行静心反思，并开展一次无需技术支持，也不用社交网络作为媒介的真实对话。这并不意味着我们要放弃使用手机，而应当让手机发挥更好的用途。第四次工业革命使科技在我们的生活中无孔不入且占据支配地位，然而我们才刚开始意识到科技的突变会如何影响内在自我。因此，最终确保科技服务于我们而不是奴役我们，是每个人义不容辞的责任。

三、迎接第四次工业革命：共同合作，抢抓机遇

世界经济论坛创始人兼执行主席克劳斯·施瓦布认为，第四次工业革命和它所伴随着的系统性变化，将会比以往任何时候都更加强调共同合作。我们需要重塑自己的心智模型，用更快的新方法来解决问题，共同创造新的未来。我们的努力必须集中在第四次工业革命对人类、社会和环境的影响，而不仅仅是技术进步或经济生产力上。

迎接第四次工业革命浪潮，需要我们在指导政策和具体实践中坚持四大原则。

第一，我们必须专注于整个系统，而不是孤立的技术。最需要考虑的是影响深远的商业、社会和政治变化，不能单单为技术本身着想。

第二，我们必须让我们更加强大，能够掌握和控制技术。否则，社会不会有足够的空间来容纳技术领域的转型。

第三，我们需要优先设计未来的发展方向，而不能让它放任自流。所有利益相关者要协作整合这些变革性的技术，不能被技术变革牵着鼻子走。

第四，我们应该关注“核心价值”问题，即新技术革新所带来的积极功能，而非造成的社会性问题。在这些技术上所进行的投资应该是合理的，必须给我们带来更好的世界。

世界银行前高级副行长、首席经济学家林毅夫认为，“以大数据为核心的第四次工业革命给我国的弯道超车提供了一个历史机遇。但像过去的工业革命一样，在推动生产力水平提高、物质丰富的同时，这次革命也给个人以及整体的经济、社会、文化和政治的发展带来新的挑战”。

第四次工业革命将会怎样改变世界经济格局？日新月异的新技术将以何种方式革新现代商业模式？政府又将在第四次工业革命中担任怎样的角色，如何激励公共与私营机构就技术革命问题开展相关合作？中国是否能够抓住机遇，在第四次工业革命浪潮中崛起？这是我们需要继续思考和探讨的问题。

【链接："未来已来，将至已至"】

2015 年 5 月 19 日，国务院正式印发《中国制造 2025》，这是部署全面推进实施制造强国的战略文件，是中国实施制造强国战略第一个十年的行动纲领。

《中国制造 2025》规划围绕实现制造强国的战略目标，明确 9 项战略任务和重点：一是提高国家制造业创新能力；二是推进信息化与工业化深度融合；三是强化工业基础能力；四是加强质量品牌建设；五是全面推行绿色制造；六是大力推动重点领域突破发展；七是深入推进制造业结构调整；八是积极发展服务型制造和生产型服务业；九是提高制造业国际化发展水平。

立足国情，立足现实，力争通过"三步走"实现制造强国的战略目标。

第一步，力争用十年时间，迈入制造强国行列。

到 2020 年，基本实现工业化，制造业大国地位进一步巩固，制造业信息化水平大幅提升。掌握一批重点领域关键核心技术，优势领域竞争力进一步增强，产品质量有较大提高。制造业数字化、网络化、智能化取得明显进展。重点行业单位工业增加值能耗、物耗及污染物排放明显下降。

到 2025 年，制造业整体素质大幅提升，创新能力显著增强，全员劳动生产率明显提高，两化（工业化和信息化）融合迈上新台阶。重点行业单位工业增加值能耗、物耗及污染物排放达到世界先进水平。形成一批具有较强国际竞争力的跨国公司和产业集群，在全球产业分工和价值链中的地位明显提升。

第二步，到 2035 年，我国制造业整体达到世界制造强国阵营中等水平。创新能力大幅提升，重点领域发展取得重大突破，整体竞争力明显增强，优势行业形成全球创新引领能力，全面实现工业化。

第三步，中华人民共和国成立一百年时，制造业大国地位更加巩固，综合实力进入世界制造强国前列。制造业主要领域具有创新引领能力和明显竞争优势，建成全球领先的技术体系和产业体系。

2017 年 7 月 8 日，国务院印发并实施《新一代人工智能发展规划》，旨在抢抓人工智能发展的重大战略机遇，构筑我国人工智能发展的先发优势，加快建设创新型国家和世界科技强国。

战略目标分三步走。

第一步，到 2020 年人工智能总体技术和应用与世界先进水平同步，人工智能产业成为新的重要经济增长点，人工智能技术应用成为改善民生的新途径，有力支撑进入创新型国家行列和实现全面建成小康社会的奋斗目标。

——新一代人工智能理论和技术取得重要进展。大数据智能、跨媒体智能、群体智能、混合增强智能、自主智能系统等基础理论和核心技术实现重要进展，人工智能模型方法、核心器件、高端设备和基础软件等方面取得标志性成果。

——人工智能产业竞争力进入国际第一方阵。初步建成人工智能技术标准、服务体系和产业生态链，培育若干全球领先的人工智能骨干企业，人工智能核心产业规模超过 1500 亿元，带动相关产业规模超过 1 万亿元。

——人工智能发展环境进一步优化，在重点领域全面展开创新应用，聚集起一批高水平的人才队伍和创新团队，部分领域的人工智能伦理规范和政策法规初步建立。

第二步，到 2025 年人工智能基础理论实现重大突破，部分技术与应用达到世界领先水平，人工智能成为带动我国产业升级和经济转型的主要动力，智能社会建设取得积极进展。

——新一代人工智能理论与技术体系初步建立，具有自主学习能力的人工智能取得突破，在多领域取得引领性研究成果。

——人工智能产业进入全球价值链高端。新一代人工智能在智能制造、智能医疗、智慧城市、智能农业、国防建设等领域得到广泛应用，人工智能核心产业规模超过 4000 亿元，带动相关产业规模超过 5 万亿元。

——初步建立人工智能法律法规、伦理规范和政策体系，形成人工智能安全评估和管控能力。

第三步，到 2030 年人工智能理论、技术与应用总体达到世界领先水平，成为世界主要人工智能创新中心，智能经济、智能社会取得明显成效，为跻身创新型国家前列和经济强国奠定重要基础。

——形成较为成熟的新一代人工智能理论与技术体系。在类脑智能、自主智能、混合智能和群体智能等领域取得重大突破，在国际人工智能研究领域具有重要影响，占据人工智能科技制高点。

——人工智能产业竞争力达到国际领先水平。人工智能在生产生活、社会治理、国防建设各方面应用的广度、深度极大拓展，形成涵盖核心技术、关键系统、支撑平台和智能应用的完备产业链和高端产业群，人工智能核心产业规模超过 1 万亿元，带动相关产业规模超过 10 万亿元。

——形成一批全球领先的人工智能科技创新和人才培养基地，建成更加完善的人工智能法律法规、伦理规范和政策体系。

2017 年 12 月 14 日，工业和信息化部印发了《促进新一代人工智能产业发展三年行动计划（2018—2020 年）》（以下简称《行动计划》），旨在以信息技术与制造技术深度融合为主线，以新一代人工智能技术的产业化和集成应用为重点，推动人工智能和实体经济深度融合，加快制造强国和网络强国建设。

《行动计划》提出五方面保障措施。

一是加强组织实施。政府加强政策引导，企业、行业组织等协同推进；加强部省合作，鼓励地方积极发展人工智能产业；建立人工智能产业相应统计体系。

二是加大支持力度。充分发挥现有资金渠道的引导和支持作用，鼓励地方财政对相关领域加大投入力度，支持人工智能企业与金融机构加强对接合作。

三是鼓励创新创业。加快建设人工智能领域的制造业创新中心和重点实验室，开展人工智能创新创业和解决方案大赛，鼓励建设人工智能企业创新交流平台。

四是加快人才培养。吸引和培养人工智能高端人才和创新创业人才，支持一批领军人才和青年拔尖人才成长，支持加强人工智能相关学科专业建设，引导培养产业发展急需的技能型人才。

五是优化发展环境。开展人工智能相关政策和法律法规研究，推动行业合理开放数据，鼓励开展双边、多边国际合作。

当前，新一轮科技革命和产业变革孕育兴起，大数据的积聚、理论算法的革新、计算能力的提升及网络设施的演进，驱动人工智能发展进入新阶段，人工智能正加快与经济社会各领域渗透融合，带动技术进步、推动产业升级、助力经济转型、促进社会进步。

加快产业化和应用是人工智能发展的关键着力点。《行动计划》从推动产业发展角度出发，结合《中国制造 2025》，对《新一代人工智能发展规划》相关任务进行了细化和落实，以信息技术与制造技术深度融合为主线，推动新一代人工智能技术的产业化与集成应用，发展高端智能产品，夯实核心基础，提升智能制造水平，完善公共支撑体系。《行动计划》以三年为期限明确了多项任务的具体指标，操作性和执行性很强，因此在产业界引起了较大反响。

第十章　企业转型升级与企业文化整合创新

从本质上说，企业转型升级是一种战略的转型升级，其背后是全球经济格局和中国经济格局正在发生前所未有的历史性变革。这里面既有国际政治、经济秩序的深刻变化，更有现代信息技术、互联网技术、工业 4.0 智能技术等的强力驱动。其一，中国经济在经历了 30 多年的快速发展之后，开始回落到常规发展时期，一味追求做强做大的战略选择需要适时调整；其二，世界经济正在步入“大调整”“大过渡”时期，中国企业需要在经济全球化背景下重新进行战略定位，企业转型升级和文化整合创新成为中国企业面临的共同课题。

一、企业转型升级的战略选择

进入 21 世纪之后，全球经济格局正在发生着极其重大的变化。根据美国著名管理咨询师拉姆·查兰的分析，最大规模的全球经济格局重构的时代已经到来。在这个汹涌澎湃的变革时代，企业要生存和发展，除去转型之外别无选择。国家要转型，政府要转型，行业要转型，企业要转型，乃至个人也要转型。往哪里转才有出路，怎么转才能成功？这是中外共同面临的最大挑战，特别是对于中国企业来说，也是其走向国际化、参与国际竞争的最佳机遇。

中国提出从“经济高速增长”转向“经济新常态”，标志着中国经济走向“降速提质”的新阶段。中国企业管理者们必须要深刻理解经济新常态的综合内涵，必须要对转型升级从战略上、文化上做好功课。企业转型升级既离不开战略思路的转型、领导能力的转型、组织体制的转型，更离不开企业文化的整合提升。“创新驱动、文化引领”，变革企业的思维方式和行为方式，给企业注入新的文化基因和文化活力，是推动企业转型升级的必由之路。

二、企业转型升级的关键因素

在这样一个充满变革的时代，企业该如何转型升级？这里可以引用美国著名管理学家彼得·杜拉克的一句名言："我们无法左右变革，我们只能走在变革的前头"，就是要走一条主动变革、自觉变革之路。

企业转型升级，没有一个一蹴而就的解决方案。不同所有制的企业、不同成长阶段的企业，转型升级的动机和目的也会不同。但就中国经济新常态下的企业转型升级而言，需要从战略思路、领导能力以及组织体制等方面入手，这是关键因素。

1. 战略思路转型：跳出企业看行业、跳出当前看长远

"摈弃旧观念，开拓新思路"。企业转型，首先要跳出企业、站在行业，思考企业发展问题。同时，要分析和把握长远趋势和长期利益，从外部市场出发，从未来产业格局出发，思考和制定企业未来战略选择。必须突破现有能力及竞争优势的束缚，以不断强化自身的核心竞争力为重点。在明确战略方向以及战略规划方案的基础上，就必须强化执行，没有执行，一切都是纸上谈兵、水中望月。在执行中，必须激发文化的力量，调动每一个员工的积极性和创造性，打破固有思维，理解并认同企业未来发展的前景。

2. 领导能力转型：树立全球化、多元化思维，提升多元化能力

企业领导能力是企业决胜的关键。成功的企业领导者，必须在企业转型升级过程中对领导能力提出更高的要求，必须树立全球化、多元化思维，能够以全球化的视角，了解不同的政治、经济、文化环境因素以及商业运作规则，提高多元化领导能力，把握企业成功的关键因素。主要包括：迅速精准地把握市场趋势；制定务实可行的战略愿景；构建执行有力的管理团队；有效激发员工的积极性、创造性。

3. 组织体制转型：建立灵活高效的组织结构，优化资源配置

实现企业转型升级，必须根据战略创新需要，建立灵活高效的组织结构和管理机制，最大程度上发挥各种资源能力，优化资源配置。

主要从以下三个方面推动组织转型。

第一是权力分配，即哪些问题需要决策，由谁决策，以及决策依据是什么，如何决策。

第二是资源配置，即管理人才、技术人才等人力资源管理，以及资金管理问题等。

第三是行为方式，即工作态度、行为习惯以及人际关系处理原则等。

三、企业文化整合提升的四个层面

企业转型升级，战略是方向，文化是动力。如果战略转型没有文化整合相匹配，那么企业转型升级必然是软弱无力的，甚至是徒劳无功的。

从企业文化的本质上来说，企业是一个“人”的聚合体，准确地说是“企业人”的聚合体。如果企业人的思维方式和行为方式没有相应地转型升级，那么企业转型升级就会陷入“见物不见人”的境地。从企业文化整合提升的操作路径来说，就要从价值理念、行为方式、制度机制和品牌形象四个方面共同推进。

1. 价值理念整合：从利益驱动转向人本驱动

价值理念是企业文化的核心和灵魂。在一些企业中，虽然标榜价值观是围绕“以人为本”的基本原则，但是潜意识还是追求“利润最大化”。所谓“第一桶金”“资本原罪说”“市场就是战场”等，都是为此开脱。

企业价值理念的整合，需要从企业的经营哲学、义利观念、价值标准等方面做深层次的解构，真正把人放在第一位，变利益驱动为人本驱动，才能建立起以人为本的企业文化。

2. 行为方式整合：从经济人格转向社会人格

企业倡导什么样的行为方式和行为准则，是企业一切经营管理活动的风向标。从亚伯拉罕·马斯洛的需求层次理论分析，企业人不仅是“经济人格”，更是“社会人格”。如果说通过劳动获取经济报酬是企业人的最低需求的话，那么通过劳动得到企业、社会以及相关人际关系中的尊重和认可，则是企业人行为动机和目的的必然选择。

企业行为方式的整合，需要从人性假设的角度进行分析和设计，无论是“性善论”“性恶论”之争，还是对“经济人”“社会人”的判定，都需要从企业与企业人的互动关系中，倡导人的积极意识、主动意识，激发员工的智慧和潜能，追求“挑战自我、超越自我”的行为方式。

3. 制度机制整合：从权力导向转向市场导向

制度和机制是企业运作的基础，文化管理离不开制度管理。建立现代企业制度和机制，是提升企业经营管理水平的基本途径。由于中国传统的“官本位”思想根深蒂固，人们习惯于崇拜权力、敬畏权力、服从权力，从而导致一些企业制度偏重于“管人”“约束人”。据调查，许多企业存在激励制度不完善、激励机制不到位的问题，这值得企业经营管理者警醒。

制度机制的整合，需要摈弃“官本位”的思想，或者“既找市场，又找市长”的思维定式，真正面向市场，面向国际和国内两个市场，确立企业靠市场生存而不是靠政府恩惠的制度规则，才能从根本上激发企业活力。

4. 品牌形象整合：从市场竞争转向价值共赢

企业品牌是市场竞争的优势所在，更是企业最重要的无形资产或无形资本。在市场经济条件中，企业竞争不单是产品竞争、质量竞争、服务竞争，更是企业品牌的竞争。市场经济是竞争经济，但不是你死我活的竞争，而是共存共荣、价值共赢或多赢。不正当竞争或恶性竞争，都是市场经济发展所不容的，也是世界各国制定“反不正当竞争法”“反垄断法”的立法意图所在。

品牌形象整合，需要从提高市场竞争优势的角度进行整合规划，更需要从提升企业无形资产价值的角度进行长远设计。特别是需要立足于企业产品或服务与消费者、社会公众以及利益相关者的互动关系，综合运用企业文化战略、CIS 战略以及企业品牌战略，在经济全球化、市场一体化、信息网络化的大背景下，进行系统化的整合提升。

第十一章　企业文化与企业领导力、执行力

企业文化的理论探索和建设实践证明：文化力和领导力从根本上是交织在一起的。企业领导者首先是企业文化的主要设计者，其次，企业文化的形成又极大地影响着企业领导者的领导模式和领导艺术。

毛泽东同志把领导者的职责归为“出主意，用干部”。他指出：“领导人员依照每一地区的历史条件和环境条件，统筹全局，正确地决定每一时期的工作重心和工作秩序，并把这种决定坚持地贯彻下去，务必得到一定的结果，这是一种领导艺术。”

美国前总统尼克松这样描述：“伟大的领导能力是一种独特的艺术形式，既要求有非凡的魄力，又要求有非凡的想象力。经营管理是一篇散文，领导能力是一篇诗歌。”

美国前国务卿基辛格博士说：“领导就是要让他的人们，从他们现在的地方，带领他们去还没有去过的地方。”

管理学大师彼得·德鲁克认为：“领导就是创设一种情境，使人们心情舒畅地在其中工作。有效的领导应能完成管理的职能，即计划、组织、指挥、控制。”

著名领导力专家、哈佛大学教授约翰·科特认为：“取得成功的方法是75%～80%靠领导，其余20%～25%靠管理”“领导和管理是两个互不相同但又互为补充的行为体系，在日趋复杂和变幻无常的商业社会中，这两者缺一不可”“每个人都生而具有领导潜质，它可以通过教育而被唤醒”。

“思想有多远，我们就能走多远”。综上所述，无论是政治领袖还是企业领导，都十分注重领导能力、领导艺术和思想文化的关系。优秀的领导者必然有其优秀的思想，成功的企业必然有其成功的文化！

一、企业领导力：领导力理论和领导力模型

所谓领导力，简单地说，就是一种特殊的人际影响力。在一个企业之中，每一个人都会影响他人，也会接受他人的影响，所以，每一个人都具有一定的领导力，包括潜在的领导力和现实的领导力。

领导力不存在通用的定义。这是鉴于领导力的概念非常复杂，不同的研究方法会形成不同的定义。比如，领导力与领导者、领导能力等都存在显著的区别。

但是，领导力又是企业成功的关键因素。在企业中，领导者和成员共同推动着团队向既定的目标前进，从而构成一个有机的系统，在系统内部具有以下几个要素：领导者的个性特征和领导艺术、员工的主观能动性、领导者与员工之间的积极互动、企业目标的制定以及实现的过程等。

关于领导力的概念，一般可以分为三个层面来理解。

一是组织领导力，即组织作为一个整体，对其他组织和个人的影响力。这个层面的领导力涉及组织的文化、战略及执行力等。

二是团队领导力，团队是企业中最基本的任务执行单元，基于共同的目标和共同的任务，需要团队领导者的领导力。

三是个体领导力，就是企业各级管理者和企业领导者的领导力。管理者和领导者不同，管理者关注“如何正确地做事”，就是以最佳的方法完成任务；领导者关注“如何做正确的事”，就是推动企业创新和变革。

关于领导力的理论研究，可以概括为以下四个方面。

第一，关于领导的特质理论。这是早期的领导力理论（20 世纪 30—40 年代）。主要分析领导者在生理上和心理上的特质或素质，比如精力、外表、好胜心、自立能力、说服力以及支配他人的能力，等等。

第二，关于领导的行为理论。这些理论主要集中在 20 世纪 50 年代。主要分析领导者在具体工作情境中的行为风格，比如领导者的角色、领导行为和领导效率之间的关系、领导者的人本导向和任务导向，等等。

第三，关于领导的权变理论。这些理论主要集中在 20 世纪 60 年代。主要研究针对不同领导者、不同下属以及不同情境下的领导风格。也就是说，在环境存在变量条件下，比如工作性质、外在环境、组织层级以及文化环境等，领导者的风格和特质问题。

第四，关于领导的整合理论。这些理论主要集中在 20 世纪 70 年代之后。领导的整合理论，就是整合领导特质、领导行为以及领导权变等理论，主要研究领导与下属

的关系，如何强化领导者的行为和特质，比如高绩效领导、教练式领导、管家式领导、魅力型领导、变革型领导，等等。

领导力和领导能力不是一个概念。领导能力是指领导者的个体素质、思维方式、实践经验以及领导方法等影响具体领导活动效果的个性心理特征和行为的总和，领导能力是领导者素质的核心。

美国领导学学者埃尔沃德·N·查普曼和莎伦·伦德·奥尼尔在2004年出版的《发现，然后培育你的领导力》著作中，提出了经典的领导力六要素模型，包括充满理想色彩的使命感、果断而正确的决策、共享报酬、高效沟通、足够影响他人的能力和积极的态度。他们提出了"领导力公式"，领导力是前五个要素的和与第六个要素的乘积。

$$\text{领导力} = \sum \left\{ \begin{matrix} \text{充满理想色彩的使命感} \\ \text{果断而正确的决策} \\ \text{共享报酬} \\ \text{高效沟通} \\ \text{足够影响他人的能力} \end{matrix} \right\} \times \text{积极的态度}$$

中科院科技领导力课题组于2006年提出了基于领导过程的领导力五力模型。根据领导力概念谱系，领导力是支撑领导行为的各种领导能力的总称，其着力点是领导过程，换言之，领导力是为确保领导过程的进行或领导目标的顺利实现服务的。基于领导过程进行分析，领导者必须具备如下领导能力。

（1）对应于群体或组织目标的目标和战略制定能力（前瞻力）。

（2）对应于或来源于被领导者的能力，包括吸引被领导者的能力（感召力）及影响被领导者和情境的能力（影响力）。

（3）对应于群体或组织目标实现过程的能力，主要包括正确而果断决策的能力（决断力）和控制目标实现过程的能力（控制力）。

这五种关键的领导能力就构成了领导力五力模型，如图11-1所示。

图11-1 领导力五力模型

在上述五种领导能力中，感召力是最本色的领导能力，是处于顶层的领导能力；前瞻力和影响力是感召力的延伸或发展，是处于中间层面的领导能力；决断力和控制力是处于实施层面的领导能力。

企业文化领导力主要强调领导力对于企业文化的推动作用，提升企业文化力的关键在于提升企业的组织领导力。个人领导力通常体现领导者个体的文化理念，而组织领导力才能体现企业的文化理念。

第一，企业文化力的培育首先要求个体领导者基于企业的战略发展目标，构建完成企业未来的发展愿景、使命和价值观。

与组织领导力的构建相对应，个体领导者的个人魅力首先在于可以“看到”，并清晰地描绘出一个美好的未来，以及清晰企业在实现这个美好未来的过程中应当遵循的价值理念。这个美好的未来和价值理念便是企业愿景、使命和价值观的雏形。

企业愿景、使命和价值观逐渐形成的过程便是个人领导力向组织领导力转化的过程：文化的愿景、使命和价值观首先在个体领导者的头脑中形成，之后将在领导团队中达成共识，再逐渐传递到管理团队，最终发展成为整个组织的愿景、使命和价值观。美好的、科学的愿景、使命和价值观是个体领导者的个人领导能力、个人魅力的综合表现，是其作为团队领导者的个体领导力的外化，但当这个愿景、使命和价值理念成为组织的愿景、使命和价值观的时候，它便成为这个团队、这个企业向人们展示出来的组织领导魅力。

因此，个体领导力向组织领导力的转化，首先就需要将个人的魅力、个人的美好蓝图通过文化的建设转变为组织的愿景、使命和价值观，成为整个组织团队展示给人们的自信、承诺和独特魅力。

第二，将愿景、使命和价值观通过相关制度、行为规范确定下来，并以培训、辅导、日常监督和评估等各种方式，将其内化为组织的领导力，成为引导、激励与约束员工思想意识和行为方式的保障。

企业愿景、使命和价值观的确立仅仅是企业文化建设的第一个层面，企业文化要充分发挥其凝聚力、激励力、导向力和纽带力等文化力，更重要的是要在日常的决策和经营管理过程中，将文化的愿景、使命和价值观从制度上确立下来，从意识、行为上进行培育和宣贯，通过“认知—掌握—内化”这样一个过程，实现真正意义上的企业文化构建，形成组织领导力。

【案例一：首都机场集团领导力素质模型】

2012 年，首都机场集团基于战略转型、文化变革的需要，制定了领导力素质模型（见图 11-2），融战略、文化、能力素质为一体，根据企业管理者的职位和职能，从界定“核心素质”入手，分为基层领导力、中层领导力、高级领导力和高层领导力四个层次，通过统一领导者的思想意识和行为要求，推动集团战略目标的实现。

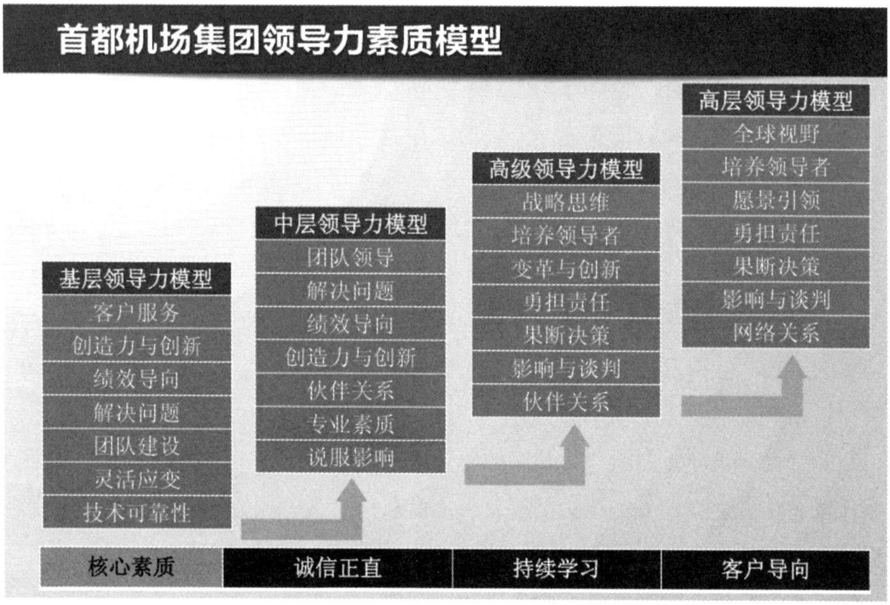

图 11-2 首都机场集团领导力素质模型

【案例二：中航工业集团领导力模型】

2014 年，中航工业集团发布了“AVIC-Do”领导力通用模型（见图 11-3），由成就、远见、激情、信念、力行 5 个一级要素和 10 个二级指标构成，为中航工业集团各级领导人员提升领导力水平提供了行动指南。

图 11–3　中航工业集团领导力模型

其要素和内涵，主要包括以下几点。

第一，成就（Achievement）——“从优秀走向卓越”。

出成果、创价值，致力成长、建功立业。争取谋得科学发展之业绩；达成相关各方之共赢；实现志在一流之超越；在久久为功和驰而不息中，善作善成，再接再厉，用成就的辉煌奏响基业长青的篇章。

强军富民。优质完成重点型号任务，提高武器装备的研制生产能力，为构建现代国防贡献力量；开放合作，军民融合，产融结合，发展混合经济，坚持客户导向，注重股东回报，为各利益相关方创造价值。

持续超越。加强管理，支撑发展，对标一流，敢于超越，努力实现从望其项背到同台竞技、并驾齐驱乃至遥遥领先的跨越，打造百年老店，致力持续发展，实现基业长青。

第二，远见（Vision）——“思想有多远，我们才能走多远”。

有智慧、有谋略，运筹帷幄、把握先机。善于洞察一发千钧之端倪；绘制科学发展之蓝图；抉择顺时通达之方略；在市场竞技和大浪淘沙中，见微知著，引领未来，用远见的光芒照彻企业前行的方向。

高瞻远瞩。视野开阔，思想敏锐，能够审时度势，把握宏观经济发展趋势和行业发展规律，科学谋划，制定发展战略和规划计划，共启愿景，思想管理，引领干部职工前行。

科学决策。深入贯彻落实科学发展观，坚持民主集中制原则，立足大局和长远利益，突出重点，统筹兼顾，科学决策、民主决策、依法决策。

第三，激情（Inspiration）——“天行健，君子以自强不息”。

有担当、有动力，敬业勤勉、进取图强。坚持驱动蓬勃向上之自觉；砥砺百折不挠之坚强；崇习革故鼎新之风尚；在温水安逸和困难际遇中，主动出击，拼搏不息，用激情的色彩书写责任人生的壮美。

敬业自强。兢兢业业，勇于担当，有强烈的内驱力，不安于小富，不甘于平庸，渴望新的发展，渴望更大成功，始终坚韧不拔、斗志昂扬。

变革创新。解放思想、更新观念，勇于创新、善于变革，敢想、敢干、敢闯、敢试，敢为天下先，以创新引领未来，以创新驱动发展。

第四，信念（Conviction）——“修身，兴企，报国，富天下”。

有理想、有追求，志存高远、责重若山。始终执着中国特色之道路；笃定航空报国之志向；生发干事创业之能量；在浮华喧闹和风云变幻中，廓清迷雾，增强定力，用信念的力量托举大国腾飞的梦想。

第五，力行（Do）——“言必信，行必果”。

有能力、有行动，率先垂范、落地生根。能够秉承守信践诺之圭臬；弘扬真抓实干之作风；塑造高效执行之团队；在深化改革和战略实施中，攻坚克难，抓铁有痕，用力行的豪迈加快蓝图实现的步伐。

诚信实干。诚实守信、求真务实，讲实话、办实事、求实效，坚持一张蓝图干到底；率先垂范，甘于奉献，以功成不必在我的境界，孜孜于事业的成功；攻坚克难，不避艰辛，以踏石留印、抓铁有痕的作风，执着于战略落地。

塑造组织。胸怀博大，善于抓班子、带队伍，以人为本，知人善任，着力提升团队战斗力；优化资源配置，协调各方力量，形成推动发展的内外部整体合力；努力完善公司治理，不断改进规章制度和管理流程，打造高效组织。

二、企业执行力：战略、人员与文化三大流程

所谓企业执行力，就是企业贯彻战略意图、完成预定目标的操作能力。它是企业竞争力的核心要素，是把企业战略、规划转化成为效益、成果的关键。

提高企业的执行力，不仅要提高企业从上到下每一个人的执行力，而且要提高每一个单位、每一个部门的整体执行力，只有这样，才会形成企业的系统执行力，从而

行成企业的执行力，提高企业竞争力。

加强企业执行力建设，需要建立切实有效的企业执行文化。把战略要素、文化要素和人才要素紧密结合在一起，将企业整合成为一个安全、有效、可控的整体，并在制度上减少管理漏洞，在目标上设定标准，在落实上有效监督，这样企业执行力自然就会得到有效提高。

企业和竞争对手的差别之处，在于双方的执行能力。执行正在成为企业成功的一个关键因素。如果没有企业执行力，再好的企业战略、再好的企业文化都只能是纸上谈兵，无法带来实际的成果。

企业执行力已经成为企业战略管理的关键环节。对于企业领导者来说，不仅要抓战略、抓文化，还要抓执行。

联想集团创始人柳传志谈到执行时说："第一，让战士爱打仗；第二，让战士会打仗；第三，要保持纪律性和有序性。"

北汽福田党委书记、总经理王金玉也曾指出："执行力，就是围绕确定的目标，创造性地完成它、超越它。"

1. 提高企业执行力的三大要素

第一，领导者的基本行为（领导要素）。主要包括如下几点。

（1）了解你的企业和你的员工——体验企业，参与其中。

（2）坚持以事实为基础——不回避矛盾和残酷现实。

（3）确立明确目标和实现目标的先后顺序——目标清晰，任务简化。

（4）及时跟进——没有督促检查，没有执行。

（5）对执行者进行奖励——根据业绩奖励提拔员工。

（6）提高员工能力和素质——做下属的教练员、培训师。

（7）了解你自己——提高情感强度：真诚、自省、超越、谦虚。

优秀的企业领导往往不是企业中最聪明的人，也不是最专业的人，很少领导者能够同时是战略专家、人力资源专家和运营专家。

第二，建立企业文化变革框架（文化要素）。主要包括如下几点。

（1）从实践开始改变人们的信念和行为，而不是从价值理念开始，来建立新的思维方式和行为方式。

（2）坚持业绩导向和客观、公正原则，对员工实施考评和奖励，采取多种奖励方式，增加 A 级员工的数量。

（3）建立多渠道、开放性的沟通对话机制：正式或非正式会议、正式或非正式谈话、正式或非正式讨论等。

实践证明，成功的企业领导是对公司业务亲力亲为的领导，领导行为是建立执行文化的关键。

第三，建立有效的人才配置（人才要素）。主要包括如下几点。

（1）人才是企业最重要的资源，是企业保持持续竞争优势的关键。

（2）领导者要投入 40% 的时间和精力来选拔、评估和培养人才，人才使用不当会给企业带来极大的危害。

（3）真正的人才是渴求成功的人、注重实干的人、果断决策的人、激励他人的人、跟踪执行的人。

（4）在对人才的评估过程中，“完成任务的方式”和“是否完成了这个任务”一样重要，错误的方式会给企业带来毁灭性的后果。

2. 提高企业执行力的三个核心流程

提高企业执行力的三个核心流程，分别是人员流程、战略流程、运营流程，如图 11–4 所示。

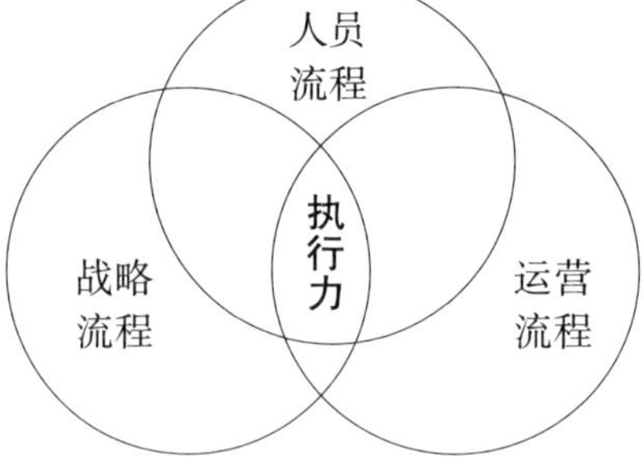

图 11–4　提高企业执行力的三个核心流程

第一，人员流程——将战略和运营联系起来。

其基本任务是：人员评估，“一个人的潜力，重要的在于他能否处理明天的问题”；培育企业高层，保证企业的关键岗位一旦失控就有人接替；建立人才梯队，保证“因岗设人，人岗匹配”。

第二，战略流程——将人员和运营结合起来。

其基本任务是：赢得客户、建立竞争优势、回报股东等。比如，在战略制定时就要考虑到能否执行，战略计划是一份行动计划。战略计划要企业领导者和战略规划执行者共同制订，并且考虑外部环境、市场和客户、竞争对手、战略实施能力、短期利益和长期利益、阶段性目标以及如何持续盈利等一系列问题，并且实施战略评估。

第三，运营流程——将战略和人员结合起来。

其基本任务是：根据战略计划制订年度运营计划；领导者监督计划的实施；所有执行人员共同参与。

3. 提高企业执行力的基本制度

第一，战略分解。把战略规划变成可执行的年度计划并层层分解，落实到部门与具体行动上。

问题：高层有很好的战略和想法，但员工总是没方向——做领导就是开对经营之门，门从哪儿开，人就从哪儿走。

第二，量化指标。企业通过量化的财务指标和组织指标，建立基于客户价值的职责系统和基于经营目标的指标系统。

问题：没有清楚的组织结构与职位划分，就会形成有人累死、有人闲死的混乱状况——人们不是没有责任，人们只会对清晰地指向他的责任负责。

第三，跟踪改进。以事实和数据为基础，对相关负责人进行业绩的定期质询，提出改进方案，以保证年终经营目标的实现。

问题：为什么美好的愿望，往往都是沉重的打击——人们不会做你希望的，人们只会做你检查和监督的。

第四，绩效考核。建立完善的绩效考核和评估体系，是激发员工潜能和实现客户价值的重要手段。

问题：为什么所有人都在努力，但公司业绩不佳——一个优秀的企业总是在考核时将业绩驱动力建立在客户导向的经营方针上来。

企业执行力离不开企业执行文化，而企业执行文化需要企业文化建设规划和实施，从而保证企业文化价值理念不是挂在墙上、写在纸上的“空中楼阁”，需要促使企业员工认知和认同企业文化，并自觉转化为实际行动，激发员工的积极性、主动性、创造性，从而建立强有力的企业执行文化。

第十二章　企业兼并重组与文化管控模式

在中国改革开放过程中，特别是通过国有企业兼并重组的一系列改革政策，多数国有企业的存在方式已经从过去的单个法人企业变成了企业集团。尤其是那些从中央部委行政机构“脱钩”而形成的国有大型企业，更是组建了庞大的企业集团公司，在企业集团内不仅有子公司、孙子公司，甚至于子公司也变成了企业集团。

所谓企业集团是指由一定数量企业以互相之间在经营方面形成稳定协作关系为基础，在一个统一机构的协调下，依据一定原则组成的企业群体。它以一个或若干企业为核心，通过控股、企业合同或其他方式，使核心企业控制一系列从属企业，从而形成众多企业的结合体。企业集团是以一个或若干个大型企业为核心，以资产、产品、技术为纽带，由一大批企业组成的稳定的经济组织。在经济发达的国家，几乎所有重要产业都是企业集团发挥着重要作用。

对于企业集团来说，集团公司是母公司，和下属子公司之间存在着母子公司关系，这是基于产权纽带而形成的组织结构形式。就企业文化而言，集团公司和子公司之间也形成了“母子文化”关系，如何整合企业文化资源，实现企业文化融合和再造，建立科学规范的文化管控模式，是很多企业面临的一个十分重大的课题。

一、企业兼并重组概述

企业兼并重组是一个复合化的概念，其中涉及三个概念：企业兼并、企业重组和企业兼并重组。

1. 企业兼并

简单来说，企业兼并就是一家企业吃掉另一家企业，被兼并企业的产权、债权、债务等全部转入兼并企业，被兼并企业的法人主体资格不复存在。《大不列颠百科全书》对“兼并”的解释是：“两家或更多的独立的企业、公司合并组成一家企业，通常由一家占优势的公司吸收一定或更多的公司。”

企业兼并的主要形式如下。

第一，购买兼并。兼并方通过对被兼并方所有债权、债务的清理和清产核资，协商作价，支付产权转让费，取得被兼并方的产权。

第二，接收兼并。兼并方承担被兼并方的所有债权、债务、人员安排以及退休人员的工资等，全面接收被兼并企业，取得对被兼并方资产的产权。

第三，控股兼并。在两个或两上以上的股权企业中，某一企业吸收其他企业的股份份额，以其控股优势形成事实上的控制关系，从而达到兼并的目的。

第四，行政划拨。通过国家行政干预的手段，将经营不善、亏损严重的国有企业划拨给行业内或行政区域内的优势国有企业，实现企业兼并，但是产权性质不变。不过，这种兼并形式不符合一般市场性企业的兼并特征。

2. 企业重组

企业重组分为广义的概念和狭义的概念。广义的概念，是指对企业的产权、资金、资产、劳动力、技术、管理等各种要素进行重新组合和重新配置；狭义的概念，或称“资本重组”或“资本运作”，是指仅对企业的产权、资产、债权债务进行重组配置，以实现企业资本的保值增值。

企业重组的主要方式如下。

第一，企业合并。是指两个或更多的企业组合在一起，建立一个新的企业，而原有企业的法人主体资格都不复存在。比如将 A 企业与 B 企业合并成为 C 企业，C 企业“横空出世”，A 企业和 B 企业“原地蒸发”。

第二，企业兼并。如前所述，就是一家企业兼并另一家企业或更多企业，兼并方存在，被兼并方消失。比如 A 企业兼并 B 企业和 C 企业，A 企业“遗世独立”，B 企业和 C 企业“原地蒸发”。

第三，其他重组方式。如合资企业、合作企业、分拆上市、国有股减持、管理层收购、职工持股等，也是企业重组的常见形式。

3. 企业兼并重组

概括来说，企业兼并重组并不是简单的“企业兼并 + 企业重组”，而是在企业兼并过程中，新企业对各种生产要素的重新组合和重新配置，包括企业战略的重组设计、组织结构的重组设计、人力资源的重组设计，以及企业文化的重组设计，等等。比如 A 企业兼并 B 企业和 C 企业，兼并之后的 A 企业已经不再是原来的 A 企业，而是一个“新 A 企业”，此 A 非彼 A。

在经济全球化、市场一体化、竞争跨国化的大背景下，中国十分需要造就一批规模化、集团化、国际化的大企业，通过企业兼并重组方式，可以滚动式集聚企业资本，整合更多的企业资源、市场资源等，或强强联合，或优势互补，构建企业的规模竞争力，在一定领域内占领国际市场竞争的制高点。这对于推动中国的供给侧结构性改革、优化整体经济结构和市场资源配置、推动企业转型升级，以及提升企业的抗风险能力具有十分重要的意义。比如中国煤炭企业的兼并重组、中国钢铁企业的兼并重组、中国医药企业的兼并重组，以及中国港口企业的兼并重组等，在市场竞争这只“看不见的手”和行政干预这只“看得见的手”的共同操控下，形成了一次次的高潮。

正如美国著名经济学家、诺贝尔经济学奖获得者乔治·斯蒂格勒所说，“一个企业通过兼并其竞争对手而成为巨型企业，是现代经济史上的一个突出现象”“没有一家美国大公司不是通过某种程度、某种方式的兼并而成长起来的，几乎没有一家大公司是通过主要靠内部扩张而成长起来的”。

二、企业兼并重组的“母子文化”整合策略

所谓企业文化整合，是指不同企业文化相互吸收、融合、调整而趋于一体化的过程。企业间的兼并重组，不管是政府的“包办婚姻”，还是企业的“自由联姻”，重组过程中的文化整合都是必须面对的重大任务。这是因为，企业文化整合的过程是要解决文化融合和文化冲突的问题，不是对原有企业文化的简单叠加，而是对企业新文化的一种再造。

1. 企业文化整合的本质含义

企业兼并重组中的文化整合是一项系统工程，也是一项核心工程。

所谓系统工程，是指企业兼并重组是一个“企业再造”的过程，包括企业领导班子成员的重新配备，职能机构的重新设置和定员、定编，下属二级企业、三级企业的业务整合以及领导班子人员配备、人力资源配置，等等。这涉及企业战略的重新规划、企业组织机构的重新调整、业务板块的重新整合和人力资源政策制度的重新设计，所有这些，都需要一种“新文化”与之相匹配。

所谓核心工程，是指企业兼并重组也是一个“文化再造”的过程，不同的企业具有不同的文化传统、文化基因、文化价值观，以及不同的体制机制、领导风格、企业行为习惯、企业氛围、企业作风，以及文化优势和文化劣势，等等。这些不同的文化要素都会投射到相应的企业员工身上，而企业文化整合需要建立“文化共识”，弥合“文化差异”，可以说文化整合的成功与否，会在很大程度上决定企业兼并重组的成功

与否。

在企业兼并重组和企业文化整合的具体实践中，有很多整合成功的案例，但也有不少整合失败的案例。相同或相似的企业体制、文化传统和文化价值观，企业文化整合成功的概率更大一些，而不同的企业体制、文化传统和文化价值观，企业文化整合失败的可能性更大一些。

【案例：三家企业兼并重组，一出“三国演义”悲喜剧】

这是一个比较极端的文化整合失败的实例。

在政府部门强力主导下，相同业务领域内的三家企业兼并重组，诞生了一个新的企业集团：第一家是老国企身份，具有百年历史，但是包袱沉重，在集团内被称为“破落贵族”；第二家是市场宠儿身份，在改革开放大潮中成长起来，但是市场资源和政策优势受限，在集团内被称为“职业打工仔”；第三家是街道企业身份，经济效益不错，干得有模有样，但是平台太小、后劲不足，在集团内被称为“胡同暴发户”。

企业兼并重组后的 10 多年里，集团换了数任董事长，也换了数任总经理，但是“破落贵族”们还是在一起吃饭、一起玩耍，“职业打工仔”们也是在一起吃饭、一起玩耍，“胡同暴发户”们也是在一起吃饭、一起玩耍。三家企业的原始身份继续存在，三家企业变成“三国”，各有各的身份特征、文化烙印，各有各的“江山一统”。

不仅在员工层如此，即使在集团领导班子成员中，除了上级部门派来的领导，其他班子成员依然能清晰地划清其“三国身份”，在集团职能部门之中、在集团下属企业之中，这种身份烙印依然存在。

随着企业集团中新生力量的逐步成长，比如“80 后”“90 后”“00 后”的员工逐渐增多，“老三国”人员根据相关政策或下岗或退休，人数逐步减少，但是这些人员的“老三国”情结依然存在，以至于企业集团中年轻的管理者们普遍认为，“只好等他们全部退休了”。

这不禁让人感叹，“文化基因”真是太强大了！悲剧耶？喜剧耶？

2. 企业文化整合的基本原则和方法

对企业兼并重组的文化整合，因为涉及不同企业的文化以及各种不同的文化要素，所以需要按照一定的原则和方法，进行系统化、有序化、一体化梳理和提炼，从而形成统一的文化主张，建立统一的文化纲领。

第一，坚持“文化宽容”的原则。

文化的本质，就是人类存在的根本方式。文化本身就具有多样性、复杂性、包容性、动态性等特点，所以坚持“文化宽容”的原则，是文化整合的应有之义。

就是说，文化不是一成不变的东西，也不是谁对谁错的东西，而是一个群体性的意识，或者群体性的价值观。比如，一个民族的文化，一个社会的文化，就是这个民族和社会的历史文化的积淀，以及不断拓展的时代文化内涵的总和。

企业文化整合，就是要坚持“兼收并蓄、共融一体”的原则，吸纳各种优秀的文化元素，而不是用一种强势文化去打击另一种强势文化，或蔑视另一种弱势文化，只有这样，才能形成一种宽容博大、具有生命力的新文化。

第二，坚持“文化扬弃”的原则。

从文化的内容和形式来说，文化是一个混沌体、综合体，既“包罗万象”，又“鱼龙混杂”。因为文化是人创造的，关于人性的理解，无论是“性本善”还是“性本恶”，抑或是“原罪说”，都证明人所创造的文化具有多面性甚至“不可说”的特征。

就是说，没有一种文化是“绝对真理”，也没有一种文化可以“万古长青”。文化是一个不断扬弃、不断进化的过程。人类社会文化的进步，就是不断淘汰落后的思想观念，不断丰富和发展新的思想观念，比如历史上宗教思想中的“地心说”“神灵说”“天圆地方说”等，当然，宗教信仰除外。

企业文化整合，也需要淘汰那些消极的、落后的、不能与时俱进的、阻碍企业发展的思想和价值观，倡导那些积极的、先进的、符合时代发展要求的思想和价值观，从而为企业创新发展提供强大的精神动力和智慧支持。

第三，坚持“文化自觉”的原则。

从文化的形成过程来说，存在“文化自发”和“文化自觉”两种态度、两种现象。“文化自发”是放任自流、自生自灭，是一种“野蛮生长”；“文化自觉”是主动倡导、主动作为，有意识地构建一种价值理念体系，引领企业发展。

坚持“文化自觉”，就是要坚持“主文化”，弘扬企业文化的主旋律，去统率和引导企业中存在的“亚文化”，防止“亚文化”成为不健康的文化，或取代“主文化”。

坚持“文化自觉”，也意味着要建立“母子文化”管控方式，发挥企业集团“母文化”的主导作用，规定和指导集团下属企业的“子文化”建设，在企业集团内建立统一的价值理念、统一的形象识别系统，同时发挥“子文化”建设的积极性和创造性，形成既统一又有活力的企业文化新局面。

比如，企业集团公司作为母公司的企业文化体系，体现了集团的战略、思想和意志，要求在整个集团内认同并执行。而作为集团子公司的企业文化体系，基于自身的战略目标和经营管理实践，也体现了个性化的经营管理文化理念。

企业文化作为一种能够凝聚和激励员工积极性、主动性和创造性的精神力量，是一种构建和谐内部环境的黏合剂和思想感情基础。由于历史、地理、发展历程的差异，集团各子公司的发展模式各不相同，员工的风俗习惯、文化观念也不尽相同，这使得集团公司“母文化”和“子文化”之间存在一定的“文化个性”。同时，集团各子公司又是基于集团共同的战略目标、组织结构形式以及企业体制机制，在国际、国内市场竞争中具有共同的企业形象和品牌形象，“母子文化”之间又具有“文化共性”。简言之，企业集团“母子文化”体系整合和管控，就是要实现“文化共性”和“文化个性”的和谐统一。

三、“一主多元”文化管控模式的操作实践

在参与国际国内市场竞争中，加强集团文化管控是实现集团战略的必然要求。子公司必须不折不扣地执行集团公司战略，同时，也必须贯彻执行集团企业文化。但是，企业文化作为一种“软管理”、软实力，必须按照企业文化的基本属性和企业文化建设的基本规律，而不能采取“大一统”“一刀切”的行政命令式管理手段，否则会适得其反。

一方面，如果子公司的企业文化得不到集团公司文化的有效统领和引导，将导致集团公司与子公司难以形成统一的价值取向，这样会削弱集团公司的凝聚力和向心力。另一方面，如果子公司完全按照集团公司企业文化建设要求，一味简单机械地生搬硬套，而不因地制宜、细化执行，就会造成员工被动、生硬地接受集团公司企业文化，企业文化也只是摆形式、走过场。

影响集团文化形成的因素有很多，比如“先有儿子，后有老子”的企业集团会面临集团的文化整合问题；集团下属子公司的业态和地理分布，多元化经营、跨地区发展的集团企业，其价值理念就要受到更多因素的影响；还有行业特点、管理习惯、领导风格，等等。

企业集团“母子文化”管控模式一般分为以下几种类型。

1. 一元型

“母子文化”高度统一。一元型的文化管控基于集团人力资源、企业战略和品牌管理等方面的高度统一，比较典型的代表是连锁经营类企业，像麦当劳、沃尔玛等公司，子公司对母公司的文化几乎没有任何弹性的变动空间。

2. 紧密型

母子公司的文化在主体上一致，但具有一定的弹性空间。母子公司行业及职业的特点相近，没有产生大的外在文化差异，文化管理的内容及方式潜移默化达到一致。这类模式多见于业务相近的集团公司，比如中国电信、中国移动等。

3. 多元型

“母子文化”仅保持基本一致，注重共同价值观的管理。采用这种文化管控模式的一般是多元化战略的集团公司，由于各子公司在业务上的多元化，母公司除了在共同价值观上有所作为外，在其他文化层面上则很难达到高度统一，典型的公司如美国通用电气。

4. 一主多元型

所谓“一主”是指企业文化的统一性，即文化共性，比如集团价值观、核心理念的统一，集团标志、品牌形象的统一等；所谓“多元”是指企业文化的差异性，即文化个性，比如专项文化建设、班组文化建设等。这里有一个如何把握“度”的问题，比如中国国电集团提出企业文化建设“四统一”原则，中石油集团提出了“六统一”原则。

综上所述，多数企业集团“母子文化”管控模式都是一主多元型。如果在集团内不同产业、不同地域的分公司或子公司采取过于统一的企业文化理念，就容易在集团公司的发展中造成僵化的趋势。企业文化建设更重要的是统一企业文化的本质，做法可以根据具体的情况改变。从国际市场角度看，从 20 世纪 80 年代中期到 90 年代中期，大型跨国公司一直都希望产生出一个把集团作为一个整体来看待的全球文化，他们寻求一套统一的价值观、信仰、规则、制度、行动和行为，甚至着装。然而实践证明，文化上的高度一致性是不现实的，所以，大型跨国公司的管理者们陆续接受了“全球思考、本土行动”的文化管控理念。

第十三章　中国工匠精神与劳模精神

在中国传统农耕时代，封建统治者一贯主张“官本位”和“重农轻商”，按照“士农工商”的次序排列，工商业者的地位轻贱，例如《易经》所言：“形而上者谓之道，形而下者谓之器”，以及《论语》所言：“君子不器”。这也是中国历史上工商业不发达的重要原因之一。

在中华人民共和国成立之后，按照社会分工提出了“工农商学兵”的概念；特别是市场经济体制改革，更是对传统的阶级和阶层划分进行了颠覆。工商业已经成为社会经济发展的主要驱动力量。

工业化是中国现代化进程中不可逾越的阶段。“中国制造”是工业化的标志和旗帜，而中国制造业的崛起离不开工匠精神。尤其是 2016 年李克强总理在政府工作报告中提出要培育精益求精的工匠精神，更具有深刻的历史意义和现实意义。

一、工匠精神基本解读

概括来说，工匠精神是一种职业精神、专业精神，也是一种创新精神、创造精神。工匠精神是人类技术文明的结晶，贯穿于人类农耕文明、工业文明以及现代社会文明的整个发展过程之中。

现代工匠精神具有以下基本内涵。

1. 精益求精

注重产品细节，追求完美和极致，不惜花费时间精力，反复改进产品，实现“品质从 99% 提高到 99.99%”。

2. 严谨严格

工作一丝不苟，不投机取巧，必须确保每个部件的质量，对产品采取严格的检测标准，不达要求绝不放弃。

3. 专业专注

不断提升产品和服务，在专业领域上绝对不会停止进步，无论是使用的材料、设计还是生产流程，都要不断完善。

4. 追求卓越

工匠精神的目标是打造最优质的产品、其他同行无法匹敌的产品，从而追求卓越的制造境界。

在全球制造业领域，德国和日本堪称“制造双雄”，而工匠精神也是德日制造业百年成功的一把“钥匙”。

德国工匠精神的第一个特点是“慢”。“欲速则不达”——稳健第一、速度第二。比如科隆大教堂，始建于1248年，直至1880年才由德皇威廉一世宣告完工，耗时超过600年。德国工匠的“慢功细活”打造了完美的哥特式教堂。

第二个特点是“专”。德国约有370万家企业，其中95%都是家族企业。这些家族企业不少是世界某一工业领域的“隐形冠军”，共同特点是都爱“钻牛角尖”。像“螺丝大王”伍尔特，1954年创立时只有几名员工，现在扩展到5万多名员工。它的成功在于，自始至终坚持“单一”产品——螺丝。

第三个特点是“创新”。一款新型汽车可以承载诸多信息和通信技术创新。即使一些小企业也有研发部门。“小改小革”“持续改进”是工匠精神的基本要求。

日本是一个有着“匠人”文化传统的国家。很多企业不论大小，都能够长久地存续发展。据有关资料统计，寿命超过200年的企业，日本有3100多家，居全球之首。而这些“百年老店”的经营模式都不是急着做大做全，而是专注于一个商品或者一种技术。日本工匠精神主要体现在以下几个方面。

第一，专注于核心主业。日本多数企业在经营中都恪守本分，追求精益求精，把产品做到极致，这是工匠精神的基本内核所在。不盲目扩大经营，如果企业过分追求多条腿走路，结果往往适得其反。

第二，做工匠型企业家。丰田公司的创始人丰田佐吉，不仅是杰出的实业家，更是一名工匠、发明家。当年丰田公司开始上汽车项目的时候，美国的汽车已遥遥领先。为了赶超美国，丰田另辟蹊径，从零库存和准时生产切入，研发出了精益管理模式（又称准时生产模式）。

第三，坚持变革创新。工匠们为了做出完美的产品，总是不断雕琢细节，持续改善工艺。说到底，这是一种追求极致的革新精神。做企业更是如此，要想百年不倒就要坚持创新，让自己的技术工艺始终优于对手。

二、中国工匠精神的历史传承

中华文化源远流长、精深博大，更是不乏工匠精神，不仅出现了许多能工巧匠，而且创造了许多流传后世的精品杰作。比如故宫、天坛、长城、都江堰等伟大工程，以及神医华佗、木匠祖师爷鲁班、药王孙思邈、棉纺织家黄道婆、造纸发明家蔡伦、活字印刷发明家毕升等。

但是，现代工匠精神不仅是对历史的传承，而且要适应现代市场经济体制和现代企业管理思想，需要强化产品意识、质量意识、品牌意识，需要强化“做专、做精、做细、做实”的工作作风，需要强化“认真、敬业、执着、创新”的职业追求。

在经济新常态下，中国制造业面临着巨大的机遇与挑战，在供给侧结构性改革过程中，制造业不但要对落后产能升级换代，更要对生产理念进行升级换代，从粗犷式发展向精益求精转变，从以量求存向以质求胜转变，从“山寨”模仿向科技创新转变，让工厂里生产出的每一件产品都成为工业的艺术品。

“十三五”开局之际，培育工匠精神已被提升到国家政策层面，在国家的大力支持下，要学习借鉴工业发达国家的先进理念和经验，通过对工匠精神的传承与重塑，推动“中国制造”转变为“中国创造”，从制造大国升级为制造强国。

三、中国劳模精神的时代风格

1950 年，开国领袖毛泽东同志在第一次全国劳动模范代表大会上，赞扬全国劳动模范“是全中华民族的模范人物，是推动各方面人民事业前进的骨干，是人民政府的可靠支柱和人民政府联系广大群众的桥梁”。

在共和国建设史上，涌现出来了王进喜、时传祥、张秉贵、向秀丽、郭凤莲、王崇伦等一大批先进劳模，他们振奋了中国人的精神和意志，他们的精神代表着一个时代的价值观、道德观和精神风貌，展示了中华民族顽强拼搏、自强不息的崇高品格，体现了我们伟大的民族能够与时俱进、开拓创新的精神风貌。劳模精神成为中华民族精神的有机组成部分。

根据中国社会学家艾君的概括，中国劳模是民族的精英、国家的栋梁、社会的中坚、人民的楷模，劳模是时代的永远领跑者。穿越时代变迁，每一个时期的英模都具有不同的内容和特点，但他们又有共同点，那就是主人翁责任感和艰苦创业精神、忘我的劳动热情和无私奉献精神、良好的职业道德和爱岗敬业精神，这是永远不变的劳模精神的本质。

2015 年，习近平总书记在庆祝“五一”国际劳动节暨表彰全国劳动模范和先进工作者大会上的讲话中指出，“爱岗敬业、争创一流，艰苦奋斗、勇于创新，淡泊名利、甘于奉献”的劳模精神，生动诠释了社会主义核心价值观，是我们的宝贵精神财富和强大精神力量。……我们一定要在全社会大力弘扬劳模精神、劳动精神，大力宣传劳动模范和其他典型的先进事迹，引导广大人民群众树立辛勤劳动、诚实劳动、创造性劳动的理念，让劳动光荣、创造伟大成为铿锵的时代强音，让劳动最光荣、劳动最崇高、劳动最伟大、劳动最美丽蔚然成风。

“幸福都是奋斗来的”。在中国特色社会主义新时代，劳模精神依然是我们高举的精神旗帜。国家的富强，社会的进步，企业的发展，都需要一代代劳模的奉献引领，更需要全体劳动者的奋斗拼搏。弘扬劳模精神，培育工匠精神，振奋企业精神，对于推进中国企业文化建设不可或缺。

【链接：中国女排精神与郎平管理模式】

20 世纪 80 年代，中国女排卧薪尝胆、发愤图强，创造了三连冠的辉煌业绩，打造了一部英雄传奇。“团结奋斗，顽强拼搏，勇攀高峰”的女排精神也应运而生，成为时代的主旋律，激励了无数的中国人。

2016 年里约奥运会女排比赛，中国队仅仅以小组第四的身份惊险出线。但在四分之一决赛“逆袭”巴西，半决赛“复仇”荷兰，决赛“翻盘”塞尔维亚之后，成功夺冠。一部活生生的“英雄归来”，女排精神再次走进大众视野。与 30 多年前相比，除了女排精神的传承，更为关键的是主帅郎平为女排带来的三大突破性新模式，即“上下同心、用人不疑”“汇聚英才、群策群力”和“跨越体制、国际视野”的郎平管理模式。

一、上下同心、用人不疑

孙武在其所著兵法的《谋攻篇》中说“上下同欲者胜”“将能而君不御者胜”，一语道破天机。要获得胜利，首先要解决有想取胜的“上欲”，然后是找到能和“上欲”同心同德的那位“能将”，最后，找到“能将”后就要放手使用，做到用人不疑。说到底，是否能取得胜利，还是取决于那个老生常谈的选人用人问题。

20 世纪 80 年代的女排三连冠，主教练袁伟民居功至伟。他顶住当时的体制压力，大胆启用一批新人，改革训练方法，最终取得傲人战绩。同样，2013 年 4 月，郎平决定参加女排主帅竞聘后提出的第一个条件，就是“充分放权”。可喜的是，她的这一条件终获同意。还记得当时的排管中心领导有一句流传甚广的名言：“我是门外汉，队伍的一切郎导来负责，其他的我来。”

袁伟民、郎平就是孙武所说的“能将”，而选择起用他们的人，还有给予他们如此重大支持的那个“上”，可以想象绝不是简单的体育部门直接领导甚至上一级领导，而是来自中国人共同追求的“中国梦”。只有这样的“上”选择了能够同心同德的“能将”坐镇，点兵操演，指挥自若，披坚执锐，事业才会飞跃式发展。

二、汇聚英才、群策群力

郎平上任以后，首次引入“大国家队”理念，扩大人才储备。中国女排以前十几个人代表一个国家，范围定义太狭隘。自从郎平接队之后，集训的国家队大名单扩大到 30 多人，老中青三结合，每个位置总是保持三到四个人在竞争。这一小小管理范围的转变，改善的不仅仅是运动成绩，更是开启了整整一代青年人对未来的憧憬。由于效果明显，使得上行下效，扩大了地方的人才储备。而且，郎平的带队原则是让人人都能比赛，给每一个人创造显示潜力的机会，在现有体制上进行管理创新，不论大与小，着眼点都放在尽量释放每个球员的能量上。

郎平的“大国家队”理念就是要“聚天下英才而用之”。郎平曾不止一次说过：“希望更多的年轻人去喜欢排球，让排球基础更加强大，更多人参与这项运动，希望女排和男排事业一代代发展下去，再传承给下一代。”

三、跨越体制、国际视野

郎平此番带来的第三大制胜法宝，也是最具有颠覆性创新意义的，那就是人才要在“体制内培养，体制外成长”这一杀手锏！

郎平是地地道道科班出身的排球冠军，是彻彻底底的体制内精英模范。1985 年选择退役后，她本有机会担任北京体委副主任（副局级），但郎平选择了去美国学习体育管理。

为了生存，她去了意大利的俱乐部打球，还帮助他们获得了联赛冠军。在美国办了绿卡后，郎平以 560 分的托福成绩通过了语言关，又经过严格的考试成为新墨西哥大学体育管理专业的研究生。2005 年 2 月，郎平竟然被聘为中国女排的对手——美国女排主教练，这件事在国内引发了轩然大波。最终美国女排在郎平的调教下获得了 2008 年北京奥运会银牌。

直到 2013 年郎平正式执掌中国女排帅印，大家才理解了她的国际化理念。接掌中国女排后，她立刻精准地把握了女排情况，大力开展训练改革，将她在国外执教时运用自如的一些理念经过本土化改造移植到国家队身上，收效明显。她摒弃陈旧模式，对女队员的生活、伤病、假期等都会给予关注，并请来美国专业康复师，根据每个人的身体情况制订相关的训练计划。就这样，一批批联赛中崭露头角的队员被走马灯似地召集到国家队进行轮训，并出现在各种关键的比赛中。包括朱婷、袁心玥等新锐，都是在这种情况下被发掘出来的。正是靠着郎平这种国际化的长效人才培养机制，中国女排未来 8～10 年的人才梯队才逐步构筑起来。

中国女排的成功，不仅仅是女排精神的传承，更是得益于郎平的管理理念和管理模式，这也是她与众不同、看问题多角度而富有创新精神的根本原因。

第十四章　企业社会责任

在经济全球化、市场一体化时代，企业竞争正在打破地域的局限、所有制的局限甚至国家的局限，成为集科技、资本、管理、人力资源等各种生产要素综合创新的经济引擎，造就了一批大型跨国企业集团或者商业帝国。

与此同时，企业的社会责任也成为一个全球性课题。根据现代经济学理论，企业本质上是“一种资源配置的机制”，通过整合企业内部资源和外部市场资源，实现整个社会经济资源的优化配置。这也是企业社会责任的基本逻辑。

企业社会责任仅仅是一种社会义务，还是可以兼容企业的战略目标？这是困扰企业战略选择的一个关键性问题。中外企业实践证明，从企业经营战略目标出发，把企业社会责任纳入战略管理的范畴，与企业各种利益相关者构建利益共同体、责任共同体和命运共同体，不仅推动了企业变革转型，而且提升了企业品牌形象和社会责任形象，走上了一条基业长青之路。

一、企业社会责任概述

企业社会责任是西方学者最早提出的概念，20 世纪 90 年代形成一种社会责任运动。英国学者欧利文·谢尔顿于 1924 年提出，企业社会责任应把公司的社会责任与公司经营者满足产业内外各种人类需要的责任联系起来，并认为公司社会责任含有道德因素在内。

1991 年，美国著名学者阿奇·卡罗尔提出了著名的“企业社会责任金字塔”，认为企业社会责任关系到企业与社会关系的四个不同层面，“企业社会责任包含了在特定时期内，社会对经济组织经济上的、法律上的、伦理上的和慈善上的期望”。

（1）经济责任。对于企业而言，经济责任是最基本也是最重要的社会责任，但并不是唯一责任。

（2）法律责任。作为社会的一个组成部分，社会赋予并支持企业承担生产性任务、为社会提供产品和服务的权力，同时也要求企业在法律框架内实现经济目标。

（3）伦理责任。虽然社会的经济和法律责任中都隐含着一定的伦理规范，但公众社会仍然期望企业遵循那些尚未成为法律的社会公众的伦理规范。

（4）企业自愿执行的责任。社会通常还对企业寄予了一些没有或无法明确表达的期望，是否承担或应承担什么样的责任完全由个人或企业自行判断和选择，这是一类完全自愿的行为，例如慈善捐赠等。

从企业考虑的先后次序及重要性来看，阿奇·卡罗尔认为它是一种金字塔形结构，经济责任是基础也占最大比例，法律的、伦理的以及慈善的责任依次向上递减，如图14-1所示。

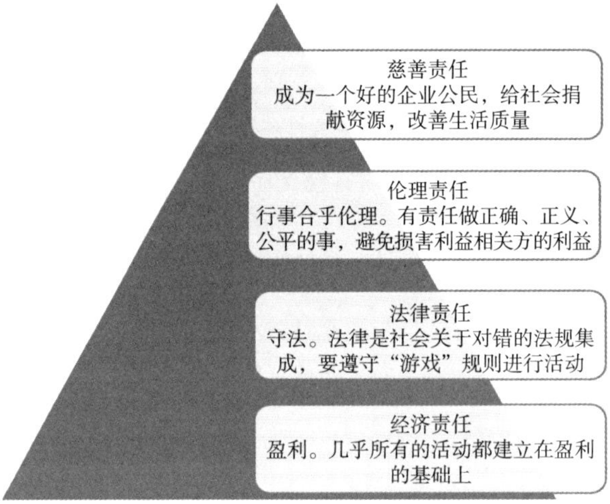

图 14-1 企业社会责任金字塔

1997年，英国学者约翰·埃尔金顿提出了“三重底线”理论，他认为企业行为要满足经济底线、社会底线与环境底线。企业社会责任的内容，可以分为经济责任、环境责任和社会责任。经济责任也就是传统的企业责任，主要体现为提高利润、纳税责任和对股东投资者的分红；环境责任就是环境保护；社会责任就是对于社会其他利益相关方的责任。企业在追求利益目标的同时，要满足“三重底线”，不仅要衡量和报告企业的经济、社会和环境业绩，而且要考虑利益相关方与社会的期望，控制业务活动对社会和环境可能产生的不良影响，追求经济、社会和环境价值的基本平衡。

美国学者戴维斯就企业为什么以及如何承担企业社会责任，提出了一个戴维斯模型。其主要内容如下。

（1）企业的社会责任来源于它的社会权力。由于企业对诸如平等就业和环境保护等重大社会问题具有重大的影响力，因此社会就必然要求企业运用这种影响力来解决这些社会问题。

（2）企业应该是一个双向开放的系统，企业和社会之间必须保持连续、诚实和公开的信息沟通。

（3）企业的一切经营管理活动，包括制造产品和提供服务等，都必须在考虑经济效益的同时，考虑社会成本和效益。

（4）与企业经营管理活动相联系的社会成本，应该最终转移到消费者身上。社会不能希望企业完全用自己的资金、人力去从事那些只对社会有利的事情。

（5）企业作为法人，应该和其他自然人一样参与解决一些超出自己业务范围之外的社会问题。因为整个社会条件的改善和进步，最终会给社会的每一位成员（包括企业法人）带来裨益。

概括来说，企业社会责任是基于企业和社会的关系，特别是企业与各种利益相关者的关系。在公民社会中，要遵循“人人为我、我为人人”的基本逻辑，而“企业公民”也是在这个逻辑下实现企业与社会的共存共荣。

二、企业社会责任运动

20 世纪 80 年代，企业社会责任运动开始在欧美发达国家逐渐兴起，它包括环保、劳工和人权等方面的内容，由此导致消费者的关注点由单一关心产品质量，转向关心产品质量、环境、职业健康和劳动保障等多个方面。一些涉及绿色和平、环保、社会责任和人权等的非政府组织以及舆论也不断呼吁，要求社会责任与贸易挂钩。迫于日益增大的压力和自身的发展需要，很多欧美跨国公司纷纷制定对社会做出必要承诺的社会责任守则，或通过环境、职业健康、社会责任认证应对不同利益团体的需要。

20 世纪 90 年代初期，美国劳工及人权组织针对成衣业和制鞋业发动反血汗工厂运动。在国际劳工组织和人权组织等国际组织的推动下，许多跨国公司相继建立了自己的生产守则，后演变为企业生产守则运动，并且从“自我约束”的“内部生产守则”逐步转变为“社会约束”的“外部生产守则”，企业生产守则运动的直接目的是促使企业履行自己的社会责任。

1997 年，总部设在美国的社会责任国际组织（SCI）发起并联合欧美跨国公司和其他国际组织，制定了社会责任国际标准体系（Social Accountability 8000 International standard，简称“SA8000”）。SA8000 是一种基于《国际劳工组织公约》《儿童权利公约》《世界人权宣言》而制定的，以保护劳动环境和条件、劳工权利等为主要内容的管理标准体系。SA8000 颁布后，在国际社会尤其是西方发达国家很快获得了广泛支持。SA8000 作为社会责任方面的一个认证体系，不仅明确了社会责任规范，而且也提出了相应的管理体系要求。将社会责任和企业管理结合起来，在一定程度上可以规范企业的道德行为，有助于改善劳动条件，保障劳工权益。

随着经济全球化的加剧，企业社会责任得到更多的国家和国际组织等关注。2000 年，在时任联合国秘书长安南的大力倡导下，提出关于企业社会责任的联合国“全球契约”，共包括十项基本原则，涉及人权、劳工标准、环境和反贪污四个方面。其基本内容是：企业应该尊重和维护国际公认的各项人权；绝不参与任何漠视与践踏人权的行为；企业应该维护结社自由，承认劳资集体谈判的权利；彻底消除各种形式的强制性劳动；消除童工；杜绝任何在用工与行业方面的歧视行为；企业应对环境挑战未雨绸缪；主动增加对环保所承担的责任；鼓励无害环境技术的发展与推广；企业应反对各种形式的贪污，包括敲诈、勒索和行贿受贿。

世界银行认为，企业社会责任是企业与关键利益相关方的关系、价值观、遵纪守法以及尊重人、社区和环境有关的政策和实践的集合，是企业为改善利益相关方的生活质量而贡献于可持续发展的一种承诺。国际标准化组织在制定 ISO26000 的工作中提出，“组织社会责任，是组织对运营的社会和环境影响采取负责任的行为，即行为要符合社会利益和可持续发展要求，以道德行为为基础，遵守法律和政府间契约，并全面融入企业的各项活动”。

2007 年国务院国资委发布的《关于中央企业履行社会责任的指导意见》指出，“积极履行社会责任，把社会责任理念和要求全面融入企业发展战略、企业生产经营和企业文化，有利于创新发展理念、转变发展方式，有利于激发创造活力、提升品牌形象，有利于提高职工素质、增强企业凝聚力，是中央企业发展质量和水平的重大提升”“坚持履行社会责任与创建和谐企业相统一，把保障企业安全生产、维护职工合法权益、帮助职工解决实际问题放在重要位置，营造和谐劳动关系，促进职工全面发展，实现企业与职工、企业与社会的和谐发展”。

2008 年中国工业经济联合会发布的《中国工业企业及工业协会社会责任指南》指出，企业社会责任应包含企业对政府的责任，对利益相关方的责任，对消费者的责任，对社会、资源、环境、安全的责任，以及保护弱势群体、支持妇女权益、关心保护儿童、支持公益事业等。

概括来说，企业社会责任是在一定时期社会赋予企业的经济、法律、伦理以及人道主义的期望，包括遵纪守法、保护环境、保护消费者权益、保护劳工的基本权利和人权、支持慈善事业、捐助社会公益、保护弱势群体等，使企业在追求自身利益的同时，关注消费者、股东、员工、政府和社区等相关利益者的需要。

企业履行社会责任有助于解决就业问题。除了通过增加投资、新增项目扩大就业外，最重要的是提倡各企业科学安排劳动力，扩大就业门路，创造不减员而能增效的经验，尽量减少把人员推向社会而加大就业压力。

企业履行社会责任有助于保护资源和环境，实现可持续发展。企业通过技术革新可以减少污染，降低能耗，节约资源，还可通过公益事业与社区共同建设环保设施，以净化环境，保护社区及其他公民的利益。

企业履行社会责任有助于缓解贫富差距，消除社会不安定的隐患。一方面，可以对贫困地区的资源进行开发，解决当地劳动力和资源闲置的问题；另一方面，也可通过慈善公益行为帮助落后地区发展教育、社会保障和医疗卫生事业。

企业通过履行社会责任，不仅提升了企业的社会责任感和使命感，同时也在一定程度上开发了企业的经济增长点，提升了企业的社会道德形象、品牌形象和消费者的认可程度，形成企业的市场竞争优势。

企业社会责任的主要内容包括以下几个方面。

1. 企业对政府的责任

在现代社会，政府越来越演变为社会的服务机构，扮演着为公民和各类社会组织服务和实施社会公正的角色。在这种制度框架下，要求企业扮演好社会公民的角色，自觉按照政府有关法律、法规的规定，合法经营、照章纳税，承担政府规定的其他责任和义务，并接受政府的监督和依法干预。

2. 企业对股东的责任

随着股份制改革的进行，股东和股民队伍遍及社会生活的各个领域，企业对股东的责任也具有了社会性。企业应严格遵守有关法律规定，对股东的资金安全和收益负责，力争给股东以丰厚的投资回报；同时，企业有责任向股东提供真实、可靠的经营和投资方面的信息，不得欺骗投资者。

3. 企业对消费者的责任

企业利润的最大化最终要借助于消费者的购买行为来实现。满足消费者的物质和精神需求，是企业的天职，也是企业对消费者的社会责任。对消费者的社会责任，要求企业对提供的产品质量和服务质量承担责任，不得欺诈消费者和牟取暴利，在产品质量和服务质量方面自觉接受政府和公众的监督。

4. 企业对员工的责任

企业对员工的责任属于内部利益相关者问题。企业必须以相当大的注意力来考虑员工的地位、待遇和满足感。一方面要保障员工的工资收入、劳动安全、法定休假、保险福利等，另一方面也要帮助员工实现职业成长，建立管理通道、技术通道等，提高员工的凝聚力和归属感。

5. 企业对资源环境和可持续发展的责任

实践证明，工业文明在给人类社会带来前所未有的繁荣的同时，也给我们赖以生存的自然环境造成了灾害性的影响。而企业对自然资源的消耗和自然环境的污染承担着主要的责任，企业必须通过转型发展，加大对资金、技术和设备的投入，切实保护和优化自然环境，实现人类社会的可持续发展。

6. 企业对社区的责任

企业是社会的组成部分，更是所在社区的组成部分，与所在社区建立和谐融洽的关系是企业的一项重要社会责任。企业要积极回馈社区，比如为社区提供就业机会、提供慈善捐助、公开企业经营的有关信息等。世界著名的管理大师哈罗德·孔茨和海因茨·韦里克认为，企业必须同其所在的社会环境进行联系，对社会环境的变化做出及时反应，成为社区活动的积极参加者。

三、中国脱贫攻坚战与企业社会责任实践

中国历史上一直崇尚“大同”“天下为公”的社会理想，如《礼记·礼运》所言，“大道之行也，天下为公。选贤与能，讲信修睦，故人不独亲其亲，不独子其子，使老有所终，壮有所用，少有所长，鳏寡孤独废疾者皆有所养……是故谋闭而不兴，盗窃乱贼而不作，故外户而不闭。是谓大同”，著名社会学家费孝通先生也说，“各美其美，美人之美，美美与共，世界大同”。这种文化基因也在一定程度上影响了中国近代的维新变法思想和中国民主革命的历史进程，比如康有为的《大同书》和“公政府”思想、孙中山的“天下为公”和“三民主义”思想，以及在中国共产党领导下最终建立社会主义制度的道路选择。

肇始于 20 世纪 70 年代末的中国改革开放政策，与经济全球化趋势交融在一起，中国企业也从计划体制向市场体制转轨，成为具有独立法人资格的市场主体。特别是中国 2001 年加入 WTO 以后，中国企业的国际化进程加快，成为推动经济全球化、市场一体化的重要力量。

中国企业社会责任具有不同于欧美国家企业社会责任的鲜明特征。

1. 企业和执政党的关系

我国宪法明确规定了中国共产党的领导地位，2019 年 12 月 30 日中共中央发布《中国共产党国有企业基层组织工作条例（试行）》，规定国有企业应当将党建工作要求写入公司章程，写明党组织的职责权限、机构设置、运行机制、基础保障等重要事项，明确党组织研究讨论是董事会、经理层决策重大问题的前置程序，落实党组织在公司治理结构中的法定地位。

2. 企业和政府的关系

企业和政府的关系，是一个比较敏感的话题。所谓“政者，正也”“在商言商”，政府是行使公权力的机构，追求公共利益最大化；而企业是追求企业利益最大化，公有制条件下的企业需要担负政治责任，既需要“找市场”，也需要“找市长”，但不能逾越法律底线。

3. 企业和社会的关系

企业需要履行法律之内的经济责任，比如向国家纳税、解决社会就业、保障职工权益等，但同时也要履行法律责任之外的道德责任、公益责任等，比如抗震救灾、抗洪救灾以及脱贫攻坚的社会责任等。这种道德责任和公益责任虽然不是法定义务，但是备受大众媒体和社会舆论的关注，对于提升企业知名度和美誉度、塑造企业品牌形象十分重要。

4. 企业和员工的关系

在公有制条件下，企业员工的权利和义务不仅受到《中华人民共和国劳动合同法》的保障，而且受到《中华人民共和国工会法》的保障。比如国有企业中的职工代表大会制度、合理化建议制度，以及共青团组织、妇联组织等，也会从不同的方面保障劳动者的各种权益。

中国建立以公有制为主体的社会主义市场经济体制，企业特别是国有企业不仅担负着一般意义上的经济责任，而且担负着政治责任、党建责任、道德责任、环保责任、社会公益责任等。在中国企业履行社会责任过程中，不仅要从企业战略层面制定企业社会责任战略、企业文化战略等，而且要从国家战略层面强调企业战略规划与国民经济和社会发展规划的有机统一，构建和实践企业社会责任文化。

2015 年 11 月 27 日至 28 日，中央召开扶贫开发工作会议。习近平总书记强调，消除贫困、改善民生、逐步实现共同富裕，是社会主义的本质要求，是我们党的重要使命。全面建成小康社会，是我们对中国人民的庄严承诺。2015 年 11 月 29 日，中共中央国务院发布《关于打赢脱贫攻坚战的决定》。2018 年 8 月 19 日，中共中央国务院发布《关于打赢脱贫攻坚战三年行动的指导意见》。2019 年 10 月，国务院决定成立国家脱贫攻坚普查领导小组，加强对国家脱贫攻坚普查工作的组织领导和统筹协调。

扶贫开发事关全面建成小康社会，事关人民福祉，事关巩固党的执政基础，事关国家长治久安，事关我国国际形象。全面建成小康社会，最艰巨的任务是脱贫攻坚，最突出的短板在于农村还有 7000 多万贫困人口。可以说，全面建成小康社会，实现第一个百年奋斗目标，农村贫困人口全部脱贫是一个标志性指标。

在这种形势下，中国许多企业越来越重视履行企业社会责任，采取结对扶贫、驻村扶贫、精准扶贫等多种形式，并通过发布企业社会责任报告，或者企业公民报告、可持续发展报告等，根据企业业务情况，把脱贫攻坚当成一项重大的政治任务、社会任务和企业战略任务。

企业社会责任报告指的是企业将其履行社会责任的理念、战略、方式方法，其经营活动对经济、环境、社会等领域造成的直接和间接影响、取得的成绩及不足等信息，进行系统的梳理和总结。企业社会责任报告是企业非财务信息披露的重要载体，是企业与利益相关方沟通的重要桥梁。

企业编制企业社会责任报告实际上就是一个建立预警机制的过程，它促使企业发现顾客、供应链、社区等管理过程中存在的风险和问题，有助于管理层防患于未然。同时，企业应以更具战略意义的方式将财务、生产、营销和研发等职能部门联系起来，改善管理。如从人力资源的角度来看，通过关爱员工、培训员工、组织员工进行志愿服务等企业社会责任行动，能够增强员工凝聚力、储备公司人才、培养员工责任感，最终提升公司的人力价值；从市场的角度考虑，通过培育新兴市场和公益营销等行动，企业可以扩大市场规模；从技术进步的角度讲，采用新技术、开发环境友好型产品等是保持产品和技术不断创新的动力。

概括来说，中国企业的社会责任更注重集体主义的价值导向，更为关注国家利益和社会公众利益，这是中国特色社会主义制度所决定的。同时，在经济全球化时代、社会大变革时代以及新技术革命时代，人类社会已经构成了一个你中有我、我中有你的命运共同体，无论是西方国家的企业社会责任实践还是中国脱贫攻坚战中的企业责任实践，都需要更为宏观的国际化视野，在文化碰撞中实现文化融合，这是企业社会责任和企业战略抉择的大趋势。

【链接：新时代中国企业文化建设新趋势】

党的十九大提出“中国特色社会主义进入新时代”的论断，指出社会主要矛盾从

“人民日益增长的物质文化需要同落后的社会生产之间的矛盾”已经转化为“人民日益增长的美好生活需要和不平衡不充分的发展之间的矛盾”。这标志着自从1978年党的十一届三中全会开启中国改革开放历史新时期之后，又一具有重大历史意义的新时代的到来。

这对中国企业文化建设提出了新的目标和任务，新时代企业文化也呈现出新趋势。从本质上说，企业文化理论从诞生之日起，既属于管理学范畴，是一种先进的管理理论和管理方法；也属于社会学范畴，是对企业作为社会经济组织的人格化塑造，是对企业赖以生存的政治环境、经济环境、市场环境等的社会化折射。

概括来说，企业文化作为企业倡导并践行的价值理念，是社会主导价值理念的个性化阐释与表达。在中国特色社会主义新时代，中国企业的价值导向、驱动方式、市场竞争和企业生态具有以下新趋势。

一、价值导向：从利润导向转为社会导向

价值导向是企业文化的核心内涵，企业价值理念体现了企业文化的基本诉求。以利润为导向的企业价值理念，把企业视为纯粹的经济组织、营利组织，把客户和员工视为纯粹的经济生物、经济人，追求企业利润指标、个人财富增长，所以造成许多为富不仁、贫富对立的社会问题。而以社会为导向的企业价值理念，则把企业视为社会组织，把企业视为社会责任主体、社会公民，追求社会进步、民族复兴、企业发展和员工成长。

在中国从“站起来”“富起来”到“强起来”的探索发展过程中，经过了计划经济阶段、有计划的商品经济阶段、市场经济阶段等，人们的思想观念、企业的价值理念也在不断地调整和创新。我们一方面需要学习借鉴西方先进的管理思想和管理方式，但是另一方面还需要坚持“天下为公”“世界大同”“和谐社会”的社会理想和中华民族复兴的“中国梦”。

二、驱动方式：从利益驱动转为责任驱动

从社会学的角度来说，人既是自然人，更是社会化的人。人是一个个独立的个体，但每一个人都需要在社会关系中生存和发展。根据弗洛伊德“本我”“自我”“超我”的精神分析理论，以及亚伯拉罕·马斯洛的需求层次理论，人的精神境界是一个不断超越的过程。

对于企业来说，企业作为社会经济组织，追求利益最大化是本能的需要，但是随着社会的进步、经济的发展，强化社会责任意识、积极履行社会责任已经成为企业的

时代使命。社会责任是指企业承担的高于企业自己目标的社会义务，是基于道德和良知的社会义务。中国社科院2011年发布的《中国企业社会责任报告》提出，社会责任指的是从责任管理、市场责任、社会责任和环境责任等四个方面评价企业社会责任发展水平。

三、市场竞争：从硬实力竞争转为软实力竞争

习近平总书记关于“提高国家文化软实力”的阐述，体现在努力夯实国家文化软实力的根基、努力传播当代中国价值观念、努力展示中华文化独特魅力、努力提高国际话语权四个方面。这是我国建设和谐世界思想的重要组成部分，更是实现中华民族伟大复兴的重要前提。

无论是国家之间的竞争，还是企业之间的竞争，软实力已经成为一个十分重要的指标。就目前中国企业而言，仍然是重硬实力、轻软实力，重有形资产、轻无形资产。企业硬实力是以物化形式存在的要素，是衡量企业做大做强的客观标准，例如企业设施、资本、人员、经济规模等。企业软实力是相对硬实力而言的非物化要素，是企业发展不可或缺的支撑要素，是最终实现企业运营效能最大化的关键能力。企业软实力主要表现为原动力、感召力、规划力、共识力、执行力、管控力六大能力的协调联动。在市场竞争中，企业软实力集中体现为文化软实力和品牌软实力的竞争。

四、企业生态：从经济共同体转为人文共同体

企业像生物一样，有自己的生态系统。企业注册之后成为企业法人，企业就在法律上获得了一种拟人化资格。企业有自己的名称、住址，有自己的组织机构和组织成员，并且与政府主管部门、社区机构、合作伙伴、竞争者、消费者以及企业员工等各种利益相关者发生各种各样的关系，从而构成一个经济共同体。

企业在生态系统中要保持竞争与协同的统一。一方面，企业在竞争中得到进步，寻找生存空间；另一方面，企业之间、企业与环境之间存在相互依赖的关系。企业面临的一个重要问题就是处理好协同竞争的关系，注重企业之间的协调、合作关系，与环境协同进化。

企业不仅要担负经济功能，而且要担负社会责任功能、文化塑造功能。企业不仅要通过营利实现自身生存和发展，而且要担负产业报国、解决就业、扶危济贫、保护环境、创造社会福祉的责任，更要从关注人文生态的角度，在企业发展的同时，培育积极向上的价值理念，传播优秀先进的思想文化，提升人的综合素质和能力，追求员工职业成长、社会繁荣进步，从而构建文化共同体。

实战篇

在企业文化咨询实践中，必须确立企业文化路线图和方法论。

从企业文化需求分析，到企业文化定位整合、企业文化调研诊断、企业文化体系构建、企业文化规划实施，构成了企业文化工程设计蓝图。

在企业文化建设过程中，采用企业文化四层次建设模式：一是理念文化，这是核心文化，没有价值理念，就是“僵尸企业”；二是行为文化，这是动态文化，是对价值理念的实践过程；三是制度文化，这是固态文化，是对价值理念的制度呈现；四是品牌文化，这是软实力文化，“以文化塑造品牌，以品牌彰显文化”，从而创造企业无形资产价值，提升企业品牌竞争力。

在企业文化管理过程中，采用企业文化四要素管理模式：一是文化要素，强调文化引领，坚持以人为本的管理思想，明确企业价值导向和行为导向，这是文化管理的基础；二是战略要素，强调战略协同，推进企业文化战略，把文化管理纳入战略管理的范畴，明确目标愿景和使命陈述，进行目标分解和落地执行；三是人才要素，强调人力资源支持，推进企业人才战略，培植人才文化，通过团队建设、学习型组织建设等，建立高绩效管理团队和员工队伍；四是考核要素，强调文化考核评价，制订企业文化年度工作计划，把企业文化工作绩效纳入企业考核评价体系，推动企业文化 PDCA 管理循环。

在企业经营管理实践中，企业文化建设和企业文化管理是紧密融合在一起的，并不存在一条“天然鸿沟”，所谓“横看成岭侧成峰”，只是角度不同而已。我们必须从企业实际出发，而不是从概念出发，才能占领文化的制高点、管理的制高点和竞争的制高点。

第十五章　企业文化咨询导入时机：了解需求，做好定位

一般而言，导入企业文化咨询是因为企业出现了“文化矛盾”，而需要借助于外部专家力量进行“文化干预”。这些“文化矛盾”出现的时机，就是企业文化咨询导入的时机。比如企业改制上市、企业战略调整、企业兼并重组、企业领导人更换或者企业出现重大危机等，都会引发“新文化”与“旧文化”之间的矛盾，需要进行文化创新、文化融合、文化重构，等等。

在企业文化咨询导入过程中，需要解决三个方面的问题。

第一，把握企业文化的本质属性，主要包括管理学属性和社会学属性。这样才可以从本质上解决企业文化咨询的问题，避免“盲人摸象”的盲目性，“小马过河”的主观性，以及“头疼医头、脚疼医脚”的片面性问题。

第二，把握企业文化的需求动机，这是客户导向、问题导向，也是心理导向。就是说要洞悉客户的心理需求，换位思考，设身处地，帮助客户解决企业文化实际问题。比如对于方案 A 或者方案 B，“没有对错，只有选择”。

第三，把握企业文化的个性定位和企业领导风格。企业文化的魅力在于企业文化的个性化内涵，以及企业领导者的个性化风格。定位不精准，个性不张扬，不与领导者风格相契合，企业文化就会流于“千人一面”“雷同化”。

一、企业文化本质属性：管理学属性和社会学属性

众所周知，企业文化的概念是美国人提出的、日本人实践的。但准确来说，应该是日本人实践的、美国人提出的。而此后，在中国兴起了一轮又一轮的“企业文化热”，关键的原因主要有以下几个。

第一，政府和协会组织的推动。中国改革开放之初就提出“政企分开”，在党和政府的报告中都提到过企业文化建设问题，同时在国内也形成了许多推进企业文化的协会、学会和研究会组织。

第二，企业思想政治工作的转型。国有企业中的思想政治工作部、党委工作部、党委宣传部在改革之后，面临职责重新定位的问题，企业管理的发展趋势要求思想政治工作进入企业文化建设领域，很多企业的政工部门便改成了企业文化部、企业党群部。

第三，社会大众对“文化标签”的向往。“文化”是一个十分亮丽的字眼，是气质的象征，是内涵的象征。如果说一个人没文化，简直是当众打他的脸；如果说一个企业没文化，则是对企业领导者的极大羞辱。所以，企业标语、企业口号甚至几乎千篇一律的企业精神，在中国大行其道。

管理咨询发源于英美国家，是由一些管理思想家和管理专业者帮助企业提高生产效率和管理效率，提出管理解决方案，主要包括企业战略管理咨询、人力资源管理咨询等。中国改革开放之后，学习借鉴西方国家的管理方式和管理经验，管理咨询业开始兴起，国外大牌管理咨询公司开始进入中国市场，本土管理咨询公司也如雨后春笋一样茁壮成长起来。

此时，企业文化咨询也在中国应运而生。但是企业文化咨询不同于企业管理咨询。从学术理论上，企业文化被当作一种先进的管理理论和管理方式。在企业实践中，企业文化又与企业思想政治工作、企业党委宣传工作、企业精神文明建设等紧紧纠缠在一起。

企业文化咨询的形式多种多样，既有“学院派”，即大学教授或博导带研究生弟子的咨询方式，又有“协会派”，即各种协会、学会、研究会组成专家团队的咨询方式，还有“公司派”，即一些管理咨询公司在战略管理咨询和人资管理咨询之外开拓的企业文化咨询业务市场。

在中国企业文化咨询业务实践中，需要把握企业文化的两大本质属性：其一，管理学属性，是说企业文化是一种管理思想、管理理论和管理方式，称之为企业文化管理；其二，社会学属性，是说企业文化是社会文化的有机组成部分，涉及企业精神文明建设、物质文明建设，企业社会责任、企业公共关系、企业形象传播等综合性内容，称之为企业文化建设。

毋庸置疑，无论是企业文化管理还是企业文化建设，对于中国企业的做大做强抑或做强做大都发挥了十分重要的作用。“小企业，大社会”，在企业文化咨询过程中，作为专业咨询工作者，不断走进一个又一个中国企业，其中发现的“那些人、那些事”，不仅揭示了企业的文化生态，而且也折射了整个社会的文化生态。

二、企业文化需求动机：是雪中送炭，还是锦上添花

在中国改革开放的历史上，曾经有计划经济、有计划的商品经济以及市场经济的诸多争论，但最终还是选择了市场经济的发展道路。实践证明：市场经济的效率和活力，驱动了中国的经济崛起，并走向民族复兴之路。

企业文化也是一种市场需求，但是企业的需求动机多种多样，大体可以分为以下几种。

第一，企业战略变革的需求。企业战略变革，目标和方向发生了重大变化，那么此时作为动力引擎的企业文化就需要一套新的价值理念，“小马拉大车”肯定会力有不逮。

第二，企业体制变革的需求。当企业体制发生变革，例如股份制改造、改制上市等，企业的领导体制、法人治理结构将会发生重大变化，这时企业的愿景、使命、价值理念等就必须进行重构。

第三，企业兼并重组的需求。不同的企业整合成一个企业，不论是大吃小还是小吃大，都会产生文化冲突，也必然需要文化融合、文化整合，否则就会有内斗之患。

第四，企业领导者更换的需求。关于企业领导者的更换，则是一个更为复杂的问题。就国企而言，一个成功的企业领导者必须是一个强势的领导者，不仅需要商业智慧和管理智慧，更需要政治智慧和文化智慧。只有经营业绩和管理效率是不够的，还需要讲政治大局、讲社会责任、讲领导艺术。一个继任领导者，如何对待前任领导者的政治遗产和文化遗产，是一个兼具战略性和策略性的重大课题。根据说服学的一般规律，“先肯定他人，后提出建议，再肯定自己”是一个屡试不爽的选择。在这个过程中，必须建立一套新的战略目标体系和文化理念体系，就是说通过战略变革和文化变革，实现统一目标、统一思想、统一行动。

除了企业自身的文化需求之外，企业领导者的需求动机也是多种多样的。按照企业文化基本理论，企业文化是一种组织文化，企业文化建设是一种组织行为；但是从企业文化管理的角度来说，企业文化又属于战略管理的范畴，企业文化管理是一种领导行为。领导者的三大责任就是“抓战略、抓人才、抓文化”。

“雪中送炭”固然是企业客观性的需求，而“锦上添花”也需要企业领导者的主观考量。因此，在企业文化建设实践中，主要是采取以下几种方式。

第一，提升企业家形象。企业文化凝聚着企业领导者的经营管理思想，以及对人

生哲学、信仰、价值、使命的人文思考。

第二，提升企业品牌形象。企业文化具有形象塑造和传播的功能，“文化塑造品牌，品牌彰显文化”，这是企业重要的无形资产价值。

第三，提升企业社会责任形象。企业文化是社会文化的有机组成部分，强化企业使命和责任，可以提升企业的员工凝聚力、客户忠诚度和社会感召力。

第四，提升企业文化软实力和竞争力。企业文化“润物无声、静水深流”，对于人来说，“腹有诗书气自华”，对于企业来说，有格局、有视野、有境界、有文化的企业，自然也会无往而不胜。

“幸福的家庭都是相似的，不幸的家庭各有各的不幸”。同理，成功的企业都是相似的，失败的企业各有各的原因。重视企业文化，不会保证企业一定实现从优秀到卓越的跨越，但是蔑视企业文化，结果你知道的。

三、企业文化个性定位：不一样的企业，不一样的文化

众所周知，企业文化碰到的最大问题就是“同质化”“脸谱化”问题。千篇一律的企业精神，大同小异的企业核心价值观，似曾相识的经营管理理念，在很多《××企业文化手册》中比比皆是。

“存在即合理”。特别是在国有企业中，相同的体制机制，相同的组织结构，相同的企业战略方针，加之“统一思想、统一理念”的政治、经济和社会背景，很容易形成“统一文化”的现象。

但是，企业文化的主体是一个个具有独立法人资格的市场主体，企业文化不是政治文化，也不是社会文化。企业有自己独特的创业成长历史，有自己独特的业务领域、产品领域或服务领域，特别是不同的企业领导者（或企业家、职业经理人）有自己独特的管理思想和经营策略，也必然有自己独特的企业文化。

企业文化定位，就是要从企业所处的成长发展阶段、企业所处的行业属性特征、人力资源的能力素质特征、客户和消费者的群体特征，特别是企业领导者对于自身企业文化的深层思考出发，概括提炼企业文化的个性化价值要素，从而形成企业文化的个性化定位，在企业员工、客户、消费者以及社会公众心目中塑造独树一帜的文化诉求和企业形象。

人们经常说“企业文化就是企业家文化”“企业文化就是一把手文化”，的确是这样的，在很大程度上，企业家的价值理念决定着企业的价值理念，企业家的管理风格决定着企业的管理风格。当然，强调企业家的文化主导作用，并不否定企业员工的文

化主体作用。

在我们的咨询实践中，把企业领导者（企业家或企业一把手）根据其能力素质、管理风格以及个性魅力，大体分为以下几种类型。

第一，领袖型企业领导。这是企业领导者的最高境界。主要特征：教父（大师）的角色，具有高超的领导能力和领导艺术；有思想，有视野，有格局，有境界，有魅力；可以远观，不需近前；让人膜拜，崇拜者众多；需要花大力气培养接班人或继任者。

第二，权威型企业领导。这是具有较强控制力的企业领导者。主要特征：君王（统治者）的角色，能力很强、能量很大、雷厉风行、不容挑战；压力很大，时刻绷紧神经，但是成长很快；如果决策失误或风险不可控，领导者和企业会有灭顶之灾；必须有内部智囊团和外部智囊团的支持。

第三，民主亲和型企业领导。这是宽厚仁爱的企业领导者。主要特征：家长（教练）的角色，宽以待人、严于律己、事必躬亲、甘为表率；民主决策，团队建设，人文关怀，营造大家庭的和谐宽松氛围；下属会如沐春风，健康成长，也会对领导者死心塌地；容易“人情大于法”，必须强化制度意识、规则意识。

第四，智慧创新型企业领导。这是个性张扬的企业领导者。主要特征：风云人物（明星）的角色，思维活跃、行动果断、敢于挑战、魅力四射；善于学习，善于思辨，善于沟通，有领导力、执行力和形象感召力；下属会被感染、被熏陶、被激励，但也会感觉比较累；容易膨胀而失去控制，背后需要一个强大的决策团队和顾问团队。

第五，守成稳健型企业领导。这是求稳不求变的企业领导者。主要特征：平庸者（老实人）的角色，安全第一、稳健第一、控制底线、墨守成规；一般在企业成熟发展阶段，缺乏危机意识、创新意识、挑战意识；下属会感觉比较舒服，但是没有成就感，“嚼之无味，弃之可惜”；需要强化变革和创新，推进二次创业、再创业战略。

上述五种类型特征，有典型的企业领导者，也有非典型的企业领导者，不同类型特征之间也有部分是互相交叉的。在解决企业文化定位问题时，需要考虑企业领导者在思想信仰、价值理念、决策方式、管理风格等方面的个性特征，同时也要考虑企业自身的文化基因、文化传承以及企业经营管理者队伍和员工队伍的集体性文化个性特征，不要掉入“只见树木、不见森林”“龙生龙、凤生凤、老鼠的儿子会打洞”的坑里。

第十六章　企业文化调研：纵横分析，望闻问切

企业文化调研工作，一般包括以下几个方面。

第一，企业文化历史调研，主要包括企业创业成长历程以及不同发展阶段的文化特征。通过调研，才能知道企业“从哪里来”“到哪儿去”“初心是什么”“基因是什么”，解决企业文化积淀和企业文化基因的问题。

第二，企业文化现实调研，主要把握企业经营管理现状和企业文化建设现状，从企业体制、组织结构、企业战略、人力资源等方面进行综合分析，解决企业体制、战略、人才、文化的“四套马车”如何并驾齐驱的问题。

第三，企业文化量化测评，主要通过企业文化测评模型和测评工具，对企业文化进行量化分析和评价，如丹尼森组织文化模型、奎因竞争性价值分析模型等，对企业文化氛围、员工满意度以及价值导向等进行测评诊断。

第四，企业文化优劣势分析，主要包括企业高层领导者团队、中层和基层管理者团队，以及员工队伍的思想状况和素质能力分析，挖掘企业文化的优秀元素，淘汰企业文化的劣质元素，以及提出企业文化的创新元素等。

第五，企业文化战略措施建议，根据企业文化调研诊断分析结论，针对企业文化建设存在的问题，从企业文化战略创新的角度，提出企业文化建设的战略举措，为下一步提出企业文化解决方案和规划实施提供基本思路。

一、历史调研：追根溯源，前世今生

“没有调查研究就没有发言权”。企业文化调研是企业文化建设的基础工作，调研越深入、越充分，对于企业文化的把握也就越准确、越全面，也就越能发现问题、解决问题。

从调研对象来说，主要包括高层调研、中层调研、员工层调研，以及离退休人员调研等。企业文化的关键在人，关键在于达成员工群体的理念共识，否则企业文化就是“无源之水、无本之木”。

从调研方法来说，主要包括面对面访谈、集中座谈、问卷统计、资料分析、现场考察等。就具体的企业个案而言，调研方法和手段也不尽一致，就如俗话所说“杀猪捅屁股，各有各的道”。

“吃水不忘挖井人”“前事不忘，后事之师”。企业文化调研的第一步，是对企业创业历史和发展历程的梳理和概括。

根据企业生命周期理论，企业的生命周期一般可分为四个阶段：创业期、成长期、成熟期、衰老期。在企业文化调研过程中，需要对企业的发展历程进行阶段划分，并对不同发展阶段的基本特征和文化积淀进行挖掘和提炼。

企业成长周期理论与企业文化理论都是诞生于 20 世纪 80 年代。美国管理思想家伊查克·爱迪思通过多年研究企业如何发展、老化和衰亡问题，把企业生命周期分为 10 个阶段，即：孕育期、婴儿期、学步期、青春期、盛年期、稳定期、贵族期、官僚化早期、官僚期、死亡期，并概括了企业生命周期不同阶段的特征，试图解决企业如何实现基业长青的问题。这是值得企业经营管理者重点关注的一个问题。

在企业文化调研实践中，企业文化一般体现出以下阶段性特征。

1. 创业阶段的文化特征

创业伊始，都是创业者们具有创业目标、创业理想和创业激情的时期。无论是计划经济年代还是市场经济年代，都是如此。

比如中国石油行业的“大庆精神”“铁人精神”。1960 年，经中共中央批准，拉开了轰轰烈烈的“中国石油大会战”的序幕，3 万名退伍军人和全国 37 个石油厂矿院校的 4 万人举行誓师活动。工人们说，“有条件要上，没有条件创造条件也要上！”从而对整个中国石油行业产生了深远的影响。

再如中国地质行业的“三光荣精神”“四特别精神”，即“以献身地质事业为荣、以艰苦奋斗为荣、以找矿立功为荣”“特别能吃苦、特别能忍耐、特别能战斗、特别能奉献”，也成为中国地质行业优秀的文化传承。

2. 成长阶段的文化特征

在企业成长阶段，大多数企业走上了经营发展的快车道。特别是在改革开放的大形势下，中国经济持续快速发展，也给企业的跨越式发展提供了前所未有的市场机遇。

这一时期，许多企业制定了做大做强的宏伟目标。“解放思想、更新观念”成为企业文化的主旋律。企业倡导“团结、拼搏、求实、奉献”的企业精神。在企业探索发展过程中，也会出现很多矛盾和问题，企业针对此又提出“发展中的问题，在发展中解决”，成为这个时期的共识。

对于从计划体制向市场体制转轨的国有企业来说，也会经历职工下岗再就业的“阵痛期”，接受市场经济残酷无情的洗礼。随着国企改革的深化，许多国企“脱胎换骨”，逐步建立起现代企业制度，并形成了一系列现代化企业的经营管理思想理念。

3. 成熟阶段的文化特征

在企业成熟、稳健发展阶段，“现代化、科学化、规范化、标准化”是这一时期的主要特征。企业建立了比较完善的法人治理结构以及战略管理制度、人力资源管理制度，注重员工培训，实行绩效考核，提出了企业经营理念、管理理念、安全理念、服务理念、科技理念、环保理念等一系列文化理念体系。

强化社会责任意识、倡导做企业公民也成为这一时期的重要标志。企业是社会经济组织，是社会的一分子，必须担负社会责任和时代责任。许多企业提出了“崇德向善、以德配天”“扶危济困、报效社会”的社会责任理念。

值得注意的是，企业进入成熟阶段之后，也会在某种程度上患上官僚主义和患得患失、不思进取的“大企业病”。这是进入衰退期的前奏，是极其危险的信号。高超的企业领导者大多会提出“管理变革、文化变革、企业再造”等思想，推进企业二次创业或三次创业，实现持续创新、基业长青的目标。

概括来说，人有生老病死，企业作为社会有机体，也存在荣辱兴衰。但是衰老期的企业不是我们的调研主体，我们更多关注的是企业如何创造文化的活力，激发基业长青的动力。北京同仁堂是全国中药行业著名的老字号，在 300 多年的风雨历程中，始终恪守“炮制虽繁必不敢省人工、品味虽贵必不敢减物力”的古训，一方面传承文化，另一方面与时俱进，成为基业长青的典范。

二、现实调研：体制、战略、人才与文化“四套马车”

鲁迅先生有一句名言：“人必生活着，爱才有所附丽。”企业文化作为企业的灵魂，也必须有所附丽，必须在企业体制、企业战略、人力资源和企业文化四个方面建立良性的互动关系，打造企业多拉快跑的“四套马车”。

从四者的逻辑关系分析，体制为企业的生存和发展提供根本性的制度支持，是企业运营的基础；发展战略的本质是发展道路的选择和核心竞争能力的培育，是企业未来发展的航标和指针；人力资源是企业发展的第一资源，意志统一而执行有力的人才队伍是企业不断做大做强的关键；而企业文化决定了企业员工共同的价值导向和行为方式，是企业持续发展的根本动力。

1. 企业体制分析

企业体制主要包括企业产权制度、法人治理结构以及管理制度等。

在中国改革开放之前和之后，企业体制存在很大的差异。众所周知，在计划经济体制时期，基本上是政企不分，企业是政府的附庸，而不是独立的法人。

在市场经济体制改革过程中，我国制定实施了《国有工业企业法》《城镇集体所有制企业条例》。直至 1993 年 12 月通过《中华人民共和国公司法》，才真正明确了以“企业法人制度”为主体，以“产权清晰、权责明确、政企分开、管理科学”为特征的现代企业制度。

在企业调研实践中，由于历史遗留，仍然存在企业单位、事业单位与行政组织纠缠不清的种种现象。比如港口企业脱胎于港务局、铁路企业脱胎于铁路局等，但是企业职能和政府职能并未完全分离，以及事业单位挂靠行政组织、企业单位挂靠事业组织，等等。

不同性质的组织特征比较，如表 16–1 所示。

表 16–1　不同性质的组织特征

	企业组织	事业组织	行政组织
目标导向	主要是盈利目标，以及一定限度的社会目标，如环保等	以社会目标为主	以国家目标为主
运作特征	通过获取竞争优势取得盈利	履行社会机构赋予的责任	履行政府机构赋予的责任
竞争优势	成本、效率、规模经济	不处于竞争的环境中	不处于竞争的环境中
文化特征	强调竞争文化和绩效文化	强调责任文化	强调行政文化

2. 发展战略分析

对于企业来说，战略是大局、是方向、是目标。企业没有战略或战略不清晰，企业就会变成“无头苍蝇”。根据调研分析，在企业战略制定和实施过程中，除了明确企业战略定位、战略目标、业务领域、能力建设之外，需要重点解决以下问题。

第一，加强系统性的领导力建设，提高战略竞争力。战略竞争力是企业竞争力的最高表现。一个科学、高效、克敌制胜的战略方案，是在市场竞争中立于不败之地的根本法宝。同时，战略竞争力又集中体现于企业领导力建设，企业领导力既包括企业领导者的个体领导力，还包括高中层的团队领导力，从而提升企业的整体组织领导力。

第二，提升各层级的战略主动性，提高战略执行力。执行力是战略实施的关键环节。一个良好的战略方案，需要根据市场环境、政策环境的变化适时调整，同时也必须基于企业自身的能力和资源条件，把企业的战略流程、人员流程和运营流程有机结合起来，这样才能提高企业的战略执行力。特别是要在一定层级的经营管理人员共同参与战略制定的基础上，进行战略目标分解、任务明确、监督跟进和考核奖惩，追求执行效果。

第三，实现企业领导力、执行力与文化力的良性互动。企业领导力是战略执行的前提，企业执行力是战略执行的基础，而企业文化力则是企业战略目标达成的根本动力。提高文化力，就要实施文化战略，在“以人为本”基本理念的基础上，把制度“硬管理”和文化“软管理”结合起来，打造企业具有人本化、人性化和自我激励、自我约束的文化驱动管理模式。

3. 企业人力资源分析

战略目标的实现必须有相应的人力资源保证。企业人力资源管理所面临的主要课题是：如何吸引和留住优秀人才，如何开发和优化人力资源，如何丰富和增值人力资本。从企业长远发展的角度看，需要建立和完善战略性的人力资源概念，制订战略性的人力资源规划；建立有利于促进人力资源优化配置、人尽其才的机制，建立多层次、渠道培养选拔机制；同时，建立公平竞争、优胜劣汰的人才使用机制，进一步完善人才激励机制制度，充分调动员工的积极性，为员工提供更多的成才机会和更大的事业舞台。

员工激励是人力资源管理中的关键问题。需要把握员工的内在需求，运用需求层次理论和激励理论的基本规律和方法，充分调动员工的积极性、创造性和智慧潜能。针对中国处于社会价值观嬗变时期，特别是“80 后”“90 后”员工的个性化思维方式和价值标准，需要综合运用物质激励、精神激励、环境激励、培训激励等手段，凝聚和感召企业员工为实现企业发展目标而奉献自己的智慧和能力。

概括来说，企业体制必须是先进的、开放的，不能成为“囚笼”，或者让人“带着镣铐跳舞”；企业战略必须是明确的、可行的，不能“模模糊糊”，结果“此路不通”；人才队伍必须有“帅才”“通才”，也有“将才”“专才”，以及“匠才”“干才”等。但是，最最关键的，是在企业共同价值理念指导下形成统一的思维方式和行为方式，否则，看起来珠玑华丽，其实不过是一片散沙。

三、企业文化分析模型：定性分析和定量分析相结合

在企业调研诊断过程中，需要借助于一些行之有效的企业文化分析模型和测评工具，设计企业文化调查问卷，从企业文化定性分析和定量分析相结合的角度，对企业文化进行系统的诊断分析，科学地把握企业文化现状和未来趋势。

比较常用的企业文化分析模型主要有以下三种。

1. 麦肯锡“7S”分析模型

“7S”分析模型，是著名的麦肯锡咨询公司提出的企业组织七要素，包括结构（Structure）、制度（Systems）、风格（Style）、员工（Staff）、技能（Skills）、战略（Strategy）、共同的价值观（Shared values），如图 16–1 所示。

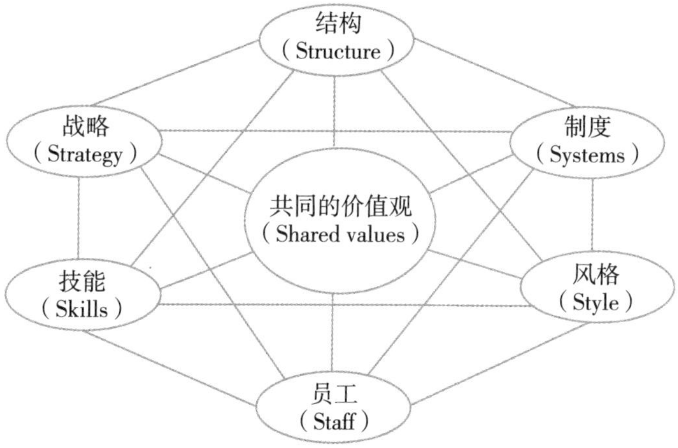

图 16–1 “7S”分析模型

（1）硬件要素分析。

战略：是企业经营思想的集中体现，也是制订企业规划和计划的基础。

结构：组织结构是为战略实施服务的，组织结构必须与战略相协调。

制度：企业的发展和战略实施需要制度作为保证，而制度又是企业战略思想的具体体现。

（2）软件要素分析。

风格：经营管理者的特定思维方式和行为方式，形成个性化的组织氛围。

共同的价值观：企业成员共同的价值观念统一企业成员的意志，齐心协力为实现企业的战略目标而努力。

人员：战略实施还需要充分的人力准备。

技能：在执行公司战略时，需要员工掌握一定的技能，这有赖于严格、系统的培训。

2. 丹尼森组织文化分析模型

由瑞士洛桑国际管理学院的著名教授丹尼尔·丹尼森创建的组织文化分析模型，是衡量组织文化最有效、最实用的模型之一，如图 16–2 所示。

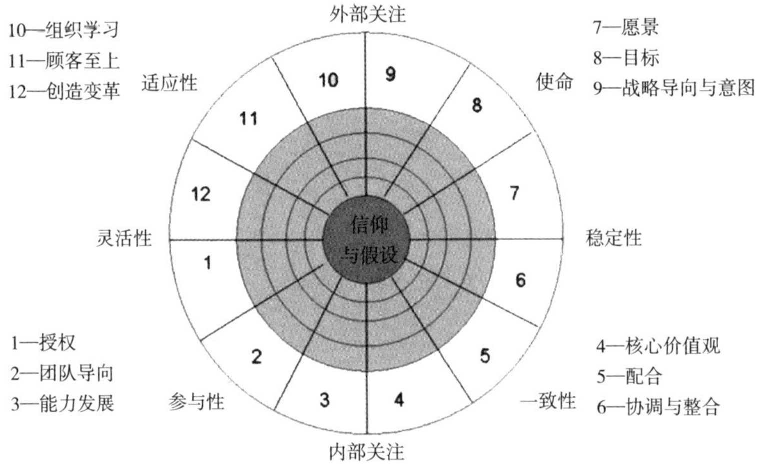

图 16–2　丹尼森组织文化分析模型

丹尼尔·丹尼森通过对大量的公司进行研究，总结出组织文化的四个特征是：参与性、一致性、使命、适应性。

在图 16–2 中，位于中央的是公司员工的“信仰与假设”，这决定了人们的行为方式及具体行动。

参与性涉及员工的工作能力、主人翁精神和责任感的培养。它的三个维度分别是授权、团队导向、能力发展。

一致性用以衡量公司是否拥有一个强大且富有凝聚力的内部文化。它的三个维度分别是核心价值观、配合、协调与整合。

使命这一文化特征有助于判断公司是一味注重眼前利益，还是着眼于制订系统的战略行动计划。它的三个维度分别是愿景、目标、战略导向与意图。

适应性主要是指公司对外部环境（包括客户和市场）中的各种信号迅速做出反应的能力。它的三个维度分别是组织学习、顾客至上、创造变革。

在图中，位于左侧的两个文化特征（即参与性和适应性）注重的是变化与灵活性；

位于右侧的两个文化特征（即使命和一致性）体现了公司保持可预测性及稳定性的能力；位于上半部的两个文化特征（即适应性和使命）与公司对外部环境的适应性相关；位于下半部的两个文化特征（即参与性和一致性）则强调了公司内部系统、组织结构以及流程的整合问题。

3. 奎因竞争性文化价值模型

美国组织行为专家罗伯特·奎因 1988 年开发的竞争性文化价值模型（见图 16–3），被国际上一些著名的咨询公司和研究机构广泛使用，模型的本身也在实际运用中不断地得到发展和完善，逐渐成为一种国际上比较权威和盛行的企业文化分析工具。

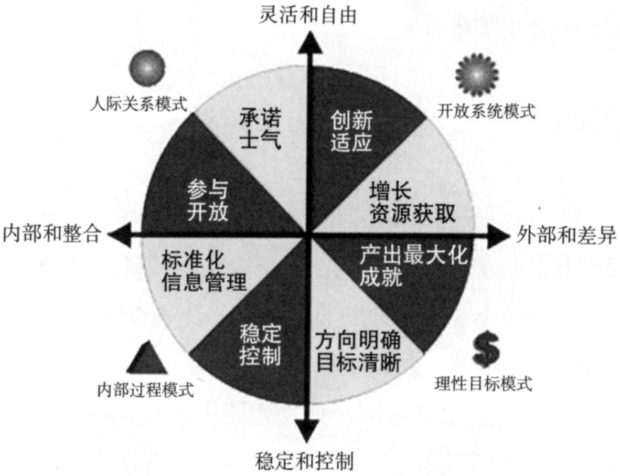

图 16–3　竞争性文化价值模型

罗伯特·奎因在竞争性文化价值模型中概括了理性目标模式与内部过程模式、人际关系模式、开放系统模式，分别对应着我们熟知的目标绩效型、层级规范型、团队支持型、灵活创新型管理模式。

竞争性文化价值模型认为：如果将“对内—对外”“控制—灵活”组成两个维度，在这两个维度的基础上就可以派生出 4 个象限。如果每个象限都代表着一种文化导向，则又可以把企业文化分为 4 个基本导向：目标导向、规则导向、支持导向、创新导向。

过程控制与灵活自主、外部发展与内部运营对于企业来说都是必要的，它们之间的关系都是对立统一和相辅相成的，只是企业在不同时期对它们需要和使用的程度不同而已。每个企业的文化在同一时期存在以上 4 个导向，只是在不同历史条件和阶段下呈现的各个文化导向的强弱程度不同而已，并且 4 个导向都具有自己相对的关联特征。

一般而言，企业文化在企业的不同发展阶段会呈现出不同的导向，企业文化的发展都遵循着一种螺旋式上升的路径：创新导向—目标导向—规则导向—支持导向—高层次的创新导向，以此来进行企业文化的不断演进，推动着企业管理一步一步地迈向更高层次，并形成螺旋式上升态势。

概括来说，企业文化分析模型是基于一定的理论研究和实践总结而产生的，都具有一定的科学性和合理性，但同时都具有一定的局限性。毕竟，企业在不同的社会体制、不同的产权制度、不同的发展阶段都会具有不同的文化特征，特别是企业中的人更是“变化中的人”，这就需要我们在咨询实践中从企业的实际出发，而不是从模型出发，用实践去验证理论模型，而不是用理论模型去“捆绑”企业实践，正如孔子所说“尽信书不如无书”，就是这个道理。

四、优劣势分析：长板更长，短板改造

《老子·道经·第三十三章》中说：“知人者智，自知者明；胜人者有力，自胜者强。”对企业文化现状的优势和劣势分析，是企业文化调研诊断的核心内容。只有明白企业文化建设的长板和短板，才能继续发挥优势，让长板更长，同时厘清劣势因素，分析问题，解决问题，补齐短板或更换短板。

企业文化建设关键在人，那么，对企业文化的优势和劣势分析，就必须从“人的因素”入手，从高层领导团队、中层管理者团队、基层管理者团队和员工队伍四个层面入手。

1. 高层领导团队分析

领导班子对于企业文化建设的重要性不言而喻。“大海航行靠舵手”“羊群走路靠头羊”“火车跑得快，全靠车头带”“兵熊熊一个，将熊熊一窝”，都说的是这个意思。

企业文化是一把手主导的文化，是领导团队主导的文化。如果领导班子缺乏文化自觉和文化认知，不倡导，不推动，那么所谓企业文化就只是一些文体活动的花边点缀而已。

根据企业文化建设的基本规律，企业文化建设是一个“自上而下和自下而上”双向结合的过程。一方面发挥企业领导者的文化主导作用，另一方面发挥企业员工的文化主体作用，二者有机结合、良性互动，才会产生积极的效果。

在调研实践中，辽宁省一家国企集团老总说：“如果只是提出企业的一套文化理念，我一个下午就可以写出来，但是未必会得到企业管理层和员工的认同。之所以启动企业文化咨询项目，就是想通过咨询专家们的咨询活动，实现集团上下对价值理念

的统一共识。”诚哉斯言！

我们在咨询实践过程中发现，企业领导班子构成多种多样，运作方式也不同，究其根本是不同的领导体制以及自身传统造成的。大体上可分为以下几种模式。

（1）行政型领导班子。

这种领导体制表现为首长负责制下的集体领导，其突出特点是“权力和级别意识”“各司其职，各尽其责”。有的企业是董事长负责制，有的企业是董事长授权下的总经理负责制。

在国企改革过程中，一度出现“党委领导下的厂长经理负责制”与“厂长经理负责制”的冲突和讨论，涉及“行政中心”和“党委中心”如何“两心变一心”的问题。根据现代企业制度的要求，股东会、董事会、监事会都职责定位清晰，实行董事长领导下的总经理负责制，特别是董事长兼任党委书记，更是把党的领导和现代企业制度有机结合，的确是一个更加聪明的选择。

根据企业领导者“抓战略、抓人才、抓文化”的基本原则，行政型领导班子在推进企业文化建设过程中，一般都会按部就班、有条不紊、持续推进。

（2）家长型领导班子。

这种领导体制更多地表现为事实上的“一长制”，而且是有事业心、责任心、兼具领导艺术魅力的领导责任制。领导班子成员在主要领导者的带领下形成一种大家庭氛围，并在员工中酝酿一种亲情和谐关系，同心同德、凝心聚力，具有较强的归属感。

家长型领导班子多是一群创业型的领导群体，特别是企业一把手都担当着“企业家”“能人”“强人”的角色。他（她）们思维前瞻、视野开阔，善于整合资源，善于描绘愿景和激励众人，也更具有强烈的企业文化意识和企业品牌意识。

在企业文化调研诊断实践中，我们也是更加注重理解和把握企业领导者的思想脉络和价值主张，从而解决企业文化的主题定位问题。比如福田汽车总经理提出“什么都可以落后，唯思想不可以落后”的战略理念，津西集团董事长提出“跳出津西看津西，站在行业看津西”“进位思考”的战略理念，等等。

（3）伙伴型领导班子。

这种领导体制大多适用于技术型、知识型企业，或者平台型的企业。领导者与团队成员是一种伙伴式的关系，作为技术工作者和知识工作者，他们专业能力强、思维活跃，敢于尝试，同时又拒绝权威、崇尚平等、个性独特、追求自由，领导团队成员之间更倾向于建立伙伴式的协作关系。

在企业文化建设实践中，伙伴型领导班子基本是“不命令、少指导、多支持”的文化风格，团队成员则更多是“自我管理、自我激励”，也有人称之为“无领导管理”。

著名企业家张瑞敏提出“管理无领导”，要把海尔打造成创业平台。美国管理大师彼得·德鲁克提出的“目标管理”概念，也强调了“目标管理和自我控制”的主张。这种类型的企业文化，注重“价值创造”和“团队分享”，同时在文化个性和品牌个性上也更加独树一帜。

无论什么样的领导班子，都需要树立团队成员的“互信感、归属感和效能感”，都要具有整体的目标，形成整体的合力，这样才能发挥“火车头”的作用，而不能“各吹各的号，各唱各的调”。当然，在对企业文化的认知认同上，主管党建和文化的领导和主管业务和技术的领导，也会不尽一致，甚至产生矛盾和争议，这正是企业文化咨询需要解决的问题。如果领导班子成员之间对于推进企业文化建设都难以形成共识，那么，对于中层管理团队和员工队伍的文化建设，结果又能如何？

2. 中层管理者团队分析

如果说行政管理注重的是“民主和公平”的话，那么企业管理注重的就是“市场和效率”。执政者无视民意，罔顾公平，就会失去执政的合法性；企业管理者违背市场规律，决策失误，效率低下，也会让企业溃败甚至破产。

“三分决策，七分执行”。如果在企业决策上没有什么问题，具体的执行环节就关乎战略全局的成败。

中层管理人员是企业中的一个特殊群体，是贯彻高层管理经营决策的中间环节和上下联系的枢纽。中层管理人员是指处于高层管理人员和基层管理人员之间的一个或若干个中间层次的管理人员，他们的主要职责是贯彻执行高层管理人员所制定的重大决策，监督和协调基层管理人员的工作。有一批精明强干的中层管理人员，对于实施企业经营战略、各项计划和各个决策方案至关重要。

（1）关于“腰软”问题。主要是指中层管理者素质能力存在重大缺陷，执行力差，企业战略决策得不到有效贯彻实施。但是，什么样的高层团队决定了什么样的中层团队，如果高层对中层不满意的话，与其指责中层，不如反思自己。

（2）关于“协同”问题。中层的执行不是一个中层部门或中层管理者的执行，更是一种协同执行，一种团队执行。中层执行不力，更多地体现为协同执行不力，比如部门之间推诿扯皮、各行其是、山头主义、小部门利益，等等。

企业中层管理者的主要素质能力要求：主动性，创造性，协同性，影响力，执行力，带队伍的能力，培养他人的能力，等等。

3. 基层管理者团队分析

“宁做鸡头，不做凤尾”“将军起于行伍之间”。可见，基层管理人员也是企业中的一个特殊群体。

基层管理者又称一线管理者，具体指基层单位的班组长、小组长等。他们的主要职责是传达上级计划、指示，直接分配每一个成员的生产任务或工作任务，随时协调下属的活动，控制工作进度，解答下属提出的问题，反映下属的要求。他们工作的好坏直接关系到计划能否落实、目标能否实现，所以，基层管理者在企业中有着十分重要的作用，对基层管理者的技术操作能力及驭下能力要求较高。

班组建设是指通过有效的手段和方法，最大限度地调动班组成员生产的积极性、创造性，提高班组成员的生产工作技能与综合素质的活动过程。

班组文化是企业班组的理念、信念、仪式、符号、处事方式、工作干劲、协作精神、语言特色等诸多因素组成的特有的文化形象。

班组建设、班组文化是基层管理者的重要工作内容。班组管理是企业管理最基本的单元，班组文化是企业文化的重要一脉。如果说企业是一棵树，那么班组就是树的每一条根。只有根系发达，大树才能枝繁叶茂，企业才能基业长青。

如果企业管理者不认同企业文化的作用，不运用文化管理的手段，那么就不是一个合格的管理者。“让企业文化起来”，首先要“让企业管理者文化起来”，毛泽东主席说“正确的路线确定之后，干部就是决定的因素”，企业管理者们必须担负起企业文化建设的使命。

4. 员工队伍分析

企业员工队伍分析，重点在于员工的整体素质、能力、态度、作风，对企业的认同感、归属感、自豪感，凝聚力、向心力、战斗力，以及外部社会文化因素对内部员工的浸染和影响等。

“企业文化就是企业人化”。每一个企业员工，都是企业文化的承载者和践行者。企业员工队伍的精神风貌，就是企业文化的形象表达。

（1）员工队伍的素质能力。

从本质上讲，企业作为社会经济组织，无论是生产性企业、流通性企业还是服务性企业，最核心的资源都是人，是人的聚合体，而不是物的聚合体。企业之所以注册成为法人，就是在法律上具有了“拟制人格”，像自然人一样有自己的名称、住址等，也享有法律上的权利、承担法律上的义务。

企业员工的素质能力一般包括忠诚、责任、团队、沟通、学习、创新等，这是员工必备的职业素质能力，否则就不是一个合格的职业人。

“专业的人，做专业的事”。企业员工的素质能力，必须和企业的业务领域和专业岗位相匹配，而不是学历越高越好、职称越高越好。比如高科技企业和劳动密集型企业，对员工的素质能力要求就各不相同。一些高科技人才可以在专业技术领域进行发明创造、技术创新，一些制造岗位、服务岗位的员工，同样可以进行技术革新、服务创新，成为劳模，成为行家里手。

（2）员工队伍的凝聚力和战斗力。

“上下同欲者胜”。企业文化建设，需要在全体员工中树立共同的愿景目标、共同的使命追求、共同的价值理念、共同的行动准则，这样，大家才会齐心协力、众志成城、风雨共担、同舟共济，提高凝聚力和战斗力。

但是，并不是每一个企业都可以达到这样的理想状态。比如，在企业劳动用工制度和员工身份问题上，一些传统企业仍保留多种员工身份，“正式工”是享有正式编制的员工，“合同工”是按照劳动合同制签订有期限劳动合同的员工，“劳务派遣工”是企业与劳务派遣公司签订合同而与劳动者本人不存在劳动合同关系的员工，“临时工”是企业招聘的临时性、季节性、不享有退休待遇的短期劳务人员，等等。不同的员工身份，不同的权利义务，这样的员工队伍很难做到“上下同欲”。当然这是改革过程中存在的问题，随着今后改革的进一步深化也会逐步得到解决，让所有的员工统一劳动者身份、统一权利义务关系。

（3）员工队伍的外部社会文化影响。

企业员工是“企业人”，更是“社会人”。在信息科技、智能科技快速发展的时代，“八小时之内”和“八小时之外”会有更多的交流和碰撞。在当今这个处于改革、转型、嬗变的社会，一个人拥有“企业圈”，同时还拥有更多的“微信圈”“社交圈”“QQ群”“App群”等。无论是“新人类”“新新人类”，还是“70后”“80后”“90后”“00后”，都在形成一些特有的价值准则、思维方式和行为方式，对企业价值理念的认同和强化带来许多挑战。

所以，一些有远见的企业家都在努力建设“强势企业文化”，以抵御社会文化的可能的消极影响，树立正确的“三观”，让企业文化从“八小时之内”延伸到“八小时之外”。

企业员工队伍建设，是企业管理的重大课题。依靠人、关心人、培养人、造就人，一直是企业文化“以人为本”原则的基本要求。“胡萝卜加大棒”的管理方式，“惜马用牛、养猪打狗”的管理方式，已经一去不复返了。“性本善”“性本恶”的人性假设，也在接受新的冲击。思想管理、价值管理，是新时代文化管理的新课题。

五、问题分析及建议：抓住矛盾，解决问题

企业文化调研的最终目的，一是聚焦问题，找出症结所在；二是抓住矛盾，分析

深层次的问题产生机理；三是给出答案，提供解决问题、解决矛盾的针对性的措施和方法。

根据我们的调研实践经验，企业文化问题林林总总，但是都集中在人的问题上，其中比较突出的主要有以下三种。

1. 领导班子建设问题

企业领导班子是企业的决策指挥机构，是企业的大脑中枢系统。领导班子问题频发，小则决策无序、指挥失灵，大则精神分裂、陷入“脑瘫”。

（1）主要领导者“个体膨胀”。

这是导致企业领导者失败的常见问题。

当企业快速发展、业绩骄人的时候，特别是领导者顺风顺水、春风得意的时候，特别容易产生唯我独尊、傲视众人的膨胀心态。于是就胆大包天、任性妄为、越轨逾矩，其结果可想而知。

企业领导者能力有多大，责任就有多大。“把权力关在制度的笼子里”是一种外在的约束，而“慎独”“自省”则是一种内在的约束。成功的企业领导者必须学会自我约束，“永远战战兢兢，永远如履薄冰”。“德不配位，必有灾殃”，信然。

（2）领导班子成员“内讧”。

领导班子成员是一个领导集体，精诚团结、同心同德是第一位的要求。但是，由于个人价值取向、思想认识的不统一，长期积累下来也会离心离德、争权夺利，出现“窝里斗”问题。

比如，一个领导班子里，董事长是上级派来的，总经理是土生土长的，两人“斗法”，总经理举报董事长，董事长举报总经理，闹得不可开交。董事长和总经理有明确的职责分工，本应互相补台，不能互相拆台，但是结果出人意料、不遂人意。这一方面是制度体制的问题，另一方面是人的问题。建立科学、合理的法人治理结构，完善现代企业制度，特别是解决领导班子成员价值理念统一问题，仍然十分迫切。

2. 员工职业成长问题

企业文化建设一个十分关键的问题就是如何对待员工，如何对待员工的职业成长。让员工有获得感、幸福感、成就感，才是一个具有责任感的企业。

（1）员工职业晋升通道。

这是一个相当普遍的问题。企业员工在一个岗位上工作若干年，在业务技能、工作经验不断提升的基础上，根据自身条件和企业需要，可以走管理通道，也可以走技术通道，形成“H 型”职业发展规划。但是，这需要一系列的制度保障，需要企业行政、党委、人资和工会系统的协调运作，为员工真正提供一个“没有天花板的舞台”。

（2）员工激励与约束问题。

员工激励与约束是人力资源管理的一个关键问题。一般而言，企业多采用物质激励和精神激励的双重激励手段，此外还有特殊任务激励等方式。其实激发员工的积极性、主动性、自觉性、创造性，也是人本管理的重要内涵，坚持以人为本、员工为本，需要关心员工、依靠员工、培育员工、成就员工，同时也需要教育员工、引导员工。企业文化管理，既要抓住“关键的少数”，也要关注“沉默的大多数”。

3. 文化冲突与融合问题

在市场化竞争日趋激励的形势下，为了提升规模竞争优势和系统性竞争优势，企业间的整合重组越来越多，不同企业文化的冲突和融合问题，成为一个十分复杂和艰难的问题。有的企业集团在兼并重组十几年之后，仍然没有解决原企业人员的文化融合问题，存在“破落贵族系”“胡同暴发户系”和“职业打工族系”；反之，有的企业集团则通过文化顶层设计、党建文化引领、集团文化管控、业务机构人员重组等系列手段，成功实现了文化融合和文化再造。

综上所述，企业文化问题是事关企业生存发展的大问题，更是企业人的问题。企业人既是“经济人”，也是“社会人”，更是“职业人”，研究解决企业文化问题，就是研究解决企业人的问题。不同的社会制度，不同的经济形态，不同的文化传统，不同的体制机制，就会造就不同的企业人。所谓企业，不仅是资本、设备、场地、技术等的集合，而且是人的集合，只有解决了人的问题，才能解决文化的问题。

第十七章　企业文化概念、结构及基本功能

"有企业，就有企业文化"。就企业文化启蒙而言，这是一条颠扑不破的真理。无论企业规模大小、企业所有制形式如何，企业文化都是一种客观存在。但是，企业文化的主要内容和结构形式是什么？这是一个关键性问题。

"企业文化是个筐，什么都能往里装"。这是对企业文化概念"大而化之"的常见误区。比如企业家文化、企业员工文化、战略文化、人才文化、管理文化、经营文化、安全文化、服务文化、科技文化、市场文化、营销文化、品牌文化、廉洁文化以及创新文化、诚信文化、团队文化、创新文化、发展文化、和谐文化……没完没了的"+文化"，让人云里雾里。

企业文化概念有广义和狭义之分，但其核心是企业的价值理念。企业需要界定自己的企业文化概念，才能在实践中避免歧义和争论。

企业文化的结构一般包含理念文化、行为文化和视听文化，但在具体表现形式上可以具有自己的个性化描述。

企业文化的功能包含内部功能和外部功能，但这些功能不是与生俱来的，而是企业自己去赋予的。

一、企业文化概念界定

对企业文化概念正名是第一步，就如《论语》所言："名不正，则言不顺；言不顺，则事不成。"

1. 狭义的企业文化概念

简单地说、概括地说、本质地说，"企业文化就是企业信奉并践行的企业价值理念"。

（1）主语：企业。不是政府机构、社会组织，也不是事业单位如学校、医院等，更不是个人，如管理者或一般员工。

（2）谓语：信奉和践行。信奉是信仰、认同，践行是实践、力行，不是“光说不练”，也不是“叶公好龙”。

（3）宾语：企业价值理念。就是企业倡导的价值观和经营管理理念。这是企业文化的核心内涵，是需要通过调研、分析、总结、概括和提炼的“文化硬核”。

2. 广义的企业文化概念

复杂地说、宽泛地说、系统地说，“企业文化就是企业在长期的生产经营活动中所形成的精神文明和物质文明的总和，包括理念层、制度层、行为层和物质层四部分”。

（1）理念文化层。理念文化层是企业在长期生产经营活动中形成的价值观念和精神成果，是企业员工的一种群体意识，它主要包括企业核心价值观、企业使命、企业道德、企业哲学和企业精神等，理念文化层是企业文化的精神力量所在，是企业文化的核心。

（2）制度文化层。制度是企业运营的基础保障。企业制度文化体现了企业的价值理念。制度文化主要包括企业体制机制以及各种规章制度和运行结果等，如企业产权制度、企业领导体制、企业组织结构以及关于企业人财物的管理制度规定等。

（3）行为文化层。行为文化是企业员工在经营管理以及其他活动中形成的各种行为规范、习惯、仪式等群体性行为模式。行为文化具体表现为企业经营管理者行为、企业模范人物行为、企业员工行为所展现的精神风貌和以及文明程度等。

（4）物质文化层。企业物质文化是由企业员工创造的产品和各种物质设施等构成的企业文化，是企业精神文化、制度文化、行为文化的外显形态。企业物质文化主要包括企业的产品或服务、企业的工作环境、生活环境、文化设施等。

二、企业文化结构：与 CIS 一体化设计

企业文化作为一种管理学理论和社会学理论，需要进行体系化构建。在企业文化建设实践中，企业文化体系构成一般会从企业文化“洋葱结构”和 CIS“金字塔结构”相结合的角度，进行一体化设计和操作。

1. 企业文化的“洋葱结构”

企业文化构成一般分为理念、制度、行为、物质四个层次，从内到外，逐层扩展，类似“洋葱结构”（见图 17–1），但是这种结构形式过于面面俱到、庞杂繁芜，容易出现“大而全”的问题，在具体操作过程中缺乏针对性，往往让人无从下手、无所适从。

特别是制度层，对于大型企业或大型企业集团来说，简直是连篇累牍、浩如烟海，在梳理修订时旷日持久，一般都会另行处理。还有物质层，作为与理念精神相对应的概念，更是大得无边无际。

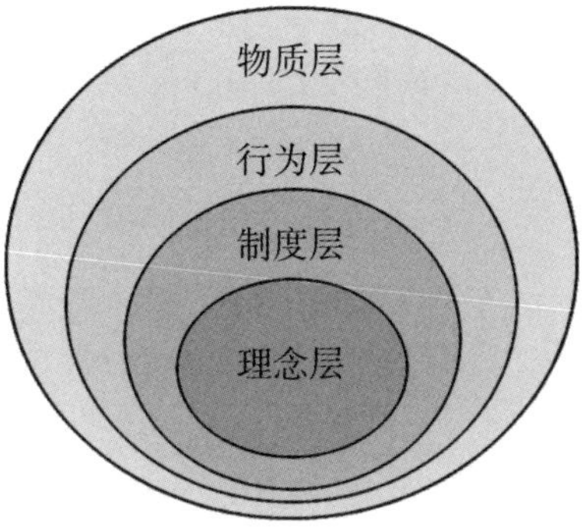

图 17–1 企业文化的“洋葱结构”

2.CIS 的“金字塔结构”

CIS 即企业识别系统，由 MI、BI、VI 三部分构成，其结构形如金字塔（见图 17–2），或称企业形象识别系统，是围绕企业价值理念塑造统一化、个性化的企业形象。

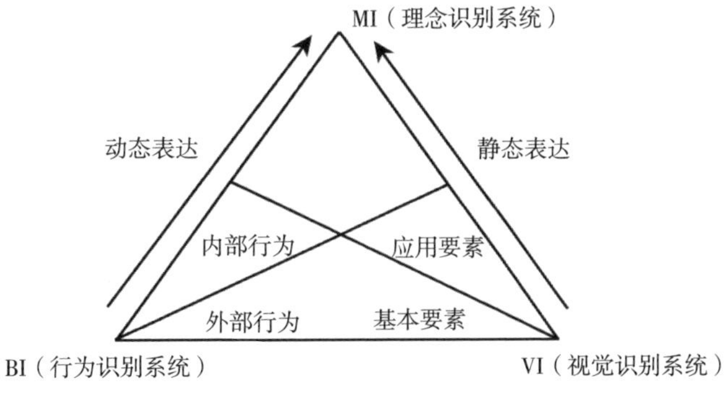

图 17–2 CIS 的“金字塔结构”

3. 企业文化与 CIS 的“一体化结构”

企业文化战略和 CIS 战略都是企业经营管理的重要战略手段。企业文化是通过共享价值理念，建立全员统一的思维方式和行为方式，其战略目的是提升企业文化软实力和核心竞争力；CIS 战略也是品牌战略的重要一环，其战略目的是提升企业形象竞争力和品牌竞争力。

在企业文化建设实践中，企业文化构成和CIS构成存在一定的对应关系，其中MI对应企业理念文化、BI对应企业行为文化、VI和AI对应企业视听形象文化，从而根据“文化为内容、CI为形式”的基本原则，从企业文化和CIS一体化设计的角度，构建企业文化体系框架，如图17–3所示。

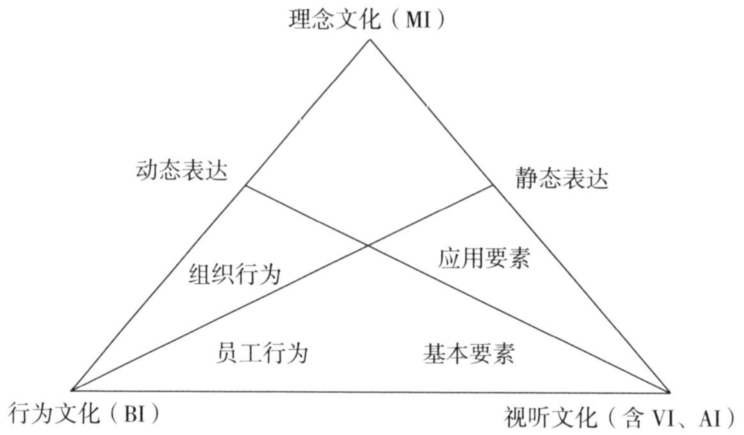

图17–3 企业文化体系框架

根据企业文化基本理论、CIS基本理论以及企业文化建设的实际，企业文化体系主要包括理念文化体系、行为文化体系和视觉文化体系三部分内容。

理念文化体系是企业文化体系的核心部分，主要表述企业的战略发展追求，以及为实现这一战略追求所规定的基本思想、信念和价值取向等。

行为文化体系是理念文化的动态表达和行为展示，通过对组织行为和员工行为的规范统一，使企业倡导的价值理念落实在企业的经营和管理活动中。

视听文化体系是理念文化的静态表达和视听展示，是以理念文化体系为基础的整体性标识系统。统一、规范、鲜明和个性化的视听文化体系，能够有效提升企业形象。

三、企业文化基本功能：内部功能和外部功能

严格地说，企业文化的功能不是绝对的，只是相对而言。因为企业文化本身就存在自觉与自发之分、积极与消极之分，以及先进和落后之分。

这里说的企业文化的基本功能，主要是针对自觉的、积极的、先进的企业文化建设和企业文化管理而言。同时，企业文化到底能发挥什么作用，具有什么意义，发挥什么价值，取决于企业体制机制、企业战略、人力资源以及企业领导力、执行力等多

种因素的综合发挥。

“企业文化不是万能的，但是没有企业文化是万万不能的”。这里提到的企业文化的基本功能，是一种可能性，需要我们把它变成现实性。

一般来说，企业文化具有对内和对外的下列功能。

1. 导向功能

企业文化的关键和核心是建立企业的价值导向和行为导向，具体表现在两个方面：一是对企业员工个体的思想和行为发挥引领作用；二是对企业组织整体的价值取向和行为取向发挥引领作用。企业文化一旦形成，就会建立起系统性的价值标准和行为标准，从而发挥规范、指导、引领的作用。

2. 凝聚功能

企业文化的凝聚功能是指企业文化倡导共同的价值理念、共同的目标愿景、共同的使命担当、共同的精神追求、共同的企业氛围，以及共同的思维方式和行为方式等，这样就会从各个方面把企业成员聚合起来，增强企业员工的归属感和一体感，在企业员工中产生向心力和凝聚力。

3. 激励功能

企业文化的本质是“以人为本、以文化人”，强调企业发展依靠人、为了人、关爱人、成就人的理念，主张企业与员工共同成长、共同进步，满足员工的物质需求和精神需求，这样就会激发员工的责任感、使命感、获得感和成就感，激励员工为实现企业目标而努力奋斗。

4. 约束功能

企业文化对企业员工的思想、心理和行为具有约束作用，但这种约束不同于企业制度的“硬约束”，而是一种“软约束”，是源自企业文化氛围、群体行为准则以及道德舆论的力量。如果说劳动合同是一种“法律契约”，那么企业文化就是一种“心理契约”，从而使员工实现自我控制、自我约束。

5. 辐射功能

企业文化的辐射功能包括内部辐射和外部辐射，是指通过企业文化的内部传播和外部传播，对内产生潜移默化的影响，培育企业家精神、企业员工精神，提升企业员工的综合素质能力，对外塑造企业的产品形象、服务形象、品牌形象以及社会形象等，增强企业的知名度和美誉度。

6. 调适功能

企业文化的调适功能是指对内协调处理企业内部上下级之间、部门之间以及员工人际之间的关系，对外协调企业与企业之间、与消费者之间、与社会公众之间的关系等。在企业内部形成互助友爱、同舟共济的大家庭氛围，构建和谐企业；对外形成共赢共享、义利共济的利益共同体和责任共同体，构建和谐社会。

综上所述，我们必须明确企业文化的基本概念、基本内容和基本形式，这样才能把企业文化从抽象变为具体、从复杂变为简单，避免企业文化的概念化、空泛化。特别是企业文化和 CIS 的关系，不是“非此即彼”，也不是“非白即黑”，非得分出一个高低，让别人打架我们看热闹。而且，无论是企业文化还是 CIS，都在持续丰富和发展过程中，比如企业价值观管理、企业目视管理、企业品牌管理等，都需要企业文化和 CIS 的更深融入。

第十八章　企业理念文化：建立统一的思维方式

企业理念文化是企业文化体系的核心部分，是企业战略管理的“灵魂工程”，是企业文化建设的重中之重。没有统一的价值理念，就没有统一的思维方式和行为方式，也就无法塑造统一的企业品牌形象。

企业理念文化一般分为两个层次：企业基本理念和企业专项理念，或称企业核心理念（企业战略理念）和企业经营管理理念。主要表述企业的战略目标、共同愿景、使命责任、精神追求以及经营管理的基本思想方针等。这是企业文化建设和企业文化管理的基本内涵和基本要求。

企业理念的提炼概括是一件十分重要而又复杂的事情。既需要科学的理论指导，又需要艺术化的个性表述，而且还要注意“企业文化无定式”“企业理念表述语境”“企业理念表述风格”等问题。

“思维导图”“头脑风暴法”“文化共识营”等创意思维工具，都是企业文化概括提炼的有效方法。

一、企业理念文化概述

企业作为一个经济组织，是资本、技术、设备等的集合体，更是人的集合体。每个人都有自己的“三观”，有自己的人生目标和追求，而企业也应该有企业的“三观”，有企业的目标、使命和价值导向，建立一套经营管理理念，武装“企业大脑”，引领全体员工不忘初心、牢记使命，形成企业的“思维方式”。

“企业文化是企业的灵魂”，就是说企业要构建自身的“中枢系统”，指挥企业的各项经营管理活动。而企业的“中枢系统”主要指企业的理念文化，在全体员工中树立共同的愿景、使命和核心价值观，在企业经营管理活动中形成共同的经营理念、管理理念、安全理念、服务理念、人才理念和学习理念，等等。

企业理念文化可以分为两个层次，第一个层次是企业基本理念，第二个层次是企业专项理念。

1. 企业基本理念：愿景、使命、核心价值观

企业基本理念也称为企业核心理念，就是企业必须明确的三大关键性理念：企业愿景、企业使命、企业核心价值观（见图 18–1）。此外，企业精神、企业哲学、企业道德也可以是企业基本理念的组成部分，这里要根据企业的实际情况而定，比如企业长期历史发展过程中的企业精神传承、企业领导者对企业哲学的思考以及企业对道德建设的要求等。

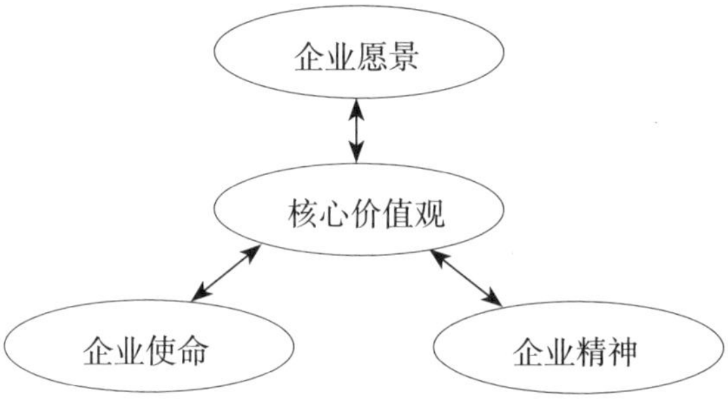

图 18–1　第一层次：企业基本理念

（1）企业愿景——我们追求什么？ 包括：奋斗的方向；高远的目标；未来的前景；共同的命运。

（2）企业使命——我们为什么追求？包括：存在的意义；担负的责任；对利益相关者的价值。

（3）核心价值观——我们如何追求（组织）？包括：我们信奉什么；我们倡导什么；我们该怎样行动。

（4）企业精神——我们如何追求（员工）？包括：我们的群体意志；我们的精神境界；我们的理想追求。

2. 企业专项理念：经营性理念和管理性理念

企业专项理念也称为企业经营管理理念，是企业基本理念在经营管理过程中的延伸和细化（见图 18–2）。现代企业的经营管理职能越来越具体化、部门化，例如战略管理部门、人资管理部门、安全管理部门、市场营销部门、科技信息部门等，在坚持企业基本理念的前提下，各项经营管理部门也需要形成职能管理理念，从“文化管理”的角度形成一系列经营管理理念。

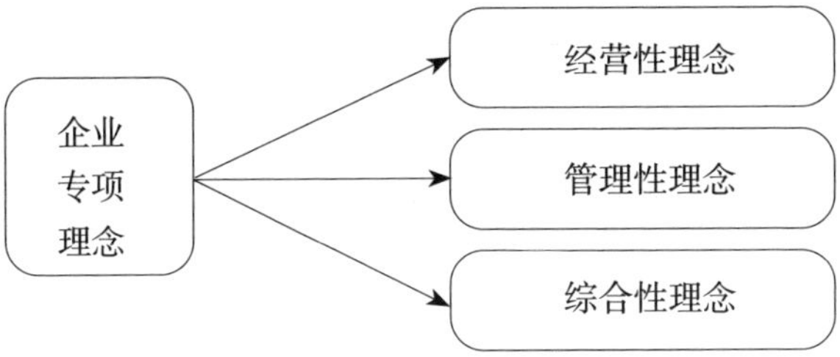

图 18-2　第二层次：企业专项理念

（1）经营性理念。如市场理念、营销理念、服务理念、公共关系理念、社会责任理念等。

（2）管理性理念。如人才理念、学习理念、安全理念、生产理念、科技研发理念等。

（3）综合性理念。如创新理念、团队理念、党建理念、廉洁理念、环保理念等。

但是，在企业经营管理实践中，经营性职能和管理性职能经常是融为一体的，特别是综合性理念很难做具体的职能划分，所以要根据企业实际情况而定。对于大型企业集团而言，集团公司的专项理念应强调概括性和统领性，下属单位的专项理念应强调具体化、可执行性，不宜“大而全”或“小而全”。

概括来说，企业理念文化是企业文化体系的核心部分和关键部分，一般具有持久性和稳定性，不能“模糊不清”，更不能“朝令夕改”，否则会导致思想不统一、价值判断标准混乱，出现政令不畅、离心离德、“山头主义”等现象，最终为企业招来灾难。只有统一思想、统一意志、统一旗帜、统一行动，才能保证企业在激烈的市场竞争中攻无不克、战无不胜。

【链接一：思维模式的基本分类】

1. 线状思维模式

顾名思义，线状思维模式就是直来直去，由甲到乙，再由乙到甲。判断式、对号入座式、非黑即白式的思考方式，均属于这种思维模式。形象一点说，就像孩子看电影时常问大人：这个是好人还是坏人？即便是人们常说的反思，如果不突围，冲出这种思维模式，也还是线状思维，只不过是逆向的线状思维。

2. 树状思维模式

顾名思义，树状思维模式就是指思维如树枝状散发开去。在文章中常见的有：一、

二、三，其中再分 1、2、3，有的还分 A、B、C，再分 a、b、c。这种思维模式的特点是便于梳理、条理清晰。这是目前知识阶层常用的也是必备的一种思维形式

3. 网状思维模式

顾名思义，网状思维模式就是指思维如蛛网、棋盘般张开，思绪亦如蜘蛛左右横行或如棋子般跳跃，一般人跟不上这样的思路，你不知道他的下一个着眼点在哪里。这种思维模式具有很强的创造性，像很多诗人、发明家都具备这种网状的思维模式。

思维模式除了以上的基本分类外，很多是复合的，即复合型，如线状与树状的复合、线状与网状的复合、树状与网状的复合，以及这三种状态的混合型。当然，其中也会存在某一种偏多或偏少的情况。

【链接二：托尼·博赞的思维导图】

著名英国心理学家托尼·博赞在 20 世纪 70 年代创建的思维导图，是基于发散性思维的简单、高效的思维工具，是一种利用图像式思考的辅助工具。尤其在“读图时代”，以图解的形式和网状的结构，储存、组织、优化和输出信息，激发创意灵感，提高思维效率。

思维导图又称脑图、心智导图、思维地图、树状图等，以图解方式使用一个中心关键词或想法引起形象化的构造和分类的想法，以辐射线形连接所有的代表字词、想法、任务或其他关联项目等。“思”指用心思考、开发智慧，“维”指多维度、立体化的思考方式，“导”指视觉信息的输入和输出，“图”则把树状思维、网状思维变成可视化、可感知的思维图形。

思维导图的本质是“化繁为简、以简驭繁”，快速抓住各种信息的本质内涵，发现问题所在，将复杂的问题简单化，从而找出解决问题的方法。一幅完整的思维导图包含 6 个方面的核心要素：心（中心图）；线（线条）；词（关键词）；图（图像）；色（颜色）；构（结构）。

【链接三：禅宗中的渐悟和顿悟】

在中国古代南北朝的时候，佛教禅宗传到了第五祖弘忍大师，弘忍大师当时在湖北的黄梅开坛讲学，手下有弟子500余人，其中翘楚者当属大弟子神秀。神秀也是大家公认的禅宗衣钵的继承人。弘忍渐渐老去，于是他要在弟子中寻找一个继承人，所以他就对徒弟们说，大家都做禅诗，看谁做得好就传衣钵给谁。神秀很想继承衣钵，便在院墙上写了一首禅诗："身是菩提树，心为明镜台。时时勤拂拭，勿使惹尘埃。"意思是，要时时刻刻地去照顾自己的心灵和心境，通过不断的修行来抗拒外面的诱惑和种种邪魔。这是一种入世的心态，强调修行的作用。

当弟子们都在谈论这首禅诗的时候，被厨房里的一个火头僧——慧能听到了。慧能是个文盲，他不识字，于是央求别人把自己的诗写在了神秀的禅诗旁边："菩提本无树，明镜亦非台。本来无一物，何处惹尘埃。"这是一种出世的态度，主要意思是，世上本来就是空的，看世间万物无不是一个空字，心本来就是空的话，就无所谓抗拒外面的诱惑，任何事物从心而过，不留痕迹。这是禅宗的一种很高的境界，领略到这层境界的人，就是所谓开悟了。

弘忍看到这一禅诗以后，向慧能讲解了《金刚经》这部佛教最重要的经典之一，并传了衣钵给他。然后为了防止神秀等人伤害慧能，让他连夜逃走。于是慧能远走南方，隐居10年之后在莆田少林寺创立了禅宗的南宗。而神秀后来也成为梁朝的护国法师，创立了禅宗的北宗。

二、企业理念概括提炼："头脑风暴法"和"文化共识营"

企业理念的概括提炼是一个十分重要和关键的课题。可以说，没有企业理念，就没有企业文化。而企业理念是什么？企业理念如何表达？企业理念如何让员工接受和认可？这是困扰企业领导者和企业文化职能部门的问题，也是企业文化咨询专业者需要下大力气的工作。

企业理念的概括提炼是一个十分痛苦和煎熬的过程。企业理念的概括提炼，需要企业管理学的专业技能，需要企业文化学的专业技能，需要社会学、组织行为学、心理学和美学的综合素质，更需要传播学和文学艺术的造诣和悟性。此外，企业理念要借助于文字形式，对文字的把握能力尤其重要，而且，提炼出的企业理念还要得到大多数企业员工的认同。

唐代诗人杜甫的“语不惊人死不休”，贾岛的“二句三年得、一吟双泪流”以及“僧推月下门”还是“僧敲月下门”的“推敲”典故，诗人卢延让的“吟安一个字，捻断数根须”，还有清代诗人顾文炜的“为求一字稳，耐得半宵寒”，都体现了对于诗文提炼的心得和困境。

“头脑风暴法”和“文化共识营”活动，是企业理念概括提炼过程中行之有效的两种手段方法。

“头脑风暴法”也称“脑力激荡法”，是一种群策群智、相互激发的创意设计方法。它采取小型会议的形式，鼓励从不同角度思考问题，通过自由联想和讨论，相互激发灵感，产生创造性的理念和设想。

采用“头脑风暴法”组织召开专题会议，主持者要以明确的方式向所有参与者阐明问题，说明会议的规则，尽力创造融洽、轻松的会议气氛，从而使与会者“自由”地提出尽可能多的方案。

“头脑风暴法”的基本规则为：第一，每次发言不超过 5 分钟，但可以多次发言；第二，不可以对别人说“不”，但可以补充和完善别人的观点；第三，任意思考，畅所欲言，鼓励多角度提出独特想法。

在“头脑风暴法”之后，可以采用“反头脑风暴法”，即不同观点之间可以反驳、质证，力求取得一致方案。

文化共识营是针对企业文化理念研讨和管理实践改进的高效活动方式。它是在一个相对封闭的营地中，组织企业高、中层共同参与的综合性培训活动。在企业文化共识营中，活动主要采用工作坊、自我诊断、焦点分析、拓展游戏、分组竞赛、成果分享等灵活多样的方式，帮助营员形成理念共识、提升管理能力、实现团队协作、解决现实问题，从而达到企业文化系统提升的目的。

企业文化属于企业管理的范畴，而企业管理既是一门科学，也是一门艺术。就是说，企业文化作为科学必然遵循一定的规律，同时作为艺术又具有自身独特的个性化内涵。

在企业文化咨询实践中，企业理念的概括提炼需要遵循“四个结合”的原则。

1. 共性个性结合

“共性的规律，个性的艺术”。对于一个具体企业来说，企业理念要体现科学性和规律性，也要体现时代文化特征、行业文化特征甚至地域文化特征，这些都是带有共性文化的性质。同时，企业理念必须体现自己的文化个性特征。一个企业是“这一个”而不是“那一个”，是因为有个性化的思想、个性化的行为、个性化的制度以及个性化的形象。

2. 传承创新结合

"文化需要传承，更需要创新"。企业理念不是"无源之水、无本之木"，更不是"空中楼阁"，需要对社会文化、历史文化、民族文化以及自身优秀传统文化要素的继承和弘扬。企业理念也是需要与时俱进的。因为天在变，地在变，人在变，"唯一不变的是变化"，特别是我们正处于一个全球化变革的时代，甚至"百年变革之大局"或"千年变革之大局"，抱残守缺、故步自封只能是死路一条。

3. 企业内外结合

"专业的人，做专业的事"。企业文化是一门专业理论和专业技术，在企业理念概括提炼过程中，虽然企业设置了企业文化职能部门和职能岗位人员，可以提出一套企业理念文化方案，在征求企业经营管理层和员工层意见的情况下，确定付诸实施，也会取得一定的成效，但是从专业理论水平和专业技术水平上仍然会出现这样那样的问题，比如概念不清、体系不顺、逻辑不符等，特别是容易在文化传播中出现问题，毕竟企业经营管理不是一个内部问题，而是涉及对外市场竞争形象、社会责任形象和文化品牌形象的问题。

通过聘请专业咨询顾问，则可以打开文化管理与文化辐射的外部通道，借鉴前沿的企业文化管理理论和管理方式，整合企业内部文化资源和外部文化资源，从而占领企业文化和企业管理的制高点，持续提升企业文化软实力、品牌竞争力。

4. 员工上下结合

"领导主导，全员参与，上下互动"。企业理念的概括提炼需要"一把手文化"和"全员文化"的有机融合。既然企业领导者的基本职责就是"抓战略、抓人才、抓文化"，如果企业领导者不主动思考、主动提炼，而是安排其他副职和企业文化职能部门去完成，那显然不是一个称职的领导者。连企业领导者都不用心的企业文化，企业管理层、员工层又如何用心？企业文化又如何发挥作用和创造价值？

只有企业领导者主导和员工广泛参与相结合，才能让企业理念真正体现企业经营管理者的思想智慧和企业员工的群体智慧，凝聚员工、激励员工、感召员工，让企业上下同心同德、同力同行，从而造就企业生生不息的发展动力。

【案例：同仁堂的金字招牌为何 300 年不倒】

从最初的同仁堂药室、同仁堂药店到现在的北京同仁堂集团，经历了清王朝由强盛到衰弱、几次外敌入侵、军阀混战到新民主主义革命的历史沧桑，其所有制形式、企业性质、管理方式也都发生了根本性的变化，但同仁堂经历数代而不衰，在海内外信誉卓著，树起了一块金字招牌，真可谓药业史上的一个奇迹。

1. 文化传承

北京同仁堂是全国中药行业著名的老字号，创建于 1669 年（清康熙八年），自 1723 年开始供奉御药，历经八代皇帝 188 年。在 300 多年的风雨历程中，历代同仁堂人始终恪守“炮制虽繁必不敢省人工，品味虽贵必不敢减物力”的古训，树立“修合无人见，存心有天知”的自律意识，造就了制药过程中兢兢业业、精益求精的严细精神，其产品以“配方独特、选料上乘、工艺精湛、疗效显著”而享誉海内外，产品行销 40 多个国家和地区。

随着同仁堂的快速发展，品牌的维护和提升、文化的创新与传承也取得了丰硕成果，“同仁堂中医药文化”已列入首批国家级非物质文化遗产名录，同仁堂既是经济实体又是文化载体的双重功能日益显现。

2. 与时俱进

现在的北京同仁堂集团是北京市政府授权经营国有资产的国有独资公司。北京同仁堂始终坚持“以现代中药为核心，发展生命健康产业，成为国际知名的现代中医药集团”的发展战略，以做长、做强、做大为方针，以创新引领、科技兴企为己任，形成了现代制药业、零售商业和医疗服务三大板块，构建了六个二级集团、三个院和两个储备单位的企业架构，并拥有数家上市公司。

同仁堂不是一家因循守旧、故步自封的企业，而是一家与时俱进、锐意创新的企业。跨越不同的时代、不同的体制，把传统文化的精髓和现代企业发展的命脉完美结合，从而印证了“资源是会枯竭的，而只有文化生生不息”的至理名言。

三、企业理念概括提炼的基本技法

企业理念主要包括基本理念和专项理念，在概括提炼过程中，需要从定义、描述、关键要素等方面统筹考虑，准确把握每一条理念的内涵和外延，并结合企业个性文化特征，提出科学、严谨、系统、规范、经得起推敲而又具有个性冲击力的企业理念。

1. 企业愿景

（1）定义。

企业愿景是企业员工共同期望的未来发展蓝图，是凝聚和激励员工为之共同奋斗的战略远景。

（2）描述。

“愿景”一词可以分解为“愿望＋景象”。

企业愿景是基于企业战略目标，一般聚焦于企业的中长期战略目标。

企业愿景是企业员工共同向往的“蓝图”和“景象”，要激动人心、让人憧憬、具有感召力。

企业愿景和企业战略目标相关联，就是要让战略目标转化为企业愿景。

员工个人目标和愿景要融入企业目标和愿景。

在员工中树立目标意识，“没有目标的人，为有目标的人实现目标”。

（3）举例。

微软公司：让每张办公桌上和每个家庭中都有一台计算机。

华为公司：丰富人们的沟通和生活。

联想集团：高科技的联想，服务好的联想，国际化的联想。

2. 企业使命

（1）定义。

企业使命是企业在社会经济生活中所担负的责任，是企业存在的价值、意义和根本理由。

（2）描述。

“使命”一词可以分解为“使者＋奉命”。

企业使命要体现企业的责任，阐述企业存在的价值和理由。

企业使命要界定自己的业务领域，做什么业务、不做什么业务。

企业使命要关照利益相关者，比如为客户、员工、股东、社区等创造什么价值。

（3）举例。

微软公司：致力于帮助全球的个人用户和企业展现他们所有的潜力。

华为公司：聚焦客户关注的挑战和压力，提供有竞争力的通信解决方案和服务，持续为客户创造最大价值。

联想集团：为客户——联想将提供信息技术、工具和服务，使人们的生活和工作更加简便、高效、丰富多彩；为员工——创造发展空间，提升员工价值，提高工作生活质量；为股东——回报股东长远利益；为社会——服务社会文明进步。

3. 企业核心价值观

（1）定义。

企业核心价值观是企业及其员工判断事物价值及重要性先后次序的基本标准，其目的主要是解决企业与员工的价值趋同和价值追求问题。

（2）描述。

“核心价值观”一词可以分解为“核心价值导向 + 价值评判标准”。

第一步，回答企业倡导哪些核心价值要素。

第二步，回答对这些核心价值要素如何排序。

企业的一切经营管理活动、员工的一切岗位行为，都要符合企业的核心价值观。

（3）举例。

微软公司：正直诚实；对客户、合作伙伴和新技术充满激情；直率地与人相处、尊重他人并且助人为乐；勇于迎接挑战，坚持不懈；严于律己，善于思考，坚持自我提高和完善；对客户、股东、合作伙伴或者其他员工而言，在承诺、结果和质量方面都值得信赖。

联想集团：成就客户——致力于客户的满意与成功；创业创新——追求速度和效率，专注于对客户和公司有影响的创新；精准求实——基于事实的决策与业务管理；诚信正直——建立信任与负责任的人际关系。

4. 企业精神

（1）定义。

企业精神是企业员工在长期生产经营实践中形成的群体意志和精神追求，是推动企业发展的内在动力。

（2）描述。

“企业精神”一词可以分解为“群体意志 + 精神追求”。

企业精神也可以称为“企业人精神”，主要展现企业员工群体的精神风貌。

企业精神具有传承性的特点，一般是针对具有长期发展历史的企业而言。新成立的企业或成立时间较短的企业，可以不提出企业精神，而代之以企业核心价值观。

企业精神和企业核心价值观具有十分重要的协同关系，企业核心价值观主要针对企业组织，而企业精神主要针对企业员工群体。

（3）举例。

中石油集团：爱国、创业、求实、奉献。

中国国电集团：永无止境、创造一流。

企业精神在中国企业文化建设过程中一度占有十分重要的地位，甚至将其等同于企业文化，如中国石油行业的“大庆精神”“铁人精神”，中国地质行业的“三光荣精神”“四特别精神”等。

5. 企业专项理念

（1）定义。

企业专项理念是企业基本理念在经营管理过程中的延伸和细化。

（2）描述。

“企业专项理念”一词存在不确定性，大多称之为“企业经营管理理念”，也有的称之为“企业辅助理念”（相对于“企业主导理念”而言），还有的称之为“企业子理念”，可以说企业专项理念是一个相对折中的说法，但是这种说法已经被很多企业所接受。

企业经营管理理念分为企业经营性理念和企业管理性理念，主要针对企业的经营职能和管理职能而言。一般用来表述企业具体职能活动的指导思想、基本原则和基本方针等。

根据中国企业的实际情况，企业党委、工会、团委、女工委等也是非常重要的企业职能，也可以包括在企业专项理念之中。

（3）举例。

经营理念：一般强调诚信、厚德、共赢、以和为贵、信誉至上等，推动企业不断做强做大，提高市场竞争力和综合竞争优势。

管理理念：一般强调人本、创新、规范、执行、绩效等，坚持制度刚性和文化柔性，实现“硬管理”和“软管理”有机结合，提高企业的现代化管理能力和综合管理水平。

人才理念：一般强调人才培养、选拔、使用等，视人才资源为企业第一资源和关键资源，建立高素质的经营管理者队伍和具有执行力、战斗力的员工队伍，如提倡“德能兼备、适才适位”“人人皆可成才”等。

学习理念：一般强调持续学习、快速学习、岗位学习、团队学习，以及学习工作化、工作学习化等，在全球变革时代，只有建立学习型组织，才能不断挑战自我、超越自我，获得持久的竞争优势。

安全理念：一般强调安全第一、预防为主以及全员责任、本质安全等，坚持安全是企业的生命线，实行安全关口前移，健全安全管理的制度、机制、措施和安全审计监督等，做到“安全可控、事在人为”。

服务理念：一般强调客户至上、以客户为中心等，努力让客户满意、令客户感动、赢客户忠诚，为客户提供真情、温馨、舒适、美好的服务体验，不断提升客户满意度、忠诚度。

质量理念：一般强调精益求精、细节完美、精品意识、工匠精神等，坚持专业专注、流程规范，严格质量标准、质量管理，提倡“人品决定产品”“细节决定成败”，打造高质量的产品和服务。

环保理念：一般强调绿色、清洁、低碳、生态、和谐等，比如“绿水青山就是金山银山”，就是要敬畏自然、珍惜资源、爱护环境，协同推进企业经济效益、社会效益和生态效益共同提升。

廉洁理念：一般强调廉心、洁行、慎独、自律等，“不受曰廉，不污曰洁”，廉洁源于心廉，廉洁重在行动，要坚持公正、公平、公开的原则，弘扬正气，正己正人，形成良好的廉洁氛围。

四、企业理念概括提炼需要注意的几个问题

1.“企业文化无定式”问题

“企业文化无定式”就是说企业文化并没有固定的表现形式。这是一个值得十分重视的问题。无论是企业文化概念还是企业理念概念及其表现形式，都是一个众说纷纭的问题。

比如，是叫企业基本理念，还是叫企业主导理念、企业战略理念，抑或企业核心理念？是叫企业专项理念，还是叫企业经营管理理念、企业辅助理念，抑或企业职能理念？在学术理论研究和企业实践中，并没有形成一个绝对统一的叫法。本书作者也是基于多年的咨询实践，采用了在理论界和企业界相对统一的叫法。

此外，企业理念中，愿景、使命、核心价值观是相对统一的叫法，但是也有为数不少的企业使用战略、宗旨、核心理念的叫法，还有的企业提出企业信仰、企业哲学、企业道德、企业作风的叫法，这也未尝不可，都是企业理念的表现形式。

这容易引起一些理论界人士和企业界人士的争论，争论的结果还是谁也说服不了谁，这说明企业文化理论研究还存在相当的缺陷和滞后问题。于是在企业实践中，一些企业高、中层领导人员，对企业文化不是很认同、不是很主动，对企业文化产生疑虑和困惑，主要原因也是在此。

在企业理念概括提炼时，一方面要坚持“企业文化是企业灵魂”“优秀企业必须建设优秀企业文化”的基本判断，另一方面要坚持“企业文化有规律、有逻辑、有章法，可以无定式”的基本思路，避免无益的争论。

2.“企业理念表述语境”问题

企业理念表述必须借助于语言文字的基本手段，但不同的语言形式在表述企业理念时会出现很大的差异。我们都会感觉到中国企业文化的表现形式和欧美等企业文化

的表现形式不太一样，主要就是基于不同的语言形式和社会文化背景。

美国人类学家爱德华·霍尔提出了“高语境文化”和“低语境文化”的概念。在高语境文化中，绝大部分信息或存在于物质语境中，或内化在个人身上，极少存在于清晰的编码中进行传递。人们在表达感情和传递信息时含蓄间接、用字隐晦、言简意赅，重视心领神会，而信息往往是隐藏的，许多意思都包括在语境之中，无须一一点明，对语境的依赖程度较高。在低语境文化中，将大量的信息置于清晰的编码中，注重语言表达的逻辑性和精确无误，人们通过直接表达和符号传递进行交流，直截了当地直奔主题，把所有要沟通的信息都用直白的、可编码的语言表达出来，不会隐藏信息，对语境的依赖程度较低。

爱德华·霍尔认为，中国、日本等东方国家大多属于高语境文化社会，在文化交流中比较含蓄、内敛。而美国等西方国家属于低语境文化社会，在文化交流中比较直接、外显。这是跨文化交流中值得重视的问题。

所以，在中国的企业理念表述上，既要考虑汉语作为高语境文化的特点，也要考虑开放、合作、交流的全球化大背景，语言表达既要精炼、内涵丰富、具有创意，又要精准、明确、不产生歧义，特别是避免在国际语言环境、社会风俗和历史传统中受到曲解和误会的情况。

根据企业理念表述和理念传播的实际需要，多数企业都主张企业理念要“简单、易记、有冲击力”。比如中国古代典籍《诗经》多用四字，《三字经》都是三字，以及中国的对联、诗词等，都是强调语言精炼、朗朗上口、易于传播。当然，对于企业理念的阐述和释义，又要科学、规范、系统、准确，具有逻辑性和针对性，防止企业理念流于口号化、形式化，成为好看不中用的“花拳绣腿”。

3.“企业理念表述风格”问题

中国文化历史悠久，汉语博大精深，从古代汉语到现代汉语，从先秦典籍到唐诗宋词以及“四大名著”，中国的文化典籍浩如烟海。文言形式在中国具有深厚的渊源和传承，比如两千多年前诸子百家的著述，到现在依然大行其道。

企业理念的表述风格，自然脱胎于中国汉语的语言风格特点。

（1）中国文言的风格。

中国古代汉语一般称为文言，主要是指书面语言。其特点是简约精致、内涵丰富、韵律优美，但对现代人来讲有些晦涩难懂、难以普及。

一些企业的理念表述会采用“半文言”的语言风格，比如中国移动公司的核心价值观是“正德厚生，臻于至善”，广东粤电集团的企业哲学是“合和共生，守正出新”、企业使命是“厚德善能，益邦惠民”等。从企业文化内涵上会比较丰富，但在企业员工的认知和理解上造成一定程度的困难。

（2）现代语言的风格。

中国现代汉语的特点是通俗易懂、大众化、普及化。随着大众化教育的普及和提高，现代汉语在普通公众的理解和认知上基本没有问题。

但是，为了体现企业理念的内涵和个性，在表述过程中会追求遣词造句的精炼、准确、语感和意境，以达到满意的文化传播效果。比如，中国交建的企业愿景是“让世界更畅通，让城市更宜居，让生活更美好”，核心价值观是“公平、包容、务实、创新”，都比较简单直白，易于理解。

（3）网络语言的风格。

随着互联网的普及，在网民中催生了一种新兴的语言——网络语言，包括中英文字母、标点、符号、拼音、图标（图片）和文字等多种组合，其别出心裁的语汇、超常规的语法、随性的表达方式等，都产生了出人意料的传播效果。在一些新兴企业的理念传播过程中，经常会用到一些网络语言或时尚流行语，因为语言毕竟是有生命力的，在社会变革时代更是如此。

概括来说，企业理念概括提炼是企业文化体系构建的核心环节，既需要企业领导者的思想智慧，也需要外部咨询专家的专业智慧，更需要企业员工的群体智慧，是“上下结合、内外结合”的思想成果和智慧结晶。其中需要开展企业员工的文化理念征集活动、专家主持的“头脑风暴”和“文化共识营”活动，以及多次的企业理念研讨活动，特别是运用企业理念概括提炼的现代技法，展示富有生机活力的文化内涵，最后形成企业文化的基本纲领。这是企业文化的顶层设计工作，当然也只是“万里长征走完了第一步”。

第十九章　企业行为文化：建立统一的行为方式

企业行为文化是企业文化体系的重要组成部分。没有企业行为文化，企业理念文化就无处落脚，无法融入企业经营管理和员工的岗位实践，就不能在企业中落地深植。

企业行为文化主要体现为企业规章制度和企业员工的行为准则，就是说要把企业价值理念嵌入企业规章制度之中，嵌入企业的组织行为和员工的岗位行为之中，简言之，就是要把企业文化“内化于心、外化于行、固化于制”。

企业行为文化建设的关键在于制定实施企业员工行为准则，或称企业员工行为规范。一般而言，“准则”强调行为的原则性，相对概括一些，“规范”强调行为的标准性，相对具体一些，具体使用时要根据企业的实际情况而定。

制定企业员工行为准则，一般可以分为企业高层管理人员的行为准则、企业管理人员的行为准则，以及全体员工共同遵守的行为准则。此外，还要制定企业员工的行为礼仪规范。中国素称“礼仪之邦”，必然要熟悉“礼仪之道”。

一、企业行为文化概述

企业行为文化是理念文化的动态展示，是理念文化得到有效贯彻的重要保障，同时也是实现企业文化和经营管理有机结合的重要途径。构建企业行为文化体系，就是要通过对组织行为和员工行为的规范统一，使企业倡导的价值理念真正落实到每个人的岗位实践中，落实到企业的经营和管理活动中，从而把企业文化理念变为可操作的具体行为和执行标准，实现价值理念到行为规范再到经营成果的转化。

1. 企业行为的主要分类

（1）按照内外关系，分为企业内部行为和企业外部行为。

企业内部行为是对内制定战略、设立机构、开发人才、组织生产、制定规章制度及执行实施的行为，这是对企业内部而言。

企业外部行为是对外开展市场调查、市场营销、服务客户、社会公益，以及广告、宣传等公共关系的行为，这是对企业外部而言。

企业内部是一个系统，但是又必须和外部系统发生关系。比如，没有市场关系、客户关系以及其他外部关系，企业是无法生存和发展的。

（2）按照行为主体，分为企业组织行为和企业个体行为。

企业组织行为包括企业的决策行为、权力结构、沟通机制、结构设计、组织发展与变革机制等。

企业个体行为包括企业家的行为、企业模范人物的行为以及企业员工的个体行为等。

企业组织是一个法人组织，但它是由个体的自然人组成的，没有个体的自然人，企业也不会存在。

（3）按照行为内容，分为企业经营行为和企业管理行为。

企业行为主要是企业的经营管理活动，也可以分解为“经营行为”和“管理行为”。

经营行为是指从事市场经营或者营利性服务的活动，它有两个构成要素：一是行为的内容是提供商品或者服务，二是行为的目的是营利。

管理行为是指通过计划、组织、领导、协调、控制等职能，实现企业既定目标的活动。

其实，经营行为和管理行为是融为一体的，不能截然分开。

2. 企业行为的主要特征

企业行为和企业组织的本质特征密切相关，它通常具有以下基本特征。

（1）企业行为的经济特征。

企业是一个营利性经济组织，是社会经济活动的主体，也是市场的主体。其根本目的是营利，如果没有营利，企业就会破产，失去存在的基础。所以，企业必须有自己的市场指标、利润指标，企业要赚钱，是天经地义的。

（2）企业行为的法律特征。

企业生产经营活动必须在法律许可的范围内，必须符合法律的规定。既要遵守国家宪法，也要遵守国家刑法，特别是民商法、经济法等法律法规。根据中国现有法律规定，除了自然人犯罪之外，也存在“法人犯罪”的概念。

（3）企业行为的道德特征。

企业行为除了遵守法律规范，还要遵守社会道德规范。“君子爱财，取之有道”，对于企业也是如此。比如企业征信制度、企业信用评级等，就是对企业讲诚信、讲信用、讲商誉的评价制度。“黑心企业”“无良企业”注定不会走得太远，注定被市场和客户抛弃。

（4）企业行为的社会责任特征。

企业系统是社会系统的有机组成部分，必须担负对社会的责任和义务，除了承担依法纳税、解决社会就业等基本责任和义务之外，还要承担保护环境的责任、保护职业健康的责任、参与公益事业的责任以及扶危济困、回馈社会的责任等。

此外，企业行为还具有动态性、形象性等特征，体现在企业行为是一个根据内外环境进行调整和变化的过程，同时，企业行为也会在消费者和社会大众心目中形成一定的综合形象评价。

3. 如何塑造企业行为文化

（1）领导者示范。

不管什么样的企业或者团队，都需要领导者的示范带头作用、身先士卒作用、“一把手”的“看齐”作用。所谓“其身正，不令而行；其身不正，虽令不从”“上梁不正，下梁歪”，说的就是这个道理。

（2）价值观引领。

企业行为要体现企业的价值观，要提出具体的行为要求，把价值理念变成员工的自觉行动，比如诚信、协作、创新、超越等，从而培养忠诚、感恩、团队、务实、果敢、友爱、向善等职业素质和能力等。

（3）构建企业氛围。

企业氛围是一种无形的力量，能够对员工行为产生潜移默化的影响。积极的、健康的、和谐的、进取的企业氛围，必然会打造出一支“心往一处想、劲往一处使”的员工队伍。否则，“潜规则”盛行，表面和气，其实一盘散沙。

（4）塑造企业标杆。

榜样的力量是无穷的。除了领导者的示范带头，还要树立优秀人物和事迹的标杆，无论是企业劳模、先进工作者等，都会成为大家学习的榜样，从而形成一种“比、学、赶、帮、超”的行为模式，对整个企业产生激励作用，培养大家的荣誉感和成就感。

（5）强化激励约束。

强化激励约束机制是培养企业行为文化的重要内容，根据行为诱因和行为动机理论，对企业倡导的行为进行激励和奖赏、对企业反对的行为进行约束和惩处，是不可或缺的。比如“不能让雷锋吃亏”“不能让好人寒心”“不能让坏人得意”，说的就是这个意思。

二、企业行为规范概括提炼

根据企业人员结构划分，企业行为规范包括三个层次：第一个层次是全体员工行为规范，这是一般性行为规范，适用于全体员工；第二个层次是管理人员行为规范，这是特殊性行为规范，适用于管理岗位上的员工；第三个层次是领导人员行为规范，或称高层管理人员行为规范，这是特殊性行为规范，主要适用于企业领导班子成员。

1. 企业行为规范概括提炼的基本原则

（1）一致性原则。

一致性是指员工行为规范要与企业理念保持一致，与企业各项规章制度保持一致，对员工行为的具体要求不能与企业制度相抵触；行为规范自身的各项要求应该和谐一致，不要自相矛盾。坚持一致性是员工行为规范存在价值的根本体现，这样的规范性要求容易被员工认同和自觉遵守。

（2）针对性原则。

这是指员工行为规范的各项内容及其要求要从企业实际出发，对良好的行为习惯产生激励和强化作用，对不良的行为习惯产生约束和禁止作用，使得执行员工行为规范能够引导员工行为习惯。

（3）合理性原则。

这一原则是指员工行为规范必须符合国家法律、社会公德，既要合情，也要合理。要对行为规范的内容进行认真审度，避免那些看起来很重要但不合常规、违背常理的行为要求。

（4）普遍性原则。

无论是企业领导还是基层一线人员，都是企业员工，都必须遵守企业员工共同的行为规范，也称一般行为规范。在此基础上，高层管理人员、中层管理人员以及专业技术人员还必须遵守特定的行为规范，也称特殊行为规范。无论是一般行为规范还是特殊行为规范，都是在企业中普遍适用的行为规范。

（5）简洁性原则。

尽管对员工行为规范的内容要求很多，但在制定员工行为规范时不能面面俱到，不同于具体的规章制度，而要选择最主要的、最有概括性的内容，做到提纲挈领、纲举目张，便于员工学习、理解和对照执行。

2. 企业员工行为规范概括提炼的基本技法

企业行为一般分为企业组织的行为和企业员工的行为。但是，企业组织的行为也是通过企业员工的行为而实现的，所以，规范企业员工行为，是建立企业行为文化的关键。

在企业员工行为规范的概括提炼过程中，需要从行为规范的适用对象、岗位职责以及道德、纪律、态度、作风等方面综合考虑，并结合企业核心价值观和企业精神的要求，构建科学、严谨、系统、规范的企业行为文化体系。

（1）企业员工共同行为规范。

根据企业员工的基本岗位职能，以及对企业员工的综合素质和能力要求，强化企业员工的敬业、专业、团队、学习、创新、超越、绩效、自律、奉献等意识，从企业价值理念转化的角度，制定实施企业员工的共同行为规范，旨在造就一支具有凝聚力、执行力、战斗力的“干才型”高素质企业员工队伍。

表述方式一：“五个对待”。

对待企业：忠诚感恩、甘于奉献。企业是全体员工共同的和谐家园，也是全体员工共同的事业舞台。每位员工都要以忠诚和感恩的心态对待企业，为企业发展奉献自己的聪明才智。

对待工作：精业勤业，激发活力。立足岗位、勤奋工作是每位员工实现自我价值的基本要求。要以职业化、专业化的要求提高自身的业务技能，以高昂的工作热情和充满活力的工作状态在各自的岗位上建功立业。

对待同事：团队协作、共同发展。每位员工都要发扬团队精神，树立协作意识，襟怀坦白，顾全大局，换位思考，同心协力，对上级、对下级、对同级要加强沟通和理解，彼此尊重和信任，建立和谐、友爱、包容的人际关系，共同发展、共同进步。

对待客户：真诚服务、创造价值。要坚持市场导向，强化客户意识和服务意识，不断满足客户需求，为客户创造价值，以真诚的服务去感动客户、赢得客户，以超值服务培育客户忠诚，努力打造企业品牌形象。

对待社会：履行责任、和谐共进。要强化对社会的责任感和使命感，自觉弘扬和践行社会主义核心价值观，遵纪守法，明礼诚信，济危扶困，见义勇为，文明高尚，提升自我，积极关注公益事业，为建设和谐社会做出贡献。

表述方式二：“四个诚”。

忠诚敬业：忠诚企业，崇尚工匠精神，高标准、严要求，精益求精，不断学习和钻研业务技能，成为岗位专家里手。

精诚协作：发扬团队精神，强化协同意识，建立亲情相待、互助友爱的人际关系，加强沟通、换位思考、密切配合、群策群力，构建和谐企业氛围。

至诚服务：固守诚信理念，真诚服务客户，践行“专业专注、全心全意”的服务要求，为客户创造温馨、愉悦的服务体验，提升客户满意度和忠诚度。

真诚奉献：树立社会责任感和使命感，爱国爱企，诚信自律，真诚友善，奉献社会，努力成为既有职业担当又有社会担当的优秀员工和优秀公民。

（2）企业管理人员行为规范。

根据企业管理人员应具备的沟通能力、协作能力、学习能力、创新能力、执行能力以及激励能力，从企业价值理念转化的角度，制定实施管理人员的行为规范，提升整体经营管理水平，追求卓越管理绩效，旨在造就一支具有指挥能力、执行能力和自我超越能力的“专才型”企业经营管理团队。

表述方式一：“五个创新”。

团队创新：加强团队沟通，善于协调配合。要树立团队意识、沟通意识和协作意识，坚持团队高于个人的原则，培育团队内部的认同感、互信感、归属感和荣誉感。

学习创新：注重学习成长，提高综合素质。要适应信息时代的要求，培养高效务实的学习力，坚持用科学理论武装头脑，用先进知识完善自己，用专业化素质和精湛技能提高自己，打造学习型团队。

管理创新：变革思维方式，提高管理技能。要适应企业变革和发展的需要，创新思维方式和行为方式，树立职业经理人意识，提高管理技能，提高发现问题、分析问题、解决问题的能力。

执行创新：讲究执行效率，关注执行细节。要树立战略执行意识，提高执行效率，通过目标分解、细化执行、监督跟进、绩效考核的方法，实现战略、人员和运营的有机结合。

绩效创新：完善绩效评价，创造卓越业绩。要树立岗位靠竞争、业绩论英雄的意识，既要注重过程，也要注重结果，坚持公开、公正、公平的绩效评价原则，实现激励和约束效果。

表述方式二：“五个提高”。

即：提高团队沟通能力，善于协调配合；提高快速学习能力，完善综合素质；提高管理创新能力，创新管理技能；提高战略执行能力，关注执行细节；提高绩效管理能力，创造卓越业绩。

（3）企业领导人员行为规范。

根据企业决策领导人员在企业战略、企业文化以及人力资源开发中的关键职能和主导地位，以及对提高政治意识、大局意识、战略意识、协作意识、人才意识、廉政意识等一般性要求，从企业价值理念转化的角度，制定实施领导班子成员的行为规范，旨在造就一支具有战略前瞻、锐意改革、强力执行、成就事业的“通才型”企业决策领导团队。

表述方式一："五个讲"。

讲政治：不忘初心，坚定信念，树立高尚的思想政治境界。

讲表率：锻造团队，以身作则，为员工做榜样、做示范。

讲创新：前瞻思维，改革创新，科学决策，强化执行。

讲责任：树立强烈的事业心和责任心，创建卓越企业。

讲廉洁：一身正气，两袖清风，拒绝贪腐，廉洁用权。

表述方式二："五个坚持"。

坚持科学发展，实施战略创新。战略、文化、人才和执行决定事业成败。要坚持科学的发展观，把企业文化提到战略文化的高度，不断创新战略管理思想，创新战略管理举措，提升战略决策水平和规划能力。

坚持以人为本，建设优秀团队。要树立开放性的人才意识和动态性人力资源观念，优化人才资源配置，适才适位。把培育人才、造就人才作为决策领导人员的重要职责，当好伯乐，慧眼识才，任人唯贤，德能并重，不拘一格，建立优秀的管理人才团队和员工人才队伍。

坚持引领文化，提高思想境界。发挥决策领导集体在企业文化建设中的主导作用。要讲政治、讲大局、讲团结、讲正气、讲变革创新、讲和谐发展、讲共同价值，提高决策领导集体的理想信念、价值观念以及道德情操、精神境界等。企业领导要做员工的导师，做企业文化的典型示范。

坚持率先垂范，强化执行效率。发挥决策领导人员对于提高企业执行力的重要作用，建立企业执行文化。决策领导人员不仅要抓战略、抓文化、抓人才，还要抓执行。既要关注战略和文化的制定，又要关注战略和文化的执行。要身体力行，率先垂范，提高执行效率，监督执行效果。

坚持宽容开放，做大事业舞台。要增强事业心、责任心和使命感，高瞻远瞩，胸襟开阔，宽容大度；要开放思维，引导员工跳出企业看企业，从现代化、国际化的角度看企业的发展，团结全体员工，努力打造国内一流企业的宏伟蓝图。

三、企业行为礼仪规范概括提炼

中国是"礼仪之邦"，主张"礼尚往来""来而不往非礼也"。企业员工行为礼仪包括企业员工的人际关系、沟通方式、品德修养、态度作风、风俗习惯、文明形象等内容，是企业文化理念、精神风貌的集中体现，对于塑造企业形象和员工形象具有十分重要的价值和意义。

1. 企业行为礼仪基本原则

（1）尊敬他人。尊重交往对象的人格、爱好、风俗习惯和民族文化背景，真诚接受对方、重视对方，恰到好处地赞美对方。

（2）约束自我。恪守道德准则，严守纪律，遵从社交礼节，规范自己的言行举止。

（3）平等友善。弘扬中华民族传统美德，践行社会主义核心价值观，以平等、友好、善良的态度处理各种各样的人际关系。

（4）谦恭有度。加强沟通和理解，把握感情尺度，既要彬彬有礼，又不能有损自己的人格尊严；既要热情大方，又不能轻浮谄媚。

2. 企业行为礼仪基本规范

（1）办公礼仪。

遵守工作纪律和考勤制度，不迟到早退，不擅自串岗、离岗，不在工作场所大声喧哗，工作时间不做与工作无关的事，不在网络上聊天、购物、游戏，禁止在午休或工作时间饮酒，遵守禁烟规定。

办公室实施定置管理，妥善保管文件资料，物品摆放整齐有序，保持办公室和办公区域清洁卫生。

实行首问负责制、限时办结制和责任追究制，第一个接到指令、通知的员工，要及时处理、汇报，负责落实，在规定时间内完成相关工作，对于出现工作失误的，按规定给予追究处理。

（2）形象礼仪。

在工作岗位上要按规定穿着统一的工作装，佩戴上岗证、携带职业资格证，做到整洁规范。

在休闲场合着装要得体，头发要保持干净整齐、无异味，不留怪异发型，保持口气清洁，工作前忌食具有刺激性气味的食品。

女士化妆应淡雅、庄重、自然、协调，不留长指甲，不浓妆艳抹，勿当众化妆，不在生产现场着裙装。

言行举止要稳重大方、亲切自然，使用文明用语，禁止说脏话、粗话。

保持良好的工作热情和精神面貌，展示积极向上的阳光心态。

（3）电话礼仪。

接打电话先说“您好，××企业”或“您好，××企业××部”，声音愉悦，回答准确。

电话要在响起三声内接通，离电话机最近者为第一责任人。

自己拨错电话，应说“对不起”，对方拨错电话，不要责怪，对方道歉时，应说“没关系”。

通话时，对于重要信息要做好记录，需要代为找人或转告他人，应尽力而为。

电话应由地位高者、年长者先挂断，地位低者、年轻者不宜先放话筒，若有特殊情况需中断通话，应说明原因并道歉，电话结束时应使用“再见”等敬语。

工作时间禁用电话聊天。

（4）会议礼仪。

做好会议准备工作，遵守开会时间，至少提前十分钟到场。

不无故迟到、缺席，特殊原因不能准时参加，要向主管领导或会议组织者事前请准。

开会期间，关闭手机或将手机调到静音、振动状态，不得使用手机聊天、上网浏览；不得违规擅自用手机拍照、传播会议信息；开会时要认真听讲，不要私下说话或交头接耳，发言时应简洁明了、条理清晰；因故中途退场应轻手轻脚，不影响他人，会议结束时应有序退出。

保存会议资料，会后按要求及时汇报或传达。

（5）拜访礼仪。

在见面介绍的场合下，应先把地位低者介绍给地位高者；把一个人介绍给很多人时，应先介绍给其中地位最高的；男女间的介绍，应先把男性介绍给女性；男女地位、年龄有很大差别时，若女性年轻，可先把女性介绍给男性。

握手时要目视对方，大方热情，不卑不亢；同性间年长的或地位较高的应主动先伸手，异性间女方应先向男方伸手。

名片要先递给长辈或上级，递出名片时，要把文字向着对方，双手递出，一边递交一边清楚地说出自己的姓名；接对方的名片时，要双手去接，接后要马上看清并正确记住对方姓名，然后将名片收起，如遇对方姓名有难认的文字，要马上询问。

（6）接待礼仪。

接待客人时要主动、热情、大方、微笑服务。

对重要来宾，要由接待人员在大门口迎接，一般来客可在楼厅或办公室门口迎接，微笑而有礼貌地握手致意，表示欢迎。

引导客人，上楼梯时要行进在客人的后面，下楼梯时要行进在客人的前面，及时为客人提供必要的帮助。

有客来访，要马上起身招呼，对每一位来访的客人都要让座并送上一杯水。

客人落座前主人不要先坐下，当客人告辞时，主人要送到门口或电梯口。

（7）谈判礼仪。

商务谈判之前首先要确定谈判人员，与对方谈判代表的身份、职务要相当。

谈判代表要有良好的综合素质，谈判前要整理好自己的仪容仪表，穿着要整洁、正式、庄重，男士应刮净胡须，穿西服必须打领带，女士穿着不宜太性感，不宜穿细高跟鞋，应化淡妆。

布置好谈判会场，采用长方形或椭圆形的谈判桌，进门右手座位或对面座位为尊，要让给客方。

谈判前要对谈判主题、内容、议程做好充分准备，制订好计划、目标及谈判策略。

（8）签约礼仪。

签约仪式上，双方参加谈判的全体人员都要出席，共同进入会场，相互致意握手，一起入座。

签约时设有助签人员，立于签约人外侧，其余人排列站立在各自一方代表身后；助签人员要协助签字人员打开文本，用手指明签字位置；双方代表各在己方的文本上签字，然后由助签人员互相交换，代表再在对方文本上签字。

签字完毕后，双方应同时起立，交换文本，并相互握手，祝贺合作成功，其他随行人员要鼓掌表示喜悦和祝贺。

由于某种原因不能接受别人赠送的礼品，拒绝时要说明不能接受礼品的原因，比如礼物太贵重、按规定不允许受礼等，拒绝了礼物后，也要感谢别人的好意，态度要友善、诚恳。

（9）升旗礼仪。

当国旗或集团旗帜升降之时，在场者要停止走动、交谈，然后面向国旗或集团旗帜立正，并行注目礼，戴帽者应脱帽（穿制服者例外）。

参加升旗仪式时，应保持庄重、严肃的神态，以表达对国旗或集团旗帜的敬意。

在升旗仪式上，应自觉保持安静，手机应保持关闭或静音状态，不得接听电话。

（10）外事礼仪。

友好相处，互惠互利。对外交往要以宽阔的胸怀和精神相处，双方在互惠互利的原则下进行相互合作与交流，即使由于条件所限而难以达成互利协议之时，也不应采取欺诈、强制手段来谋取自身的利益。

遵守时间，不得失约。这是国际交往中非常重要的礼貌。参加各种外事活动，都要按时抵达。过早抵达，会使主人因准备未毕而难堪，过迟到达，会使主人与客人空等过久而失礼。如确因故迟到时，应诚恳地向主人和客人致歉并说明原因。万一因故不能应邀赴约，要礼貌地告知主人，并表示歉意。

尊重老人与妇女。尊重老人与妇女，既是我国的传统美德，也是涉外交往中的必备品质。在上下楼梯，进出电梯、车辆时，都应礼让老人与妇女，让其先行，必要时给予适当帮助；对同行的老人、妇女，男子应帮助提较重物品；进出大门，要主动帮助他们开门、关门；进出屋时也可帮助他们穿、脱大衣外套；同桌用餐时，男子也应主动帮助他们入座、离席。

尊重各国的风俗习惯。不同的国家、民族，由于不同的历史、文化、宗教等因素，各有其特殊的风俗习惯和礼节，在外事交往中均应予以重视。如新到一个国家或初次参加活动，要多了解、多留意、多观察，不懂或不会做的事，可仿效别人。

注意个人卫生与举止言谈。国际交往中要注意个人卫生，衣着要整齐美观，衣领袖口要干净，皮鞋要上油擦亮，穿西装要打好领带，梳理好头发，刮净胡子，修剪好指甲；举止要落落大方、端庄稳重、表现自然、和蔼可亲，站有站相、坐有坐相，另外，参加活动前不能吃带有刺激气味的食物，禁止吸烟；言谈的态度要诚恳、自然、大方，语气要和蔼可亲，表达要得体，谈话内容要事先有所准备，应开门见山地说明来意后就进入正题，要留给别人说话的机会，言谈中手势不要过大，讲求倾听的艺术，不要询问妇女的年龄、婚否、工资收入等私人生活方面的问题，不要随意谈论当事国的内政、外交、宗教等问题。

概括来说，制定和执行企业员工行为规范，是推进企业文化建设的关键环节，也是推进企业文化与企业经营管理相结合的基本途径，从而实现企业文化“外化于行”的目的。企业文化贵在建设、贵在行动，不仅要“内化于心”，更要“外化于行”，不仅要让员工具有“自觉意识”，还要具有“自觉行动”，变“硬约束”为“软约束”，变“硬管理”为“软管理”，真正从制度管理上升到文化管理，塑造企业员工的职业形象和礼仪形象。如俄国著名作家契诃夫所说，“人的一切都应该是美丽的：容貌、衣裳、心灵、思想”。

第二十章　企业视听文化：建立统一的企业形象

企业文化的基本功能，简单概括来说就是“内聚人心、外树形象”。

古语说“腹有诗书气自华”，也是说文化会产生由内而外的生发效果。简言之，理念文化是“企业之魂”，行为文化是“企业之行”，视听文化则是“企业之形”，从而构成一个完整的企业文化体系。

根据企业文化与 CIS 一体化的设计框架，企业视听文化体系对应的是 VI 系统。根据人类对信息接收和加工的生理机制，80% 以上的外界信息是通过视觉和听觉而获得的。所以，设计企业视听文化，是塑造企业形象的基本手段。

企业视听文化建设需要解决两大问题：第一，设计企业视听识别系统，主要包括企业标志、企业旗帜、企业歌曲，以及办公系统、服饰系统、交通系统、环境系统等，让企业形象统一化、规范化；第二，制订视听文化传播方案，包括广告企划、媒体传播、公关宣传、社会公益活动、危机处理等，特别要关注网络时代的“融媒体”传播手段。

一、企业视听文化与企业目视管理

根据企业文化体系的基本构成，视听文化体系是企业文化体系的有机组成部分，是对企业理念文化的具象化、视觉化、听觉化的传播方式，是以企业标志、标准字、标准色为基础的整体性标识系统。建立统一、规范、个性鲜明的企业视听文化体系，不仅能够有效传播企业价值理念，而且能够塑造企业社会形象以及企业品牌形象。

企业视听文化具有统一性和独特性的基本特征。统一性，是指要做到标志的统一、标准字的统一、标准色的统一，以及各种基本要素和应用要素的统一，对内对外树立统一规范的企业形象；独特性，是指企业标志、标准字、标准色以及企业象征图形、企业吉祥物等，要体现企业的个性特征，要有独特的创意设计，要区别于其他企业，在消费者和社会大众心目中塑造“独树一帜”的企业形象。

随着企业文化的创新实践以及 CIS 设计的应用拓展，企业目视管理也逐步成为企业经营管理的一种重要手段。这是一种以公开化和视觉显示为特征的管理方式，也可称为“可视化管理”“看得见的管理”。

这种管理方式是在企业现有环境的基础上，以企业室内外空间为载体，以视觉艺术语言为基本手段，通过整体规划、设计及施工，构建整套目视化系统。

企业目视化管理主要解决两大问题。对企业内部：优化空间功能，增加企业性格色彩，提升管理效率和工作效率，提升员工的归属感和认同感，增强企业凝聚力、感召力；对企业外部：强化企业辨识度和认知力，提升企业知名度、美誉度，塑造企业整体形象，从而获得市场竞争力，拓展企业品牌影响力。

企业目视化管理的功能载体多种多样，比较常用的有企业文化展馆、企业文化展厅、企业文化主题雕塑、企业虚拟现实（VR）体验馆、企业多媒体制作、企业形象墙以及企业吉祥物等。

二、视听文化基本要素设计

企业视听识别系统设计的关键，主要集中于企业标志、企业旗帜、企业歌曲。此外，还包括企业象征图形和企业吉祥物等。

一般来说，企业视听文化基本要素主要包括以下内容：标志；标志制作方格图；标志不可侵犯空间限定及最小尺寸确定；标准色；中、英文标准字体；标准字体制作方格图；标志与中、英文标准字体组合；标志组合不可应用规范。

1. 企业标志设计

企业标志是一个企业的标志，通过文字、图形及其组合的造型符号，用于区别其他企业。

企业标志与商标不同，商标是一种商品（产品或服务）的标志，虽然设计形式上也是文字、图形及其组合的造型符号，但是用于区别其他商品（产品或服务）。

在企业实践中，也有用企业标志来代替企业商标的情形，这样有助于提升企业的产品形象和服务形象，同时也提升了企业的知名度和美誉度。

企业标志和品牌标志既有联系，也有区别。品牌标志可以注册成为商标，企业标志也可以代替品牌标志。这都要基于企业的实际情况而定。如图 20-1 所示，是日照港集团的企业标志，其标志造型元素分别为：G（港口）、红日以及中英文组合。

图 20-1　日照港集团企业标志

企业标志对于企业来说具有十分重要的战略意义。

设计企业标志，往往凝结着战略要素、文化要素以及品牌要素，是企业战略、企业文化、企业品牌的象征。

企业标志一经确立，就具有相当长时期的稳定性，甚至终身使用。如果出现企业标志更换的情形，一般意味着企业发生了重大的战略转型、文化变革，或者企业实施兼并重组等。

如图 20-2 所示，是联想集团的新旧企业标志对比。2001 年，联想集团在全球化产业竞争的形势下，推出新的国际化竞争战略目标："高科技的联想，服务的联想，国际化的联想"，并构建了以企业愿景、企业使命、核心价值观为主导的企业文化体系。2003 年 4 月，联想集团正式发布"Lenovo"新标志，换掉了沿用 19 年的标志"Legend"，其含义也由"传奇"转变为"创新"（见图 20-3）。从此开启了联想集团新的历史征程。

图 20-2　联想集团的企业标志变化

如图 20-3 所示，是华为公司的企业标志演变形式。2004 年，华为公司将使用了多年的标志性品牌 Logo 由 15 个花瓣改为 8 个花瓣的样式，并在 2018 年进一步做了色彩上的调整。

图 20-3　华为公司的企业标志变化

华为新标志在设计上采用了聚散的模式，8 瓣花瓣由聚拢到散开，寓意事业欣欣向荣。底部聚在一起，寓意坚持客户需求导向、为客户创造价值的核心聚焦。花瓣慢慢开放，寓意创新、稳健、和谐、开放的理念，更具国际化、职业化的特征。扁平化的设计也符合现在大众审美需要，符合手机操作界面和图标的扁平化视觉效果，更具现代感和时尚感。

2. 企业标准字设计

标准字体是企业视觉识别系统中的基本要素之一，应用广泛，常与标志联系在一起，具有明确的说明性，可直接将企业或品牌传达给观众，与视觉、听觉同步传递信息，强化企业形象与品牌形象的诉求，与标志设计具有同等重要性。

企业标准字体是指经过专业设计的企业专用字体。企业标准字体与普通印刷字体不同，是根据企业视觉形象识别的需要，设计字体形态、粗细、字间的连接与配置，以及统一的造型等，比普通印刷字体更具独特风格、新颖创意以及美观视觉。

（1）标准字体的一般分类：企业名称的标准字；品牌名称的标准字；产品名称的标准字；企业活动的标准字；文本标题的标志字。

（2）设计标准字体的一般程序：设计标准字体的基本造型；设计标准字体的笔画形态；设计标准字体的统一形象；设计标准字体的编排印刷。

3. 企业标准色设计

标准色是指企业为塑造独特的企业形象而确定的某一特定的色彩或一组色彩系统，运用在所有的视觉识别设计的媒体上，通过色彩特有的知觉刺激与心理反应，以表达企业价值理念和产品服务的特质。

由于企业的标准色具有科学化、差别化、系统化的特点，开发和运用标准色的组合，通过色彩色相、彩度、亮度三方面的和谐匹配，在其中注入企业价值理念的情感倾向和理性特征，能够强化企业标志、企业识别系统的传播功能和识别功能。

人们对色彩的视觉感知，会受到自身生活经验、社会意识、风俗习惯、民族传统以及自然景观等因素的影响，而产生一定的具体联想和抽象感情，形成人们对于色彩的共同的心理基础。所以，企业标准色的选择应注意以下两点。

第一，注意各颜色本身所含的个性特征，以使其较好地与企业价值理念结合，避免出现较大的偏差。

下面举例的是一些常见的彩色，只是带有一定共性的联想和感情，而且某些色彩之间具有一定的交融性，不是非此即彼的关系。

红色：具体联想——火焰、太阳、红旗、血、辣椒等；抽象感情——热烈、活力、朝气、革命、愤怒等。

橙色：具体联想—— 桔子、柿子、秋叶等；抽象感情——温情、和谐、欢喜、迟疑等。

黄色：具体联想——黄金、灯光、菠萝、柠檬、稻穗等；抽象感情——愉快、希望、快乐、富贵、色情、未成熟等。

绿色：具体联想——大地、森林、草原、蔬菜等；抽象感情——自然、健康、和平、清新等。

蓝色：具体联想——天空、海洋、山峦等；抽象感情——沉稳、理智、科技、信任等。

紫色：具体联想——葡萄、茄子、萝卜等；抽象感情——优雅、高贵、神秘、细腻等。

黑色：具体联想——黑夜、黑发、乌鸦、煤炭等；抽象感情——悲哀、沮丧、恐怖、绝望、沉重、老旧等。

白色：具体联想——雪、云、雾、白纸、天鹅等；抽象感情——纯洁、清白、神圣、空虚、空白等。

灰色：具体联想——水泥、老鼠等；抽象感情——平凡、谦和、失意、中庸等

第二，企业标准色的开发使用，应考虑到国际化的背景以及不同民族的用色习惯和偏好，避免跨文化交流中的冲突。

比如，在法国，人们不太喜欢绿色，因为它会使人想到纳粹军服，而且该国在举行葬礼时有铺撒绿叶树的习俗；在德国，人们忌用茶色，不喜欢黑色和深蓝色的衬衫；在瑞士，人们喜爱三原色和同类色相配，并喜欢国旗上的红色和白色；等等。

4. 企业象征图案设计

在视觉识别系统设计过程中，除了企业标志、标准字、标准色之外，也可以设计具有适应性的象征图案。

企业象征图案是视觉识别设计要素的延伸和发展，与企业标志、标准字体、标准色形成互补、衬托的关系，是基本要素中的辅助符号，通过象征图案的视觉冲击力和

感染力，加强企业形象的诉求力，使视觉识别更具完整性和识别度。

然而，不是所有的企业视觉识别系统都要设计象征图案。有的企业标志、标准字体本身已具备了画面的效果，象征图案就失去了积极的意义，这种情况下，使用标准色丰富视觉形象更理想。

象征图案是为了适应各种宣传媒体的需要而设计的，但是，应用设计项目种类繁多，形式千差万别，画面大小变化无常，这就需要象征图案的造型设计是一个富有弹性的符号，能随着媒介物的不同，或者是版面面积的大小变化做适度的调整和变化，而不是一成不变的定型图案。

5. 企业吉祥物设计

企业吉祥物，是指企业为强化价值理念和企业风格，突出产品或服务的个性特征，设计的漫画式的人物、动物、植物、非生命物以及风景等具象化视觉形象，以塑造企业形象识别的一种造型符号。比如海尔集团的海尔兄弟、肯德基的山德士先生等，都是人物形象。

吉祥，其基本含义就是“吉利”和“祥和”。古人云：“吉者，福善之事；祥者，嘉庆之征”，这是人类共有的吉祥情感。

企业吉祥物有两大属性，一是基于企业内涵的文化属性，一是基于商业流通的产品属性。它不仅要体现企业品牌形象和企业性格，而且要符合大众审美要求，成为便于流通的传播媒介，与消费者和社会大众产生情感共鸣。

吉祥物的渊源历史悠久，比如中国人的祖先创造了龙、凤、麒麟等吉禽瑞兽，而且赋予这些东西一种象征的内容及意义，去满足人们内心祈福的心理需求，民间流传的吉祥物也形形色色、不胜枚举。

当然，吉祥物的概念并不局限于企业吉祥物，一些重大的社会活动、商业活动以及体育活动等，都可以设计吉祥物。

【链接：历届夏季奥运会吉祥物】

1972 年慕尼黑奥运会

名字：Waldi。

Waldi 是一只短腿长身的德国猎犬，是夏季奥运会历史上第一个官方的奥运吉祥物，代表了运动员坚韧、坚持和敏捷的特性。Waldi 被生产成为各种形式和尺寸的纪念品，如长毛绒、塑料玩具、海报、纽扣等。

1976 年蒙特利尔奥运会

名字：Amik。

吉祥物已经成为奥运会的传统，这届奥运会被选为吉祥物的动物是海狸，命名为Amik，是加拿大阿尔贡金族印地安人语“海狸”的意思。

1980 年莫斯科奥运会

名字：Misha。

1980 年莫斯科夏季奥运会的吉祥物是一只名叫 Misha 的俄罗斯熊，由著名的儿童书籍插图画家维克多切兹可夫设计。Misha 在 1977 年 12 月 19 日第一次展现在人们的面前，在奥运会期间被设计在诸如毛绒玩具、瓷器、塑料制品、玻璃器皿等上百种纪念品上，而且还被印制成了邮票。

1984 年洛杉矶奥运会

名字：Sam。

名为 Sam 的老鹰以美国星条旗为背景，红白蓝颜色更是美国的代表色，卡通造形的鹰穿着代表美国传奇人物“山姆大叔”的服装。这个由迪斯尼设计的吉祥物，有着十足的美国风味，吉祥物被商业化利用也是从此次开始。

1988 年汉城奥运会

名字：Hodori。

1988 年汉城奥运会在东方举行，韩国人选择较具东方色彩的小老虎作为吉祥物，取名为 Hodori。它被设计成为一只友善的动物，代表了韩国人热情好客的传统。吉祥物的名字是从 2295 个由公众提交的名字中挑选出来的，“Ho”来自韩语的虎，而“Dori”是韩国人对小男孩常用的一种爱称。

1992 年巴塞罗那奥运会

名字：Cobi。

吉祥物是一只又像山羊又像狗的动物，取名为 Cobi。组委会为了宣传奥运会，在西班牙的电视里特地为它制作连续剧。这个由西班牙当地漫画家扎维尔·玛瑞斯克设计的小狗 Cobi，一开始并未被西班牙人普遍接受，但随着奥运会结束，Cobi 慢慢地流行了起来，并且逐渐受到西班牙人和世界的喜爱。

1996 年亚特兰大奥运会

名字：Izzy。

1996 年亚特兰大夏季奥运会的吉祥物“Izzy”，是第一个用电脑制作出的吉祥物。它是一个幻想出来的生物，被起名叫作“Izzy”，这个名字来源于“What is it”，因为没有人能看出它到底像什么。期间它改变过几次形象。最后它得到了一张嘴，并在眼睛上增加了闪亮的星星，同时在原先细长的腿上增加了肌肉，脸上也长出了鼻子。

2000 年悉尼奥运会

名字：Syd、Ollie 和 Millie。

2000 年悉尼奥运会吉祥物 Ollie、Syd 和 Millie 是三个澳大利亚本土动物的形象。Ollie 代表了奥林匹克的博大精深（来自奥林匹克）；Syd 表现了澳大利亚和澳大利亚人民的精神与活力（来自悉尼）；Millie 是一个信息领袖，在它的指尖上有资料和数据（来自千禧年）。

2004 年希腊雅典奥运会

名字：Athena（雅典娜）和 Phevos（费沃斯）。

吉祥物是根据古希腊陶土雕塑玩偶“达伊达拉”为原型设计的两个被命名为 Athena（雅典娜）和 Phevos（费沃斯）的娃娃。他们长着大脚丫，长长的脖子，小小的脑袋，一个穿着深黄色衣服，一个穿着深蓝色衣服，头和脚为金黄色，十分可爱。根据希腊神话故事记载，雅典娜和费沃斯是兄妹俩，雅典娜是智慧女神，费沃斯则是光明与音乐之神。

2008 年北京奥运会

名字：贝贝、晶晶、欢欢、迎迎、妮妮。

北京奥运会吉祥物是历届奥运会中最多的，有五个。它们分别是：奥林匹克圣火形象的福娃欢欢、大熊猫形象的福娃晶晶、鱼形象的福娃贝贝、藏羚羊形象的福娃迎迎和燕子造型的福娃妮妮。五种造型的名字合在一起就意味着“北京欢迎你”。

2012 年伦敦奥运会

名字：Wenlock（文洛克）和 Mandeville（曼德维尔）。

这两个吉祥物都只有一只眼睛，是经过 1 年半的创作过程后正式确认的。伦敦奥运会组委会主席塞巴斯蒂安·科表示，这两个吉祥物是为儿童创作的，他们将把儿童和运动联系在一起，讲述让人们引为自豪的奥运会的故事，温洛克和曼德维尔将帮助孩子们健康成长。

2016 年里约奥运会

名字：Vinicius（维尼休斯）和 Tom（汤姆）。

两个吉祥物分别代表了巴西的动物和植物。黄色的维尼休斯代表巴西的动物，其中有猫的灵性、猴子的敏捷以及鸟儿的优雅；蓝色的汤姆的设计灵感来自巴西热带雨林的植物，体现出桑巴国度的热情与奔放。

2020 年东京奥运会

名称：Miraitowa、Someity。

Miraitowa 意为“未来（mirai）”和“永远（towa）”，Someity 则是将具有代表性的日本樱花“染井吉野”与英文“so mighty（强有力）”结合在了一起。Miraitowa 和 Someity 均被设定为生活在数字世界里的人物，可使用互联网在数字世界与现实世界之间自由往来。其中 Miraitowa 的特技为瞬间移动，Someity 则可以使用超能力。

三、视听文化应用要素设计

企业视听文化应用要素的设计内容，是基本要素在各种媒介上的组合应用方式，主要包括办公系统、服饰系统、礼品系统、产品包装系统、交通工具系统、建筑环境系统等十大应用要素系统。

设计基本要素系统和应用要素系统，制作推广《企业视听识别系统管理手册》，可以保证企业视听识别的统一化、标准化、规范化，提升企业整体形象，增加企业无形资产价值，提高企业的市场竞争力。

一般来说，企业视听文化应用要素主要包括以下内容：名片；中、西式信封；中、西式信纸；便笺纸；胸卡、徽章；工作证；桌签；邀请卡；封套；不干胶纸；包装纸；手提袋；车证；企业简介封面；企业展板；企业旗帜；桌旗；企业部门名称看板；企业部门名称看牌；标志牌；指示牌；纪念品；工作服；车辆；产品包装设计规范；品牌专卖店设计规范。

以日照港集团为例，其部分视听文化应用要素如图 20-4 所示。

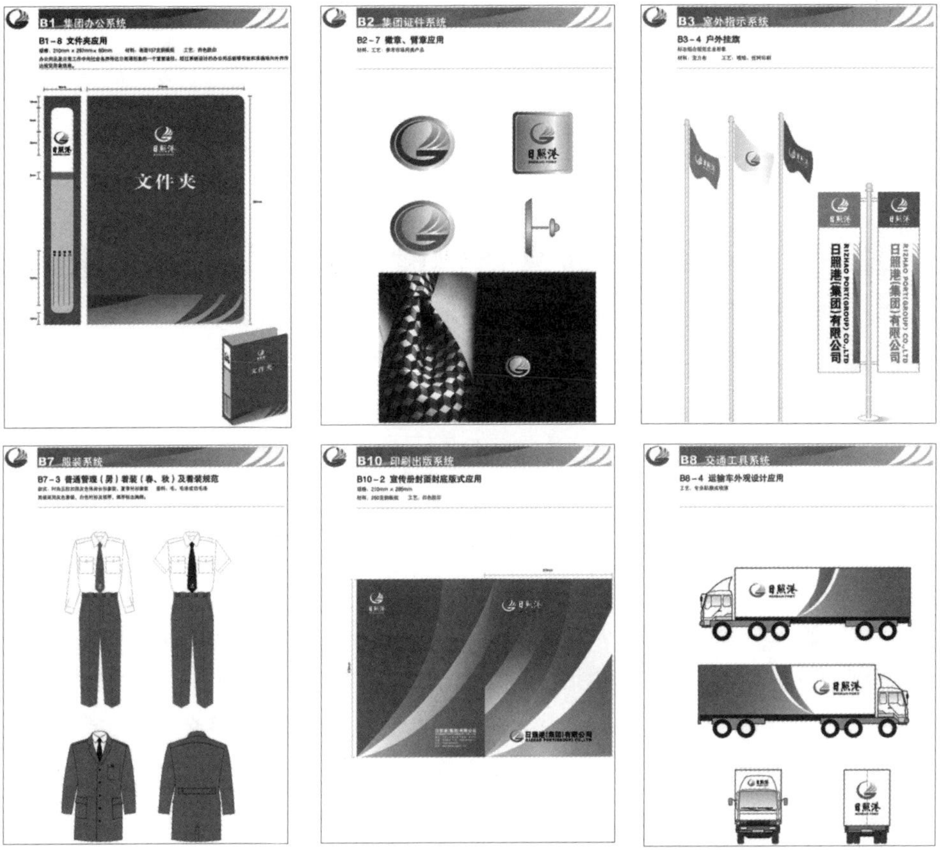

图 20-4　日照港集团的部分视听文化应用要素

第二十一章　企业文化建设规划：长效机制和落地深植

制订企业文化建设规划，是把企业文化建设当作一项长期的、持续的战略任务，既不是“锦上添花”的应景之作，也不是为了对外的企业形象宣传。

企业文化建设最终是要提升企业的文化软实力和核心竞争力。企业软实力，是相对于企业硬实力而言，软实力包括企业的凝聚力、感召力、执行力、学习力、形象力以及员工幸福指数等，其中主要体现为企业的文化软实力。企业核心竞争力或称企业核心能力，是一个企业能够长期获得竞争优势的能力，是企业所特有的、经得起持续考验的，并且是竞争对手难以模仿的技术或能力。而这种技术和能力，其中最关键的是人的因素、是文化的因素。卓越的文化，打造卓越的人才，必然成为企业核心竞争力的重要载体。

企业文化建设不是一朝一夕，也不是一种运动式，可以走马观花，可以时过境迁，而是需要纳入企业战略规划的范畴，明确企业文化的总体目标、基本任务和关键举措，建立一种长效机制，激发生生不息的企业文化活力。

企业文化建设更需要扎根企业实践，不能只是说在嘴上、挂在墙上、写在文件里、装在档案里，而是融在企业经营管理活动之中，融在企业员工岗位行为之中，从“形而上”变成“形而下”，落地深植，根深叶茂。

一、指导思想和基本原则

企业文化建设在一定程度上属于意识形态的范畴，需要指导思想；企业文化建设又是一种管理科学，遵循一定的规律，也需要坚持一定的原则。

一般而言，其指导思想和基本原则包括但不限于以下内容。

1. 指导思想

（1）坚持“以人为本”的思想。坚持以人为本，把人作为企业文化建设的出发点和落脚点。坚持“人的价值高于物的价值、群体价值高于个体价值、社会价值高于利润价值”的价值导向，牢固树立企业发展依靠人、企业发展为了人的观念，激发员工的智慧和潜能，追求员工的职业成长和价值实现。

（2）坚持“党建引领”的思想。坚持以党建文化引领企业文化，根据中国特色社会主义新时代发展要求，贯彻“围绕中心抓党建，抓好党建促发展”的基本方针，积极推动企业转型创新，提升企业整体经营管理水平，打造企业文化软实力和品牌竞争力。

（3）坚持“战略协同”的思想。坚持企业文化与企业战略协同推进，一方面企业文化决定了企业战略的使命和愿景，另一方面企业战略也规定着企业文化建设的目标和任务，企业文化战略是企业总体战略的有机组成部分。特别是通过企业转型和文化变革的互动，提升企业的核心竞争力和综合竞争优势。

2. 基本原则

（1）继承创新。企业文化建设是一个长期的、动态的过程。既要继承企业创业发展过程中积淀形成的优秀的经营管理思想和价值理念，又要积极借鉴吸收国内外企业文化建设的成功经验，在新形势下不断探索建立包括理念创新、管理创新、经营创新、体制创新在内的综合创新体系，推进企业文化建设实践。

（2）全员参与。企业文化建设是一项全员性的工作，要明确领导团队在企业文化建设中的主导地位，大力倡导、身体力行，成为企业文化建设的引领者、传播者、实践者，职能部门和基层单位要积极推进、有效实施；同时也要尊重员工在文化建设中的主体地位，让员工广泛参与、积极献计献策，内聚人心、外塑形象。

（3）统筹规划。企业文化建设是一项综合、系统工程，需要发挥企业各方面的力量，党政工团，齐抓共管，统筹协调，系统运作；通过制订企业文化建设 3 ~ 5 年规划和企业文化建设年度工作计划，突出重点，全面推进，有目标、有措施、有检查、有考核。同时在操作过程中要分步实施，循序渐进。

（4）重在践行。企业文化建设不仅需要一套科学、规范的企业文化体系，更需要建立企业文化管理制度和运作机制，总结经验，分析问题，持续改进，再上台阶，力戒形式主义，使企业文化建设融入现代企业经营管理之中，探索建立具有效率、活力和显著特色的企业文化管理模式。

二、总体目标和主要任务

既然是规划，就必须制定长期的、中期的或短期的目标，明确其基本任务。根据企业文化建设的一般规律，企业文化规划目标从属于企业整体战略目标，一般会设定在3～5年，然后根据企业内部资源条件和外部市场环境的变化，根据企业战略规划的调整情况，启动企业文化建设规划的另一个3～5年的周期。

一般情况下，企业文化建设规划的目标和任务是这样规定的。

1. 总体目标

通过3～5年的努力，全面推动企业理念文化、制度文化、行为文化、品牌文化建设，推动企业文化和企业经营管理相结合、企业发展与员工发展相结合、企业文化和品牌塑造相结合，提升企业核心能力和综合竞争优势，为企业持续、稳健发展提供强大的精神动力和文化支持。

2. 主要任务

（1）构建科学规范的企业文化体系。构建科学规范的企业文化体系是企业文化建设的基础工作。要把握企业文化与企业战略、企业制度和人力资源管理的互动关系，明确企业核心价值理念、经营管理理念、企业员工行为准则，并在企业文化建设实践中形成积极向上、健康和谐的企业文化氛围，激励全体员工为实现企业目标而努力奋斗。

（2）建立健全企业文化长效机制。建立规范和健全的企业文化长效机制是有效推动企业文化建设的根本保障。在形成企业文化体系的基础上，要制订实施企业文化建设规划以及年度企业文化计划，明确阶段性目标和责任部门、责任人，进行跟踪检查和及时反馈，通过综合评价考核，建立文化激励和约束机制，提高企业文化建设绩效，实现企业文化建设整体水平的螺旋式上升。

（3）提升企业社会形象和品牌形象。企业文化建设和形象塑造是相辅相成的关系，要加大企业文化传播力度，开展企业形象塑造工程，为企业的发展注入更多的文化内涵，提高企业的知名度和美誉度，打造企业品牌。同时，也要加强公共关系管理，与政府部门、行业机构、业务伙伴、其他利益相关者以及媒体等建立广泛的信任与合作关系，全面提升企业的社会形象和品牌形象，创造企业无形资产价值。

三、实施步骤及主要措施

像许多规划一样，企业文化建设规划也需要根据其目标和任务分步实施，或者按照内容分类划分不同的阶段，或者按照年度分类划分不同的阶段。根据企业的常见做法，多数采用年度计划的方式，列出企业文化建设的主要措施。

在企业文化建设规划实施过程中，要有组织、有计划、有措施、有考核，从而保证企业文化真正落地深植。

一般而言，企业文化规划实施的主要措施包括以下几种。

1. 建立企业文化推进组织

（1）企业文化建设领导机构。以企业文化建设领导小组作为决策机构，由董事长、书记担任组长，高层管理人员和部门单位负责人作为成员。

（2）企业文化建设推进机构。以企业文化职能部门作为专业推进机构，负责年度企业文化工作的协调和推进工作。企业文化建设年度工作计划根据企业文化建设整体规划，并结合企业年度工作计划制订。

（3）企业文化专员队伍建设。在各部门、单位设立一名企业文化专员，在本部门、单位领导安排和企业文化职能部门的指导下，具体负责企业文化推广实施。

2. 制定《企业文化手册》

《企业文化手册》是企业文化的主要载体形式，是企业文化建设的基本纲领。其主要内容包括如下几个方面。

（1）基础篇，主要包括企业简介、企业文化宣言等。

（2）理念篇，主要包括企业使命、企业愿景、企业核心价值观、企业精神以及企业专项理念或企业经营管理理念等。

（3）行为篇，主要包括企业员工行为规范、形象礼仪规范以及职业素质能力要求等。

（4）传播篇，主要包括企业 VI 传播以及企业文化传播等。

3. 开展企业文化全员培训宣贯

对企业各层级员工进行针对性的企业文化培训宣贯。

（1）领导班子成员：专家培训，开展企业文化理论研讨、案例研讨、对外考察交流等。

（2）中层管理人员：专家培训，开展企业文化专题研讨、案例研讨、对外考察交流等。

（3）企业文化专员：专家培训，开展企业文化专业技能培训、实践操作培训以及案例研究等。

（4）企业全体员工：专家培训或领导培训，开展企业文化基础知识培训、企业文化体系宣贯等。

4. 开展企业文化系统推广活动

（1）开展企业文化目视管理。在企业办公场所及业务现场开展企业价值理念、传播用语的视觉化展示，比如设计文化形象墙、文化象征物、文化雕塑，以及设立企业文化展厅或活动室等。

（2）开展企业文化主题活动。发挥企业报刊、网站、微信公众号等舆论阵地作用，通过举办主题文化论坛、征文比赛、演讲比赛、知识竞赛等活动，培育积极向上的文化氛围。

（3）开展企业文化仪式活动。根据企业工作实际，在企业会议、庆典、奠基以及职工晋升、退休等重要场合，设计相应的企业文化仪式，比如企业升旗仪式、就职宣誓仪式、文化诵读仪式等。

5. 编写《企业文化故事集》

编写《企业文化故事集》，让“理念故事化，故事理念化”，是企业文化认知、认同、实践、传播、落地的重要途径。一个个主题鲜明、生动活泼、寓情于理、耐人寻味的企业文化案例故事，不仅能传达企业文化价值理念，更能在员工中树立学习的榜样和工作的楷模。

主要环节：主题策划；素材资料收集；员工故事征集；专家修改点评；设计印刷成册。

6. 编写《企业员工手册》

企业文化理念要真正获得广大员工的认同，转化为员工的自觉行为，需要把企业文化理念和人力资源管理制度进行规范整合，明确员工的基本权利和义务，建立完善激励约束机制，编制《企业员工手册》。

主要内容：企业概述、企业理念、行为准则、仪容仪表、员工权利和义务、考勤管理、薪酬福利、社会保险、奖惩规定、教育培训等。

7. 推进企业专项文化和特色文化建设

（1）专项文化建设，主要包括安全文化建设、质量文化建设、服务文化建设、廉洁文化建设等。

（2）特色文化建设，比如劳模文化建设、家园文化建设等。

8. 推进企业制度文化建设

建立完善企业文化管理制度，是强化文化激励和约束，形成企业文化长效机制的前提。其主要内容如下。

（1）根据实际制定《企业文化管理制度》或《企业文化管理办法》，明确企业文化领导机构、职能机构及其职责，对理念文化、行为文化及视觉文化进行一体化管理，对企业宣传、公管活动、文化传播等进行一体化管理等。

（2）根据实际对企业规章制度文件进行梳理编纂，对不符合企业价值理念的部分进行修订。

（3）重点对企业沟通（包括会议、员工合理化建议、新员工座谈等）制度、培训制度、奖惩制度等进行综合设计。

9. 推进企业品牌文化建设

品牌文化建设是企业文化建设的延伸，是提高企业文化软实力和品牌竞争力的必然选择。其主要内容如下。

（1）构建企业品牌文化体系，主要包括品牌调研、品牌定位、品牌内涵、品牌命名、品牌传播口号等。

（2）制订品牌战略规划，主要包括品牌建设指导思想、基本原则、总体目标、品牌传播方案、品牌评价办法以及品牌注册等。

10. 推进学习型组织建设

主要建议：学习型组织推进工作，可以由党群、工会、团委等机构共同推进；在学习型组织建设中，要有相应的推进计划、具体的活动形式和要求，比如，领导团队、职能机构、分支机构都要设计相应的学习团队，开展知识分享活动，或者定期开展“头脑风暴”活动，作为创新思维方式和行为方式的重要途径和方法。

11. 实施企业文化考核评价

主要建议：制定《企业文化考核评价办法》，根据企业文化建设实际需求，在深入调研分析、沟通交流的基础上，进行专业化设计，建立各项测评指标体系；建议每年年底或次年年初邀请咨询测评专家进行一次本年度企业文化建设工作考核评价活动，或者在专家指导下自身开展企业文化考核评价；企业文化考评要与企业经营管理结合，与经营绩效挂钩。

12. 举办企业文化成果展

根据企业文化建设的综合成果，结合企业实际举办企业文化成果展览活动，并通过企业文化的内外传播，充分展示企业文化和企业品牌的价值成果，从而整合提升企业的无形资产。

主要内容：主题策划设计；企业文化建设系列成果展览；举办企业文化经验交流及研讨活动；对展览活动的综合宣传报道等。

13. 构建企业文化管理模式，建立“企业基本法”

主要建议：第一，构建企业文化管理模式，标志着企业已经由科学管理阶段上升到文化管理阶段，这是企业文化建设比较成熟的阶段，企业战略、人力资源与企业文化协同运作，领导力、执行力、形象力综合推进，企业的核心能力和综合竞争力得到大幅提升，这需要一个持续渐进的过程；第二，在初步构建文化管理模式的前提下，企业可以考虑建立自己的企业根本大法，比如“企业宪章”“企业基本法”“企业纲领”等，把行之有效的企业战略战术思想、企业经营方略方法以及企业体制运营、战略管理、人力资源管理、技术研发、市场营销、财务管理、风险管理的基本政策和制度，综合集成为一部“企业法典”，为企业长远发展奠定坚实基础。

14. 企业文化规划实施与 PDCA 循环模式

企业文化规划实施是一个不断循环的过程，通过建立 PDCA 循环，不断改进工作中存在的问题，升华理念、固化成果、优化结构，推动企业文化由文化自觉到文化自信再到文化自强的螺旋式升华。并在此基础上进一步修订和补充实施方案，推进企业文化建设的持久深入开展，建立切合企业实际、符合行业发展规律的先进文化，并研究制订新一轮的文化战略规划，推进企业文化建设的良性循环。

PDCA 循环包括计划、实施、检查、行动四个阶段，周而复始、优化提升，不断解决企业文化建设中的疑难问题，提高企业文化管理水平。

（1）计划阶段。分析企业文化现状，调查研究企业文化建设中存在的问题，诊断出影响企业文化建设的主要因素，制订相应措施，提出计划方案，并预计其效果。通过计划阶段的分析后，细化企业文化工作内容，明确每一个责任部门、时间节点等。

（2）实施阶段。对于上一阶段的计划内容，要进行处理和解决，进行具体化的实施。实施过程是全员参与的过程，关键要执行到位。首先，管理者做好带头作用，做好典型示范；其次，员工要主动自觉，在岗位实践中全面执行。作为管理人员应该经常自问：当我教育别人学习时，我自己也在不断学习、与时俱进了吗？当我要求别人遵守管理规定时，我自己首先做到了吗？

（3）检查阶段。在执行计划的过程中应该随时有反馈来监控、评估计划执行的效果。在监控过程中，如果发现文化战略执行与战略规划的差异，马上就可以进行调整，优化相关的流程。这个阶段属于企业文化深化阶段，在这一阶段要对员工的观念、工作效果进行调研，实施追踪，将追踪的结果与设定的标准做比较，分析其中的差异，并对潜在的问题发出预警。还应该建立信息的收集和处理渠道，比如采用问卷调查、意见表等，检验和改善企业文化建设的成果，并及时查找存在的问题。

（4）行动阶段。对于检查中发现的各种问题，必须采取有关的措施进行改进，并且把成功的经验都纳入有关的标准、制度和规定之中，巩固已经取得的成绩。这个阶段的激励具有促进作用，不仅包括物质激励，还有晋升提拔、荣誉证书等精神奖励，让符合企业文化要求的人能够得到鼓励，同时也鞭策那些不求上进的人。通过激励，让干部职工了解企业在鼓励什么、反对什么，让符合企业文化的价值观得以强化和坚守。

通过 PDCA 循环，可以逐步探索一条既能引领时代发展潮流又适宜于企业自身持续健康发展的企业文化建设之路。但是，许多问题以及员工的观念和习惯的改变不可能一蹴而就，同时为防止解决的问题重新出现，还要找出这一循环中尚未解决的问题，把它们转到下一次 PDCA 循环中解决。

企业文化建设是一个长期系统的过程，需要企业上下团结一致努力，遵循 PDCA 不断地优化和提升，让员工自觉地为企业创造价值，同时提升自己的价值。只有这样，形成的企业文化才能发挥其强有力的作用，从而保证企业不断做强做大做优，实现基业长青。

四、落地深植：三个阶段、三种形式和三个保障

企业文化落地深植，简单来说就是“知行合一”，把企业价值理念从“顶层设计”变成“全面践行”。对于企业来说，就是把企业价值理念融入企业发展战略，融入企业的一切经营管理活动之中；对于员工来说，就是要把企业价值理念“入脑入心”，融入一切岗位实践活动之中。

在企业文化体系发布和企业文化建设规划实施之后，企业文化推广实施的过程，一般概括为三个阶段、三种形式和三个保障。

1. 三个阶段

（1）认知认同。企业文化是企业“全员文化”，必须让全体员工知晓和认同。主要采取系统宣贯的方式，通过企业文化宣讲、培训、研讨、交流、传播等，实现员工对企业价值理念的认知和实践，树立一种文化信仰。

（2）典型示范。在企业文化推广实施过程中要注意发挥榜样的力量。首先，企业领导要以身作则，带头示范；其次要培育和挖掘先进人物和典型案例，比如企业劳模、英雄人物、文化故事案例等，以点带面地推动企业文化落地实施。

（3）自觉习惯。企业文化成熟阶段的标志，就是从企业理念的倡导、践行变成潜意识行为和自觉性习惯，从而形成一种不言而喻的企业文化氛围。这需要完善企业文化运作机制，强化内在激励和约束，在企业和员工之间构建“心理契约关系”。

2. 三种形式

（1）内化于心。让企业价值理念真正“入脑入心”，做到人人皆知，成为员工的理想信念和精神追求。比如围绕企业文化主题举办知识竞赛、征文比赛等，实现企业员

工对企业价值理念的认知认同。

（2）外化于行。让企业价值理念转化为企业经营管理实践和企业员工岗位实践，成为企业的价值导向和员工的行为指引。比如提炼员工岗位信条、开展班组文化建设等，实现“文化软管理”“文化软约束”等。

（3）固化于制。让企业价值理念融入企业规章制度，对原有企业规章制度进行系统化梳理和修订，不能与企业价值理念相抵触、相违背。同时，建立完善企业沟通制度、奖惩制度、文化管理制度等，让企业文化落实到制度层面。

3. 三个保障

（1）领导、组织保障。明确企业领导者在企业文化建设中的职能职责，强化各单位、部门的“一把手”责任；成立企业文化领导机构和职能机构，制订实施企业文化年度工作计划，保障企业文化规范化、有序化推进。

（2）考核评价保障。制定企业文化考核评价办法，将企业文化工作考核和效果考核纳入企业绩效考核体系，并制定相应的奖惩措施，保障企业文化与企业经营绩效相结合。

（3）物质、人员保障。树立“文化资本”和“人力资本”的概念，注重企业无形资产的保值增值。设立企业文化专项资金，把企业文化建设视为一种投资行为，同时，建立专兼职结合的企业文化专员队伍，保障企业文化必要的物质投入和人力投入。

案例篇

企业文化同企业管理一样，既是一门科学，也是一门艺术。

从科学的角度，我们需要探索自然运动规律和社会发展规律，比如人与自然的关系、与社会的关系，企业与市场的关系、与政府的关系、与社会的关系、与股东的关系、与客户的关系、与员工的关系，等等。这里涉及企业文化与哲学思想的交汇，需要企业管理者的哲学思辨，可以说企业文化是一种管理哲学。

从艺术的角度，“此企业”不同于“彼企业”，是与企业独特的发展历史、企业传统作风、员工素质能力、产品服务功能特色，以及个性化的领导风格和管理风格息息相关的。这里涉及企业文化和语言传播艺术的结合，通过富有企业个性特征的创意表达，展示企业文化的个性魅力和品牌价值。

在企业文化创意设计过程中，第一步是追求文化理念的科学性、原生性，符合企业文化基本规律和企业管理实际，让文化理念来源于企业、应用于企业，避免“闭门造车”式的概念堆砌；第二步是在科学界定文化理念内涵的基础上，追求文化理念表述的独创性和艺术性，形成个性化的文化定位、文化风格，避免文化理念大众化、雷同化，从而提升企业文化的感染力、辐射力和品牌影响力。

第二十二章　首都机场集团："天地之道，大国之门"

一、案例背景

1. 中国民航体制演变

1949 年中华人民共和国成立后，中央政治局会议决定在人民革命军事委员会下设民用航空局，受空军指导。1958 年 2 月，国务院决定民用航空局划归交通部领导。1962 年 4 月，民用航空局名称改为中国民用航空总局，由交通部属改为国务院直属局，干部人事工作等均直归空军负责管理。

1980 年 3 月，中国民航业脱离军队建制，把中国民航局从隶属于空军改为国务院直属机构，民航业实行企业化管理。这期间中国民航局是政企合一，既是主管民航事务的政府部门，又是以"中国民航（CAAC）"名义直接经营航空运输、通用航空业务的全国性企业。

1987 年，中国民航启动大规模的体制改革。第一，组建中国国际航空公司、中国东方航空公司、中国南方航空公司、中国西南航空公司、中国西北航空公司、中国北方航空公司等六大国家骨干航空公司；第二，组建民航华北、华东、中南、西南、西北和东北六个地区管理局，作为管理地区民航事务的政府部门；第三，组建北京首都机场、上海虹桥机场、广州白云机场、成都双流机场、西安西关机场（现已改为西安咸阳机场）和沈阳桃仙机场。

2002 年，中国民航又进行了一次大规模的改制重组。按照政企分开、属地管理的原则，民航总局直接管理的机场下放所在省（区、市）管理，相关资产、负债和人员一并划转；民航总局与地方政府联合管理的民用机场和军民合用机场，属民航总局管理的资产、负债及相关人员一并划转所在省（区、市）管理。其中，首都机场、西藏自治区区内的民用机场继续由民航总局管理。

民航总局及下属机构不再经营企业，主要职责转变为对民航事务进行监管。民航总局直属航空公司及服务保障企业合并，成立了六大集团公司即中国航空集团公司、东方航空集团公司、南方航空集团公司、中国民航信息集团公司、中国航空油料集团公司、中国航空器材进出口集团公司。成立后的集团公司与民航总局脱钩，交由中央管理。

根据 2008 年国务院机构改革方案，将中国民用航空总局的职责划入交通运输部，组建国家民用航空局，由交通运输部管理，同时更名为中国民用航空局。

2. 新时代民航强国战略

2018 年 12 月 10 日，中国民航局发布《新时代民航强国建设行动纲要》，从 2021 年到本世纪中叶，民航强国建设分为两个阶段推进。

第一阶段（2021—2035 年），建成多领域的民航强国。2021—2035 年，实现从单一的航空运输强国向多领域的民航强国的跨越。我国民航综合实力大幅提升，形成全球领先的航空公司，辐射力强的国际航空枢纽，一流的航空服务体系，发达的通用航空体系，现代化空中交通管理体系，完备的安全保障体系和高效的民航治理体系，有力支撑基本实现社会主义现代化。

第二阶段（2036 年到本世纪中叶），建成全方位的民航强国。到本世纪中叶，实现由多领域的民航强国向全方位的民航强国的跨越，全面建成保障有力、人民满意、竞争力强的民航强国。民航的创新能力、治理能力、综合实力、可持续发展能力和国际竞争力领跑全球，形成产业辐射功能强大的现代民航产业，全方位参与新型国际民航治理体系建设。机场网、航线网和信息网深度融合发展，网络化、数字化、智能化民航全面实现，人便其行、货畅其流。

3. 首都机场集团简介

首都机场集团（英文缩写 CAH）于 2002 年 12 月 28 日正式成立，是一家以机场业为核心的跨地域的大型国有企业集团，隶属于中国民用航空局。目前是全球最大的机场管理集团之一。首都机场集团管理着北京、天津、河北、江西、吉林、内蒙古、黑龙江等 7 个省（市、自治区）52 个干支机场，拥有全资和控股的成员企业（含直属单位）33 家，形成了机场管理、服务保障、机场建设、临空地产、航空物流、金融证券、酒店管理、财务投资等 8 个板块协同发展的业务布局。

首都机场集团标识由“首”字艺术化而形成（见图 22-1）。“首”表明集团总部位于首善之地，标志集团在中国机场业的引领地位。上半部形象化为凌空起飞的飞机，寓腾飞、发展之意。下半部为跑道，寓甘为阶梯、服务客户之意。标识由蓝色和金色组成，寓意广阔蓝天和金色大地。通过延伸的跑道使大地与蓝天相接，寓意其遵循

“天地之道”，致力于机场发展，要做“中国服务”的首倡者和践行者，展示“大国之门”的形象。

图 22-1　首都机场集团标识

二、文化主题：“天地之道，大国之门”

“天地之道，大国之门”是首都机场集团思想的基础和文化的灵魂，如图 22-2 所示。

首都机场集团是以北京首都国际机场为龙头的机场管理集团，机场业是集团的主体。集团要把握企业发展规律，铺设连接天空和大地的跑道，开创广阔的事业。集团要志存高远，脚踏实地，实现基业长青。

首都机场是“中国第一国门”，代表着国家的形象。首都机场是国家的门户，每一个成员单位、每一个岗位都应努力提升安全服务水平，着力打造安全之门、便捷之门、舒心之门、开放之门，展示伟大中国全面复兴的形象。

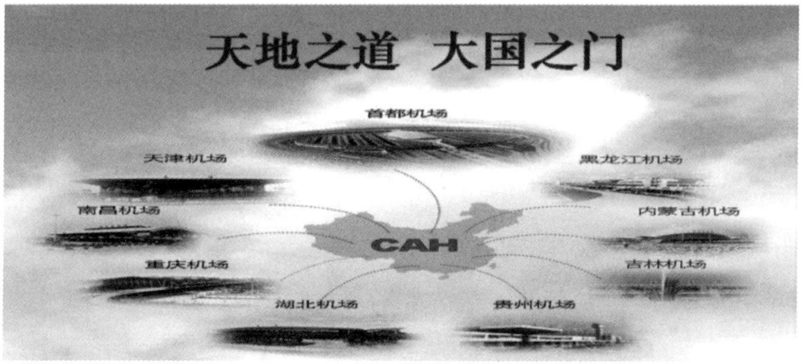

图 22-2　首都机场集团文化主题

三、创业历程

首都机场始建于20世纪50年代，是中国对外交流的窗口，也是连接中外政治、经济、文化、社会交流的桥梁。1972年，美国总统尼克松首次访华，周恩来总理亲往首都机场迎接，两位领导人握手的照片成为历史的经典。中国改革开放之后，首都机场日益成为繁忙的机场。2002年，在原北京首都机场集团公司的基础上，联合北京首都国际机场股份有限公司（BCIA）、天津滨海国际机场、中国民航机场建设总公司、金飞民航经济发展有限公司、中国民航工程咨询公司等正式成立首都机场集团。伴随中国民航体制改革，首都机场集团进入一个跨地域扩张时期，成为中国民航机场行业的龙头企业。

从首都机场的建设历史，比如最初的T0航站楼（老候机楼），到T1、T2、T3航站楼，再到北京大兴国际机场，跨越了共和国的初建时期、改革开放时期和中国特色社会主义新时代，见证了中国艰难探索、改革开放和大国崛起的历史足迹。

1. 首都机场T3航站楼：人民的宫殿

2007年英国《泰晤士报》评选出了正在建设中的全球十大最具雄心的建筑工程，中国北京首都机场三号航站楼名列其中。2008年竣工时，置身当年世界最大的单体航站楼中，就连它的的设计者、英国建筑大师诺曼·福斯特都惊叹不已，给它取了一个意味深长的名字"人民的宫殿"，寓意"人民集体的空间"。长长的富有流线型的设计、红黄相间的配色、双曲穹拱的屋顶和正三角形的天窗，这些包含中国审美意象的元素组合在一起，使T3航站楼从空中俯视犹如一条巨龙，如图22–3所示。

图22–3 首都机场T3航站楼俯瞰图

2. 北京大兴国际机场：新世界七大奇迹

2019 年 9 月 25 日，被英国媒体誉为“新世界七大奇迹”的北京大兴国际机场正式投入运营。首都机场集团大力推进“新机场”“双枢纽”“机场群”三大战略，努力实现大型国际航空枢纽发展目标、国家发展新的动力源目标、京津冀区域综合交通枢纽发展目标，更好地履行机场的政治责任、经济责任和社会责任，全力以赴服务京津冀世界级城市群，将大兴机场打造为“四型机场”（平安型机场、绿色型机场、智慧型机场、人文型机场）全球标杆。如图 22–4 所示，为北京大兴国际机场俯瞰图。

图 22–4　北京大兴国际机场俯瞰图

北京大兴国际机场航站楼是目前全球最大规模的单体航站楼，以其独特的造型设计、精湛的施工工艺、便捷的交通组织、先进的技术应用，创造了许多“世界之最”。

四、咨询方案

首都机场集团是我们 2002 年开始的跟踪服务客户，经历了从“诚效知行”企业精神到“诚效知行、和谐共赢”核心价值观的演变和提升，以及“天地之道，大国之门”文化品牌的塑造。按照“一主多元”的集团文化管控模式（见图 22–5），我们协助首都机场集团下属成员机场如江西机场集团、重庆机场集团等，及下属专业公司如贵宾服务公司、公务机公司、餐饮服务公司、商贸公司、资产管理公司等，陆续建立了自己的“子文化”体系和“子文化”品牌。

首都机场集团："一主多元"文化管控模式（2002—2019）

母文化（品牌）	子文化（品牌）
"天地之道，大国之门" CAH	**成员机场：** 首都国际机场股份公司 江西机场集团 重庆机场集团 **专业公司：** 机场贵宾服务有限公司 机场餐饮服务有限公司 机场资产管理有限公司 首都公务机服务有限公司 …………

图 22–5 "一主多元"的集团文化管控模式

1. 首都机场集团核心理念

（1）企业愿景：建设成为具有国际竞争力的机场集团。

我们致力于建设一流的机场集团，以机场管理、机场服务保障和机场建设为主业，通过机场集群建设和产业链管理发挥得天独厚的规模效应与资源优势。

我们致力于培育卓越的国际竞争力，着眼国家经济战略，放眼全球化发展，打造行业标杆，塑造品牌形象，为社会进步持续贡献力量。

（2）企业使命：倡行"中国服务"、展示"国门形象"。

机场是一个国家或地区的门户，展示的是一个地区乃至国家、民族的形象。首都机场集团要做"中国服务"的首倡者，要做具有世界领先水平、富有民族文化底蕴的"中国服务"的践行者。

（3）核心价值观：诚效知行、和谐共赢。

"诚"为立身之本，"诚"为立业之基。经营讲诚信，服务讲真诚，事业讲忠诚。运营求效率，经营求效益，管理求效果。以效助诚，义利共生。

知行合一。建设学习型组织，改善心智模式，提高执行能力。

"和"为形象之魂，"和"为发展之翼。和善修身，和睦共事，和衷共济，配合得当，协调得宜，营造稳定和谐的企业内外环境。

我们要奉献国家、社会，要与客户、合作伙伴、员工以及各种利益相关者建立利益共同体和命运共同体，共创共享，共同发展。

（4）企业精神：勇担重任、敢于创新、协同奋进。

我们要对每一项工作、每一个环节负责；勇于担当急难险重任务，推进民航强国战略；勇于肩负国家和社会赋予我们的政治、经济、社会责任。

我们要敢闯新路，积极探索；用创造满足客户需求，用创新谋求集团发展，用创业实现人生价值。

我们要有集团化、跨边界的协同思维；同心同德，团结协作；自强不息，奋发有为。

2. 江西机场集团“子文化”品牌

企业文化理念：红色文化、绿色机场、蓝色未来。

（1）红色文化之魂。

红色服务——提供尊贵、祥和、热情、主动、隽永的品质服务感受。

红色人文——江西这块红色土地上赤诚坚韧的地域人文品格和崇礼尚文、热情朴实的“中国红”人文精神内涵。

红色精神——创新继承发扬“坚定信念、艰苦奋斗、实事求是、敢闯新路、依靠群众、勇于胜利”的井冈山红色精神之魂。

红色使命——倡行“中国服务”的崇高责任感与使命感。

（2）绿色机场之形。

绿色安全——通达、便捷的安全运行保障，安全是江西机场集团文化管理中倡导的第一核心要素。

绿色旅游——体现旅游特色战略定位要求。

绿色环保——节能、环保、自然、可持续健康发展。

绿色形象——打造人与自然和谐美好的园林式花园机场、江西绿色旅游资源的第一文化展示窗口。

（3）蓝色未来之势。

蓝色民航——天空之蓝、志存高远、事业舞台、广阔空间。

蓝色创新——蓝海创新、开放开明、变革求进、果敢行动。

蓝色活力——以人为本、活力智慧、沟通分享、团队协作。

蓝色希望——愿景凝聚、激励进取、一流追求、美好未来。

3. 首都空港贵宾服务管理有限公司文化宣言

我们立足于中国空港贵宾服务事业领域，致力于为中外宾客提供品质卓越的贵宾服务，持续提升“第一国门”贵宾服务形象，全面倡行中国服务，打造贵宾服务国际品牌！

我们坚持“员工为本，客户为尊，创新为魂，事业为大”的基本价值准则，作为我们一切行动的指南。

我们坚持“至诚服务、至尊体验”的服务理念，满足客户需求、创造客户需求，以真诚的服务去感动客户、赢得客户，以高附加值的服务培育客户忠诚。

我们坚持“步步有礼、心心相悦”的服务信条，提高服务素质，强化服务技能，提升“尊贵、优雅、温馨、亲情”的贵宾服务形象，努力为客户提供宾至如归的服务。

我们坚持“做精、做细、做专”的服务方针，创新服务管理，优化服务流程，细化服务标准，提升服务质量，打造“第一国门”贵宾服务品牌。

我们承诺：用微笑诠释中国服务理念，用创新提升中国服务品质，用专业体现中国服务内涵，用行动打造中国服务品牌，倡行中国服务，争做中国服务楷模！

五、番外：大机场，大社会

北京首都国际机场既是一个企业的概念，也是一个区域或社区的概念。

当你驱车沿机场高速或老机场路前往首都机场 T2 航站楼或 T3 航站楼，都会经过首都机场家属宿舍区、机场工作区，然后进入机场航站楼，办理值机手续之后，进入机场候机室登机，或者坐摆渡车进入机场飞行区登机。

机场宿舍区就是一个大社区。在这里，有首都机场的家属楼，有中国国际航空集团的家属楼，以及民航华北局的家属楼，也有酒店、宾馆、商场以及菜市场、图书馆、运动场、医院、派出所等。

机场工作区更是聚集了各种行政、企业机构，比如中国海关、中国动植物检疫、中国边检、民航华北局、民航公安局等政府机构办事处，首都机场集团、首都机场股份公司以及下属各专业公司、国内各航空公司、货运代理公司的办事机构等，还有国外航空公司的代表机构等。

机场候机区更是一个全球互联的大社会。首都机场作为世界上最繁忙的机场之一，每日的客流量高达 30 万次之多。这里不仅发生着中外政治、外交、文化、商业、社会等大事件的动态过程，而且上演着一幕幕来自不同国家、民族、地域的旅客的人生际遇和悲欢离合等。

机场飞行区有长长的跑道、闪烁的信号灯，还有停机坪，主要用于飞机起降、滑行和停泊，属于管制区域。这里需要民航塔台的空中管制，来控制飞机的起降和等候；还需要冬季的跑道除冰，以及净空驱鸟等，保障飞行安全的万无一失。在这里，你可以透过飞机的舷窗，看到各种中外先进机型的飞机“在天空飞来飞去”。

第二十三章　日照港集团：“阳光港口，传载真诚”

一、案例背景

1. 世界港口历史沿革

港口是水陆交通的集结点和枢纽处，是工农业产品和外贸进出口物资的集散地，也是船舶停泊、装卸货物、上下旅客、补充给养的场所。最原始的港口是天然港口，在西方地中海沿岸有许多古代重要港口，比如古希腊时代马其顿国王亚历山大兴建的亚历山大港、罗马时代兴建的奥斯蒂亚港（在今意大利）。随着商业和航运业的发展，天然港口已不能满足经济发展的需要，开始建设人工港口。工业革命之后，机动船舶产生，铁路运输兴起，大大促进了港口建设的发展。中国在汉代建立了广州港，同东南亚和印度洋沿岸各国通商。后来，建立了杭州港、温州港、泉州港和登州港等对外贸易港口。到唐代，建立了明州港（今宁波港）和扬州港。宋元时期，又建立了福州港、厦门港和上海港等对外贸易港口。1840 年鸦片战争后，英国强迫清政府签订《南京条约》，开放广州、福州、厦门、宁波、上海五港为通商港口。

从世界范围内看，港口发展经历了从第一代到第四代港口的演变。

第一代港口是 20 世纪 50 年代之前的传统港口。基本特征：作为海上运输和内陆运输之间的接口，具有装卸、储存和转运的基本功能；港口内各种业务独立，不具关联性；主要是转运杂货和散货。

第二代港口是 20 世纪 50 年代至 80 年代的港口。基本特征：除具有第一代港口的基本功能以外，基础设施规模扩大，工业功能突出，产业关联度增强，对经济的贡献明显，与运输、贸易、经济关系密切。

第三代港口是 20 世纪 80—90 年代末成为物流中心的港口。这一代港口除具有第一代、第二代港口的功能以外，还具备集装箱运输、枢纽港联运、信息服务等现代物流功能，港口业务不断专业化、集成化，与全球经济贸易关系密切。

第四代港口是进入21世纪之后的新一代港口。这一代港口在前三代港口功能的基础上，主要以现代供应链管理为基础，与港口相关的各环节之间无缝连接，形成集经贸、制造和物流等功能为一体的港口供应链，是现代最先进的港口发展模式。第四代港口建立在港航之间联盟与港际之间联盟的基础上，注重国际化、规模化、系统化发展，推进信息化、网络化管理，能够满足客户提出的各种差异化、个性化的需求。如新加坡、鹿特丹、迪拜、釜山等港口，走在了世界港口物流业发展的前列，其港口物流发展水平已步入港口供应链物流阶段。

从目前世界主要港口所处的阶段来看，现代港口总的发展趋势是继续向第三代港口全力推进，其中一些条件成熟的港口将进一步发展，向第四代港口的更高层面演进升级。港口从其功能来看，已经从全球综合运输网络的节点向全方位的增值服务中心发展，成为物流、人流、资金流、信息流、技术流的汇聚中心，港口经营的多元化时代随之来临。

2. 中国港口发展历程

中华人民共和国成立后，中国港口建设大体经历了五个发展时期。

20世纪50年代至70年代初。由于帝国主义的海上封锁，加上经济发展以内地为主，交通运输主要依靠铁路，海运事业发展缓慢。这一阶段港口发展主要是以技术改造、恢复利用为主。

20世纪70年代。随着中国对外关系的发展，外贸海运量猛增，沿海港口货物通过能力不足，开始了第一次建港高潮。从1973年至1982年全国共建成深水泊位51个，新增吞吐能力1.2亿吨，为以后港口发展奠定了较好的基础。

20世纪70年代末至80年代。中国改革开放之后，开始了第二次建港高潮。“六五”期间共建成54个深水泊位，新增吞吐能力1亿吨。“七五”期间共建成泊位186个，新增吞吐能力1.5亿吨。这一时期是港口建设的高速发展阶段。

20世纪80年代末至90年代。根据市场经济发展的需要，出现了第三次建港高潮。至1997年年底全国沿海港口共拥有中级以上泊位1446个，吞吐能力达9.58亿吨，基本形成了主枢纽港、地区性重要港口、中小港口分层次布局框架，以及比较完整的水运营运、管理、建设和科研体系。

20世纪90年代末至21世纪初。经济全球化、信息技术革命、产业结构优化升级、现代物流业迅猛发展以及综合国力竞争加剧等综合因素，使得现代港口功能不断拓展和加强，更加注重港口发展战略研究和信息化建设，推进港口转型升级，并投入大量资金进行大型深水化、专业化泊位建设，掀起了又一轮港口建设高潮。

3. 中国港口体制改革和一体化整合趋势

中华人民共和国成立初期，国家对港口生产作业实行计划管理。期间历经多次体制改革，港口从高度计划、政企合一和中央政府直接管理的模式，逐步发展为政企分开、权属明晰、市场充分竞争和中央、地方分级管理模式。

2003 年，颁布《中华人民共和国港口法》，确立中国港口由地方政府直接管理并实行政企分开的行政管理体制；政府通过港口规划、岸线管理、合理布局，保证港口资源得到合理利用的制度；多元化投资主体和经营主体建设和经营港口的制度；港口业务经营人准入制度和公开公平的竞争制度等。港口企业按照现代企业的要求实行市场化经营和运作，成为自主经营、自负盈亏的法人实体，从而建立公平、公开、竞争、有序的港口市场体系。

2006 年，交通部发布《全国沿海港口布局规划》，从国家发展战略和全局考虑，进一步优化沿海港口布局，合理有序开发和利用港口岸线资源，加强国家对港口规划和建设的管理，将全国沿海港口划分为环渤海、长江三角洲、东南沿海、珠江三角洲和西南沿海 5 个港口群体，强化群体内综合性、大型港口的主体作用，形成煤炭、石油、铁矿石、集装箱、粮食、商品汽车、陆岛滚装和旅客运输等 8 个运输系统的布局。

2011 年，国家交通运输部出台了《公路水路交通运输“十二五”科技发展规划》《公路水路交通运输信息化“十二五”发展规划》等政策，为中国港口码头的发展提供了良好的政策环境。

进入中国特色社会主义新时代，根据习近平总书记关于建设海洋强国、航运强国的指示精神，以及港口经济“一体化、协同化”发展的思路，整合优化港口、岸线资源，用全球视野、世界眼光、战略思维去统筹谋划海洋经济发展，服务“一带一路”建设，推动港口的整合发展。2015 年 8 月 28 日，浙江省海港投资运营集团有限公司（以下简称浙江海港集团）挂牌成立，注册资本 300 亿元，2016 年 12 月 30 日注册资本增资至 500 亿元。这标志着浙江海港的一体化发展取得重大突破，浙江全省五大港口宁波港、舟山港、嘉兴港、台州港、温州港整合并入浙江海港集团，统一运营管理，形成了以宁波舟山港为主体和枢纽，嘉兴港、温州港、台州港、义乌陆港以及内河港口联动发展的新格局。2019 年 8 月 6 日，山东省港口集团有限公司（以下简称山东港口集团）正式挂牌成立，注册资金为 100 亿元，山东沿海的青岛港、日照港、烟台港和渤海湾港四大港口整合为一。新组建的山东港口集团是山东省政府批准设立的国有企业集团，被定位为统筹全省港口等重大交通基础设施建设、推动港口一体化发展的投融资和市场运营主体。按照规划，作为全省港口改革的实施主体，山东港口集团将以打造世界一流海洋港口为目标，大力推动全省港口向集约化、协同化转变，实现全省港口规划“一盘棋”、管理服务“一张网”、资源开发“一张图”。

2019 年 9 月，中共中央、国务院印发了《交通强国建设纲要》，提出到 2020 年完成决胜全面建成小康社会交通建设任务和“十三五”现代综合交通运输体系发展规划各项任务，为交通强国建设奠定坚实基础。从 2021 年到本世纪中叶，分两个阶段推进交通强国建设。到 2035 年，基本建成交通强国。到本世纪中叶，全面建成人民满意、保障有力、世界前列的交通强国。《交通强国建设纲要》提出“三个转变”的发展思路，推动交通发展从追求速度和规模向更加注重质量和效益转变，由各种交通方式相对独立发展向综合交通发展转变，由依靠传统的要素驱动向更加注重创新驱动转变。

2019 年 11 月，中国交通运输部联合 9 部门联合印发了《关于建设世界一流港口的指导意见》，提出到 2035 年全国港口发展水平整体跃升，主要港口总体达到世界一流水平，若干个枢纽港口建成世界一流港口，到 2050 年，全面建成世界一流港口，形成若干个世界级港口群，发展水平位居世界前列。并提出了提升港口综合服务能力，推进港口治理体系现代化，推进绿色港口建设、智慧港口建设、平安港口建设，以及推进港航协同发展、港产城深度融合发展、优化口岸营商环境等系列任务。

根据有关资料，中国已经成为世界排名第一的贸易大国。2018 年，全国港口货物吞吐量完成 143.51 亿吨，约为中华人民共和国成立初期的 1430 倍，居世界第一。港口货物吞吐量世界排名前十的港口中，中国占了 7 席：宁波舟山第一，上海第二，唐山第三，广州第五，青岛第六，苏州第七，天津第九。此外，世界上最繁忙的码头——上海港洋山港区，世界最大的煤炭码头——秦皇岛港，以及青岛港、香港、深圳、广州等地的港口也成为世界优质良港。

二、文化主题：“阳光港口，传载真诚”

日照港于 1982 年开工建设，1986 年正式投产运营，是“六五”期间重点建设的新兴沿海港口，也是国家重点发展的沿海 20 个主枢纽港之一和世界十大能源输出港之一，1995 年被国家正式确立为新亚欧大陆桥东方桥头堡。2003 年 5 月 18 日，原日照港和岚山港务局实现联合重组，成立了日照港集团有限公司。日照港集团拥有日照、岚山两大港区，主要担负着煤炭、铁矿石、集装箱、粮食、液体化工及油品、氧化铝、焦炭、水泥、木材、钢材等各类货物的装卸、理货、储存、疏运服务，2005 年完成货物吞吐量 8421 万吨，跨入全国沿海十大港口行列。2006 年更是突破 1 亿吨，成为当时中国沿海最“年轻”的亿吨大港。2010 年突破 2 亿吨，2013 年突破 3 亿吨。在持续创新和突破过程中，日照港集团已经发展成为一个集现代物流、港湾建设、机械制造、房地产开发等为一体的现代企业集团。

“阳光文化”基本内涵，蕴含了“诚信、创新、高效、和谐、共赢”的基本价值要素，构成了日照港集团的文化基因，是“阳光文化”的基本价值导向，是日照港集团一切经营管理活动的价值核心，也是日照港集团未来发展必须遵循的基本价值准则。

（1）真诚和谐：诚信友善、和谐包容、文明有序、共享共赢。

（2）活力智慧：善于学习、勤于思考、勇于进取、敢于超越。

（3）激情执着：认真专注、昂扬向上、忠诚担当、追求卓越。

（4）开放创新：解放思想、敢闯敢试、持续改进、精益高效。

概括来说，日照港集团的“阳光文化”，是真诚和谐的文化，是活力智慧的文化，是激情执着的文化，是开放创新的文化。它构成了日照港集团企业文化的主要基调和特色，是日照港集团企业文化的主旋律。

三、创业历程

日照港集团大体经历了三个发展阶段。

第一阶段：创业成长时期（1986—2002 年）。

在创业初期，老一代日照港人凭借着高度的主人翁精神，艰苦奋斗、自强不息，在夹缝中求生存、谋发展，使企业规模不断发展壮大。在国家宏观经济调控和行业体制改革中，依靠企业领导和员工的共同努力，始终保持企业的平稳发展，并将企业发展成为涵盖物流业、建筑业、机械制造业、房地产开发业、通信业、铁路建设等业务多元化的大型现代企业集团，为日照市经济乃至整个山东省经济发展做出了巨大贡献。

在这一时期，日照港集团提出了“服务社会、创造一流”的核心理念和“团结、奋进、求实、竞争”的企业精神，有力地推动了企业的发展。

第二阶段：跨越式发展时期（2003—2005 年）。

随着港口体制改革的进程，2003 年日照港与岚山港务局实现联合重组，成立了日照港集团有限公司，为日照港的迅速发展创造了有利条件。日照市政府确定了“港口立市”的发展战略，为日照港的建设提供了巨大支持。为了迅速打破港口功能单一、基础建设滞后的发展瓶颈，逐步做大做强，“十五”期间开工建设了矿石、集装箱、原油、散粮、木片专用码头，改造了东港区，打通了中港区，拓展了西港区，新辟岚北港区，并坚持“战略合作、和商共赢”理念，积极融资，先后与国内外企业采用合资、合作、参股、租赁等多种形式参与港口建设，从而实现了投资主体多元化和确保港口货源的战略构想。

在跨越式发展的实践中，日照港集团形成了“自我加压、勇争一流、真抓实干、开拓进取”的企业精神，集团所属子公司、分公司等逐步形成了许多行之有效的文化价值理念，为港口发展提供了强有力的精神动力和智力支持。

第三阶段：全面创新发展时期（2006 年至今）。

日照港集团根据“扩能上量、强化管理、做大做强、搏击两亿”的战略重点，确立了“十一五”的目标是投资 102 亿元，新增生产件泊位 34 个，新增年核定通过能力 1.3 亿吨，把日照港建设成为以煤、矿、油等大宗散货和集装箱运输为主，临港工业及现代物流业较为发达，集疏运顺畅、管理科学、效益明显、环境优美的现代化、综合性中国北方骨干枢纽港。

随着 2006 年亿吨港的实现以及港口基本建设的进一步加快，如何实现日照港的持续、健康发展，如何凝聚人心、统一意志、再创辉煌业绩，如何打造日照港具有竞争力的服务品牌，是企业面临的重大战略发展课题，这就需要依靠战略创新、管理创新和文化创新的综合推进，走出一条具有日照港集团自身特色的成功发展之路。

四、咨询方案

日照港集团是我们从“十一五”到“十二五”的跟踪服务客户，从 2006 年日照港集团“阳光文化”体系建设和“阳光港口，传载真诚”文化品牌的诞生，到 2015 年“阳光之道”“阳光之行”新文化体系的整合提升，并且协助建立了“阳光 • 新境界”“阳光 • 赤诚”“阳光 • 海上使者”“阳光初照、真诚致远”“阳光动通、厚德笃行”等系列“子文化”品牌，建立了富有生机活力的日照港“阳光文化生态圈”。

1.2006 年企业文化整合提升咨询方案

第一，整合提炼日照港集团“阳光文化”体系，包括企业理念文化、企业行为文化等，发布《日照港企业文化手册（1.0 版）》。

第二，制定日照港集团企业文化建设规划纲要（2006—2010 年），明确日照港集团未来五年企业文化建设目标、任务、步骤、措施等。

第三，设计日照港集团服务品牌策划方案，包括品牌框架、品牌定位、品牌管理及品牌传播等。

2.2015 年企业文化整合提升咨询方案

第一，整合提升日照港集团“阳光文化”体系，形成“阳光之道”“阳光之行”文化方案，推出《日照港企业文化手册（2.0 版）》。

第二，制定《日照港阳光文化管理纲要》，主要规定日照港集团基本价值理念、基本经营管理思想、基本政策制度以及基本行为准则等。

第三，制定日照港集团“十三五”企业文化建设规划纲要，明确日照港集团未来五年企业文化建设目标、任务、步骤、措施等。

第四，制定日照港集团“十三五”品牌文化建设方案及品牌管理办法等，整合日照港品牌资源，打造“阳光港口，传载真诚”文化品牌。

图 23-1 为日照港集团 2015 年企业文化整合提升咨询方案的部分展示。

图 23-1　企业文化整合提升咨询方案部分展示

3. 日照港第一港务分公司文化品牌：“阳光初照、真诚致远”

“阳光初照”：不忘初心，方得始终。日照港第一港务分公司是日照港创业发展的“第一军团”，是日照港“因煤而生”的“奠基之作”，也是日照港“阳光文化”的“曙光初照”。这里有 20 世纪 30 年代的老灯塔，有日照港煤码头工程落成纪念碑，更有创造全国煤炭单船装船效率最高纪录“日照港效率”的煤炭泊位。公司培育并传承了日照港“阳光文化”基本内涵，以及“传载真诚、追求卓越、共享阳光”的核心价值观，构成了日照港的文化基因。

“真诚致远”：传载真诚，行健致远。日照港第一港务分公司地处齐鲁之邦、黄海之滨，具有“真诚仁爱、开放创新”的文化渊源，具有“勇立潮头、敢为人先”的远大抱负，更具有“义利共济、和谐共赢”的事业胸怀。在国家深化改革和日照港转型升级的新时期，将牢固树立“创新、协调、绿色、开放、共享”的发展理念，抢抓机遇，务实创新，为日照港“大港、强港、名港”战略做出新的贡献。

4. 日照港动力通信公司文化品牌：“阳光动通、厚德笃行”

日照港动力通信公司秉承日照港“真诚和谐、活力智慧、激情执着、开放创新”的“阳光文化”基本内涵以及“传载真诚、追求卓越、共享阳光”的核心价值观，为日照港动力和通信系统的重大保障任务不辱使命，打造“阳光动通”文化品牌，持续提升企业核心竞争力和文化软实力。

“博学之，审问之，慎思之，明辨之，笃行之”。动力通信公司将充分发挥自身技术优势、服务优势和管理优势，努力建设一支吃苦耐劳、敢打硬仗、业务精湛、追求卓越的服务保障队伍，打造保障能力最强、服务水平最优、最值得信赖的港口动力通信企业。

5. 日照港油品码头有限公司文化品牌：“阳光·赤诚”

阳光品格：传承日照港集团“阳光文化”的卓越品格。把诚信作为企业一切经营管理活动的基本道德准则和价值评判标准，坚持“传载真诚、追求卓越、共享阳光”的集团核心价值理念，真诚待人，以诚立信，以诚立业，做日照港“阳光文化”的大力践行者。

赤诚情怀：体现“真诚、忠诚、诚信”的人文情怀。以赤诚之心作为油品码头有限公司的安身立命之本，以真诚作为企业一切经营管理活动的基本准则，对集团事业忠诚，对客户诚信共赢，用心谋事、用心做事，全面打造日照港以原油运输为核心的液体散货运输新优势，提升核心能力和综合竞争优势。

6. 日照港裕廊码头有限公司文化品牌：“阳光·新境界”

日照港裕廊码头有限公司继承和发扬日照港“阳光文化”优秀传统，坚持“传载真诚、追求卓越、共享阳光”的核心价值理念，创新思想观念，创新工作方式，全面提升素质和能力，开阔视野，持续超越，推动企业从优秀到卓越的跨越，树立卓越的企业形象。

“新境界”，即“新思维、新视野、新境界”，要求创新思维方式、拓展国际视野、提升管理境界。裕廊码头有限公司作为日照港的中新合资企业，要以变革创新为己任，站在日照港战略创新的前沿，以创新为己任，志存高远，持续创新，成为创新型企业、成长型企业。

五、番外

1. 从“石臼所”到“日照港”

日照地处中国沿海中部，“背依泰沂，怀抱东海”，因“日出初光先照”得名，以“蓝天、碧海、金沙滩”著称。日照因海而生、依海而兴，考察其历史建置和地名的由来皆与海有着很深的渊源。

据明嘉靖《青州府志》记载，“日照，以濒海日出处故名”；清康熙十一年《日照县志》中描写得更为详细：“县去海二十里，日出初光先照，故名；形升若盆，色如火，水扶日而上，滚滚如银浪，俗曰日盆，且是一方奇观也。”

据有关史料记载，石臼建村于宋代以前。据传宋代有渔家在东南隅岬角驻足拴缆，上岸舂米为食，形成多处臼状石坑，故称“石臼”；又传宋代岳飞部将破金后屯兵此处，用石臼杵米而得名。元代从浏家港海运漕粮，经石臼源源不断地转运至直沽，因而有诗曰：“江淮红粟达神京，转运都由石臼行。”

明初，为防倭寇设“备御千户所”，始称“石臼所”。明洪武年间，为防倭寇，设立安东卫。该卫辖左、中、右、前、后5个千户所。前所、左所均驻安东卫城，后所驻石臼寨（今石臼所）。

据清光绪《日照县志营建》记载，石臼所城周三里有余，墙高一丈四尺，南、北、西三门。清同治六年（1867年）复修，光绪十一年（1885年）重修，后又多次加修。至民国初年，石臼所城墙周围长4里，高5丈6尺，宽1丈5尺。设东、西、南、北四门，后加西北门。城墙之上修城楼，并各有匾额。北曰“奠磐”（坚如磐石），南曰“安澜”（大海平静），东曰“望瀛”（展望大海），西曰“瞻奎”（瞻望奎山）。

民国时期，石臼港便已成为鲁东南沿海主要通商口岸和物资集散中心。抗战后期，这里又成为抗日物资中转站，当时从上海购进的大量军需品、日用品、通信设备，由此转运到山东抗日根据地。

1980年，石臼港煤码头动工兴建，作为当时国家“六五”期间的重点建设项目。伴随着石臼港、岚山港和兖石铁路的投产建设，古老的日照县“因港立市”成为日照市，1992年5月1日，石臼港更名为日照港。从此，开启了日照港“阳光文化”的新时代。

2. 山东港口群整合统一

山东海岸线全长3024千米，大陆海岸线长度居全国第二位。经过70多年的建设与发展，沿海一大批深水、专业化、大型化泊位建设完成。截至2018年年底，山东全省沿海港口总泊位数达到597个，其中万吨级以上泊位307个，总通过能力达8.6亿吨。沿海港口运输生产能力达16.1亿吨，居全国第二位，外贸、金属矿石、液体散货吞吐量居全国第一位。

根据山东港口整合路线图，2018年3月，由山东高速集团控股开始整合滨州港、东营港、潍坊港，山东渤海湾港口集团挂牌成立。2019年7月，青岛港与威海港宣告合并，后者的所有股权划转给了青岛港集团。2019年8月，山东省港口集团有限公司正式挂牌成立，将青岛港、日照港、烟台港和渤海湾港四大港口整合为一体，开启了“齐鲁之邦”推进海洋战略、建设海洋强省的新征程。

第二十四章　湖南省地勘局四一六队：“三立”地勘文化

一、案例背景

1. 中国地质行业概况

1978 年党的十一届三中全会之后，国家地质总局党组提出了“以地质找矿为中心”的指导方针，湖南省地勘局确定了“一业为主，多种经营”的经营方向。1983 年，全局实行经济体制改革，试行以承包为主要形式的经济责任制。1987 年 3 月，国家地矿部制定《地质工作体制改革总体构想纲要》，提出地质工作改革的目标是：地质工作成果商品化，地质工作单位企业化，部分地质队伍社会化。这一时期，由于国家地质勘查投入不足、地质勘探市场不够完善等诸多原因，地勘单位的生存发展处于低谷，地勘单位的企业化改革、市场化改革问题并没有完成。

1999 年 4 月，国务院颁布《地质勘查队伍管理体制改革方案》。湖南省地勘局按照要求，结合实际，采取了几项重大改革措施。

（1）改革地勘单位经营机制，对地勘单位实行经营承包责任制。

（2）调整地勘产业结构，将单一的地质找矿转变为普查找矿、地质市场和多种经营并举的产业结构。

（3）推进地质项目管理，按项目合理分配投资。

（4）改革地勘单位管理体制，实行队长负责制，充分发挥党委的政治核心作用，保证决策民主化、公开化和科学化。

2004 年，国务院办公厅及国土资源部《关于深化地勘队伍改革有关问题的通知》《关于加强地方和行业公益性地质调查队伍建设的意见》相继出台，为地勘单位改革与发展提供了良好的外部环境和条件。2006 年国务院颁布了《关于加强地质工作的决定》，明确指出：当前地质工作的主要任务是突出能源矿产勘查，加强非能源重要矿产及资源枯竭城市接替资源勘查，进一步提高基础地质调查程度，强化地质灾害和环境调查监测，加快地质工作现代化建设步伐。

根据国务院精神，结合湖南省经济社会发展大局，湖南省地勘局制定出“一心一意谋发展、聚精会神抓找矿、坚定不移搞改革、万众一心促和谐”的发展思路。全局在优先和重点搞好公益性地质勘查工作的前提下，还承担完成商业性地质矿产勘查、矿产资源规划编制与修编、矿产资源储量监测、矿山地质环境影响评估、矿山开发利用等项目，为地方经济建设做出了重要贡献。

2019 年 7 月，根据中央和湖南省委、省政府关于分类推进事业单位改革的总体部署，湖南省地矿局、湖南省有色地勘局、湖南省核工业地质局、湖南省煤田地质局四家单位合并重组，整合为湖南省地质院。新组建的湖南省地质院围绕解决湖南重大基础地质问题、提高资源能源保障水平、做好地质灾害防治、保护和改善生态环境等主要任务，着力推动转型升级、创新地质科技、深化战略合作、完善激励机制、提升队伍能力，充分发挥地质系统的科技支撑作用，不断开创地质事业的新局面。

2. 新时代传承李四光精神

李四光（1889—1971 年），中国地质力学的创立者，中国现代地球科学和地质工作的主要领导人和奠基人之一，中华人民共和国成立后第一批杰出的科学家。

李四光于 1952 年 9 月开始担任中华人民共和国地质部部长，1958 年 9 月开始担任中国科协主席。他提出了中国东部第四纪冰川的存在，建立了“地质力学”和“构造体系”概念，创建了地质力学学派；论证了新华夏构造体系三个沉降带具有广阔的找油前景，开创了活动构造研究与地应力观测相结合的预报地震途径。根据李四光独创的地质力学理论，勘探部门相继找到了大庆油田、大港油田、胜利油田、华北油田等大油田，摘掉了“中国贫油”的帽子，为中国石油工业的发展做出了重要贡献。

1989 年 1 月，为纪念李四光对中国科学事业和地质事业的巨大贡献，继承和发扬他从国家建设需要出发，积极从事科学、技术和教育实践，不断开拓创新、勇于攀登科学高峰的精神和爱国主义精神，鼓励广大地质科技工作者为社会主义现代化建设和科技进步多做贡献，设立“李四光地质科学奖”。

2009 年 10 月，经国际天文学联合会小天体提名委员会批准，中国科学院和国家天文台把一颗小行星命名为“李四光星”。

2019 年，中国地质调查局党组提出，爱国情怀是李四光最深层、最根本的情感；坚持真理是李四光永恒的科学精神；创新意识是李四光不断追求的动力源泉；诲人不倦是李四光高尚的师表风范；严谨求实是李四光一以贯之的工作作风。新时代的地质工作者要更加注重支撑服务国家重大战略需求、注重加强野外地质研究，注重加强地质基础科学研究。新时代要继承和发扬李四光精神，以李四光精神的感召力和凝聚力，使每一位加入中国地质调查事业的成员都能在这种感召下收获一种荣誉感、归属感和使命感。

3. 湖南省地勘局四一六队概况

湖南省地勘局四一六队于 2006 年 10 月由局所属原四一六队（1965 年成立）和原水文一队（1972 年成立）合并重组而成，主要从事矿产地质、水文地质、工程地质、环境地质、岩土工程和灾害地质勘查设计施工、矿山技术咨询与服务、矿山环境治理、测绘与地理信息工程等领域工作。

几十年来，累计探明煤炭、铅锌、钨锡、铁、银、萤石、优质高岭土等多种金属和非金属资源，探明大型以上矿床 6 处、中型 10 处；完成湖南省区域水文地质普查、矿泉水资源调查、地质灾害调查、地质环境调查评价等多个水工环项目。先后获全国科技大会奖，部、省级找矿和成果奖，创立了全国地质找矿勘查机制新模式——锡田模式，为新形势下地质找矿工作提供了全新的思路，对全国地质找矿工作具有非同寻常的指导意义。与此同时，积极发挥专业技术优势，融入地方经济建设，先后出色地完成了数百项国家及省级重点工程项目，在汶川地震灾区地质调查和灾后重建勘察、西南地区抗旱找水等工作中，出色完成各项任务，并有 100 多个项目获得国家、省部级工程勘察奖，为地质事业和地方经济发展做出了重要贡献。是全国地质勘查行业优秀地勘单位、中国勘察设计协会诚信单位、湖南省文明标兵单位、湖南省思想政治工作先进单位。

全队具有地质找矿、工程勘察、工程施工、测绘、地质灾害等五大类资质，分属于四一六队、湖南省地质工程勘察院、湖南省勘察测绘院、湖南省地建集团基础工程公司。通过资质建设的不断加强，使该队能够充分发挥地质找矿、水文地质、工程地质、环境地质及工程测绘等领域的技术与产业优势，积极服务经济社会发展。此外，该队还在工业与民用建筑、道路桥梁、国家重大工程基础设施建设、地质灾害防治、矿山环境评价、农业地质、城市地质、数字城市等多个专业领域取得了显著工作成效，树立了良好的市场声誉和社会形象。

二、文化主题："为天地立心，为地质立功，为人生立义"

"为天地立心"：继承弘扬中国地质人"以艰苦奋斗为荣"的精神传统，以吃苦耐劳、坚韧不拔的意志品格，在天地之间为祖国探寻宝藏，展示地质人的赤子之心。

“为地质立功”：继承弘扬“以地质找矿为荣”的精神传统，树立使命感和责任感，攻坚克难，拼搏创新，持续超越，推动地质产业大发展，立足本职岗位建功立业。

“为人生立义”：继承弘扬“以献身地质事业为荣”的精神传统，学习徐辉煌同志的英雄事迹，把自己的前途和中国地质事业的前途紧密结合在一起，在奉献中体现自身的人生价值和意义。

1. 中国地质行业文化特征

“以艰苦奋斗为荣、以找矿立功为荣、以献身地质事业为荣”的“三光荣”精神，以及“特别能吃苦、特别能忍耐、特别能战斗、特别能奉献”的“四特别”精神，是地勘行业极为宝贵的优秀文化传统，需要我们在新的形势下继承和发展。

2. 湖南省地勘局四一六队的自身文化特征

主要包括：对地质事业的责任感、使命感和不懈追求；吃苦耐劳、艰苦奋斗、忠诚奉献的优秀品质；“埋头苦干、低头做事”的老黄牛精神；传帮带、互助友爱、亲情和谐、相融共生的和谐氛围；徐辉煌同志先进事迹：勤于学习、忠于事业、善于钻研、乐于奉献。

3. 湖南地域文化特征的影响

由于湖南省地勘局四一六队地处湖南株洲，很多干部员工长期工作生活在三湘大地，也必然受到湖南地域文化的熏陶。特别是湖南人“吃得苦、霸得蛮、耐得烦、过得硬、靠得住”的湘人性格，也在四一六队干部员工身上打下了深刻的印记。比如：忧国忧民的情怀，“先天下之忧而忧，后天下之乐而乐”；湖湘文化的基本精神，“淳朴重义”“勇敢尚武”“经世致用”“自强不息”；刚劲、务实、敢为人先的拼搏精神；“海纳百川、博采众家”的开放包容精神；等等。

三、创业历程

四一六队的发展历程，是湖南地勘事业发展的缩影，可以追溯到1965年，跨越了计划经济时期、市场经济时期，为国家和湖南省以及株洲市的社会、经济发展做出了重要贡献。

1. 创业发展时期（1965年至20世纪90年代初）

1965年，原四一六队于株洲市攸县菜花坪建队。自建队以来，肩负着国家地质勘查事业重要使命的四一六队，努力完成国家分配的各项任务，不断为国民经济和工业发展贡献出自己的力量。这支队伍在湖南省地矿局的领导下，跋山涉水、风餐露宿，奋战在湖南省湘东地区11个县市、面积约2万平方千米的土地上，提交地质报告120

多份。在该区域探明煤储量近2亿吨、铅锌30多万吨、萤石900多万吨、铁300多万吨、银83吨；通过开展汨罗县高岭土地质普查工作，提高储量7700万吨。为此，该队多次荣获部级找矿奖和科技成果奖。

原水文一队建队于1972年，作为甲级勘查单位的水文一队，主要担负湖南省境内水文地质、工程地质、环境地质综合普查勘探工作，为国民经济各部门的现代化建设提供重要的科学依据。改革开放以来，水文一队充分体现出强烈的时代感和自我进步、自我发展的果敢魄力，较好地推进了自身企业化、市场化、规范化的进程，实现了由国家计划拨款向国家拨款、市场调节、对外服务、多渠道吸收资金的转变，实现了平稳发展。

2. 转型发展时期（20世纪90年代初至2006年）

20世纪90年代初，在市场经济体制改革过程中，由于大环境的变化、地质矿产行业的整体性不景气等原因，四一六队的发展进入低谷期，经受着方方面面的挑战，但是四一六队努力自我突围和自我完善，直至2003年，逐渐走出困境，再次步入较快的发展轨道。

在这一期间水文一队继续保持着平稳的发展态势，积累优势，抓住机遇，同时内部改革也稳步推进，使得产业结构调整取得重大进展、经营承包制度不断巩固完善、内部制度得到健康发展。尤其是在地勘单位属地化管理之后，该队加大了融入市场的力度，提出了一业为主，多种经营，加快地勘经济发展的指导思想，申请注册了湖南省水文地质工程地质勘察院，后更名为湖南省地质工程勘察院，成为湖南省当时为数不多的甲级勘察院之一。2002年又晋升为综合甲级院。为了拓宽市场，进入施工领域，又申请注册了株洲岩土基础工程公司。公司挂地建总公司，并注册为具有一级施工资质的湖南地建集团总公司第三分公司，后更名为湖南省地建集团基础工程公司。工程勘察和基础施工，成为该队的支柱产业。

这一时期，两队都处于从计划经济体制向市场经济体制的转型时期，面临着许多挑战和机遇，相比之下，四一六队受到的冲击更大一些，水文一队则相对平稳，通过市场的洗礼，逐步增强了改革创新意识、市场开拓意识以及现代企业经营管理意识。

3. 整合发展时期（2006年至今）

2006年10月16日，湖南省地勘局党组宣布原四一六队和原水文一队合并重组，2007年2月1日两队正式合署办公。重组后的新四一六队，是一支集固体矿产勘查、水文地质勘查、工程地质勘查、环境地质勘查、岩土工程地质勘查、地理信息测绘、地质灾害评估与治理、基础施工于一体的综合性的地质勘查单位。在新四一六队领导班子的带领下，全队广大干部员工迎难而上，团结拼搏，既实现了队伍的平稳过渡，又实现了经济的快速发展、和谐建设的全面推进，实现了两队重组“1+1>2”的效果。

第一，创立地质找矿新模式。四一六队在茶陵锡田地区的地质勘查中，已探获钨、锡资源储量达32万吨，达到特大型矿床规模，并在外围发现大型矿产地1处、中型矿产地2处。更为重要的是，在锡田地区长达9年的地质勘查实践中，探索出了在国土资源部系统推广的三种地质找矿新机制之一的“锡田模式”。

第二，整合优化三大产业格局。经过培育和发展，四一六队形成了地质勘查业、勘测施工业、多种经营业三大产业格局，产业规模由小到大，产业能力由弱到强。尤其是地质勘查业和勘测施工业，从资质、技术，装备和资金等多方面得到夯实，经营能力进一步提升，经营规模得到扩大。

第三，统一战略目标和工作思路。四一六队制定了“科学发展、富民强队”的战略目标和“地质工作立队、产业发展强队、和谐建设兴队”的工作思路。坚持以地质工作为根本、以产业发展为基础、以和谐建设为动力，积极谋划全队各项工作。通过发展提速、管理提升、素质提高，努力实现全队经济大发展、地质找矿新突破、产业发展快进步、和谐建设多成果，全面建设发展四一六队、和谐四一六队、实力四一六队、幸福四一六队。

四一六队的发展历程，一方面是整个国家地勘事业和湖南地勘事业发展的一个缩影，其改革发展过程与国家和湖南省地勘事业的改革发展过程息息相关，要服从于国家地勘事业和湖南省地勘事业的改革发展大局。另一方面，新四一六队又是由原四一六队和原水文一队合并组建而成，两个队分别具有自身的个性风格和特点，合并组建后又形成了新的风格和特点。从四一六队未来发展的角度，实现“1+1>2”的效果，就要强调“文化融合”和“文化共性”，培育四一六队的“家园文化”，这样才能对内凝聚人心、对外提升形象，整体提升四一六的综合竞争力。

四、咨询方案

在企业文化咨询过程中，我们从“企业文化概念”延伸至“地勘文化概念”，结合湖南省地勘局四一六队兼具事业单位职能和企业单位职能的双重文化特征，从地勘理念文化、行为文化和视觉识别三个方面，构建具有特色的地勘文化体系。

咨询方案主要包括：《湖南省地勘局四一六队地勘文化调研诊断报告》《湖南省地勘局四一六队地勘文化体系设计报告》《湖南省地勘局四一六队视觉识别系统（VI）手册》《湖南省地勘局四一六队地勘文化建设规划》。

1. 地勘愿景

建设优秀地勘团队、打造卓越地勘品牌、构建美好地勘家园。

2. 地勘使命

提供资源保障、服务社会经济、实现强队惠民。

3. 核心价值观

诚信共赢、创新共进、责任共担、和谐共济。

4. 地勘精神

自强不息、敢为人先、献身地质、追求卓越。

5. 地勘标志

由地球图案和 DK（“地勘”拼音的首字母）组合设计而成，其中 DK 字母设计中隐含“416”字样，标志色彩由象征天空的蓝色和象征大地的黄色组成（见图 24-1）。标志寓意湖南省地勘局四一六队人脚踏实地、志存高远，献身中国地质事业的高尚情怀。

图 24-1 四一六队地勘标志

五、番外

1.《芙蓉镇》故事续：湘西找水情缘

“半升绿豆选豆种呐，我娘那个养女不择家呀。妈妈呀害了我，妈妈呀害了我。罗罗里，来来来……”电影《芙蓉镇》里，一个天尚未亮的清晨，木屋里，油灯下，伴着石磨缓缓磨出浓稠米浆的吱呀声，女主角胡玉音忧伤地吟唱着湘西嘉禾民歌——《半升绿豆》。

拍摄于 20 世纪 80 年代的《芙蓉镇》，让人们对湘西北的风土人情有了第一印象。但大多数人不知道，除了巍峨绵延的大山和闻名遐迩的胡记米豆腐，这里还是严重贫困和干旱缺水之地。

芙蓉镇所在的湖南省永顺县为国家级贫困县，地处湘西北岩溶干旱缺水区，现有灵溪片区、泽家镇与芙蓉镇片区、石堤镇片区、两岔乡片区、万坪镇与毛坝乡片区五大干旱片区，涉及 8 个乡镇、40 余个村。解决人畜安全饮水和农田灌溉用水困难，已成为当地政府和群众的心头大事，也是永顺县打赢脱贫攻坚战的重要保障和必然要求。

2018 年 6 月，按照湖南省地勘局的统一部署，四一六队发挥水源勘探方面的工程技术优势，抽调精锐专家力量组成找水项目组赶赴永顺，在泽家镇与芙蓉镇片区、两岔乡片区 14 个村开展缺水现状调查评价，拉开了扶贫找水工作的序幕。

永顺县的五大干旱片区，缺水情况到底有多严重呢?

永顺县地处武陵山脉地带，房屋以木质结构为主，由于交通闭塞加之严重缺水，村里的壮劳力几乎都外出寻找生计去了，留下的大多是老弱妇孺。在每家每户屋前，都立着一个四方形或圆柱形的庞然大物，水泥的居多，偶见不锈钢材质，这就是当地村民的“水窖”。老百姓的生活用水，就靠下雨天接雨水，偶尔也能接到一点山上岩石缝里流下来的山泉水，藏在水窖里，不干净，夏天还长孑孓。遇到天旱，接不到水，就要走很远从峡谷里背水上山，当地老百姓世世代代都没有喝过干净水。喝的水都不够，更别提洗澡了。

由于永顺属于岩溶强烈发育区，地面是岩溶洼地、漏斗、落水洞，地下是溶洞、地下河，人在山上住，水在山下流，台地与峡谷相间，地下水位低，造成找水难度大。且这里的村寨山高路远，交通不便，地形复杂，植被茂盛，地面调查工作相当困难。四一六队专家技术人员到永顺后，连打钻用的水都没有，只好开车出去运，一个钻孔平均每天运水的费用就要 800 块钱。

四一六队找水项目组成员深感责任重大。他们风雨无阻，翻山越岭，一个罗盘、一把地质锤，踏遍了每个村每一寸土地，开展缺水现状调查和找水技术论证野外工作。钻机旁拉块彩条布当雨棚，四条木棍支着一块旧木板当厨房，上面摆着锅碗盆瓢以及一个简易燃气灶，这就是项目部的食堂了（见图 24-2）。南瓜、鸡蛋、辣椒，都是易于保存的食物；用餐或站或蹲，泥巴地就是他们的餐桌餐椅。双休日，他们踏勘在扶贫找水前沿，中秋国庆，他们坚守在钻探建井一线，连续四个月没有回家，依然无怨无悔。

图 24-2　四一六队助力湘西永顺扶贫找水工作现场

功夫不负有心人，在项目组成员克服重重困难之后，终于解决了当地人的吃水问题：两岔乡团结村的钻孔深度为 202.3 米，涌水量为每天 472 立方米，水位降深仅 4.2 米，大大超过了本组 130 余名村民的生活饮用水需求；芙蓉镇龙车村的钻孔深度 252.4 米，涌水量为每天 65 立方米，完全满足上、中、下三个寨子 600 余人的生活饮用水需求；泽家镇泽那村的钻孔深度 198 米，涌水量为每天 130 立方米，可完全满足附近四个组约 534 人的生活饮用水需求。

当白哗哗的清泉从两岔乡团结村的钻孔抽出时，整个项目组欣喜若狂，击掌相庆。当地百姓闻讯后，奔走相告，纷纷前来，有赶紧捧起水先喝一口的，有“噗啦噗啦”迅速洗把脸的，有“哗哗哗”打两大桶水急于回家忙农活的……村民们个个竖起了大拇指，那一刻，面对一辈子没有饮用过干净水的乡亲们，从来没有体会过缺水的项目组成员仿佛也感受到了无比的甘甜。

“谢谢你们为我们永顺县安全饮水找到了一条出路，我们将加紧下一步配套设施建设，尽快让自来水流进乡村百姓家。”永顺县水利局扶贫办向四一六队技术人员们感激道谢。

“提供资源保障”是四一六队人几十年来的初心，这是四一六队确立的地勘使命。为了能够切实担负起这份沉甸甸的社会责任，他们不断地苦练内功，提升技术，为的就是能够在关键时刻挺身而出，为国家的经济社会发展、为老百姓的幸福生活提供地质技术支撑，解决实际困难。

在《芙蓉镇》的后续故事里，四一六队的“找水情缘”成为当地人们的一段佳话，无疑为芙蓉镇增添了一笔精彩。

2. 洞庭湖故事续：守护绿水青山

洞庭湖，古称“云梦”，素有“八百里洞庭”之美誉。洞庭湖是历史上重要的战略要地、中国传统文化发源地，也是中国传统农业发祥地、著名的鱼米之乡。

“1 月至 2 月 24 日，位于洞庭湖区的湖南省益阳市岳家桥镇岳家桥、黄板桥等村发生大面积的岩溶塌陷地质灾害，上千当地村民的生产生活受到影响。目前整个岳家桥镇共出现塌陷 693 处。”2012 年年初，网上充斥着“益阳市岳家桥塌陷”的消息，当地村民的恐慌可想而知。

根据湖南省国土资源厅通知，四一六队迅速组织精干技术力量提交《湖南省益阳市赫山区岳家桥—衡龙桥地面塌陷地质灾害治理立项申请书》，之后组织专业技术人员深入岳家桥岩溶塌陷地区，连续开展 22 天的连通实验，技术人员分成两组，实施 24 小时不间断检测，圆满完成了塌陷地质灾害防治勘查工作。四一六队不仅受到当地百姓们的交口称赞，也获得上级部门的嘉奖，“湖南省益阳市赫山区岳家桥地面塌陷地质灾害防治勘查”项目获得湖南省地勘局科技进步一等奖。

这只是四一六队承担的千千万万地勘项目当中的一个，也是他们爱护洞庭家园、守护绿水青山的一个缩影。水工环地质勘查研究作为四一六的传统优势，也是最基础的地质工作，随着国家战略的调整和经济发展水平的变化，在不同的年代有着不同的工作重点。

20 世纪 70 年代初至 90 年代初期，水文地质事业兴旺发达，国家投入大量资金开展全省范围的 1∶20 万水文地质普查和多个县市的农田供水水文地质普查工作，四一六队为全省的水文地质工作打下了坚实的基础；尔后，配合改革开放经济建设的需要，该队进入城市水工环综合勘查领域，开展了“长株潭地区水文地质工程地质环境地质综合勘查”“株洲市水文地质工程地质环境地质综合勘查”等一批项目。90 年代末期开始，生态环境和地质灾害防治项目开始萌芽，该队相继开展了“湘西北岩溶石山地区石漠化生态地质环境调查”“酉水流域水文地质及环境地质调查”“澧水流域水文地质及环境地质调查”等一批项目。

21 世纪初，环境地质工作逐渐发展成为水工环工作的重点之一，该队承担了湖南省第一批 1∶10 万县（市）地质灾害调查与区划、湖南重点地区岩溶水文地质与环境地质调查等工作。党的十八大以来，生态文明建设上升为国家战略，清洁的水源、优美的生态成为人民对美好生活的新向往。“只要国家有需要，我们就要撸起袖子、甩开膀子加油干！”四一六队队长要求全队技术人员，“必须树立山水林田湖草生命共同体的理念，不断创新工作思路，大力调整产业结构，主动发挥地质工作的技术支撑作用。”

四一六队深入践行“绿水青山就是金山银山”的理念，将工作重点逐步向地质灾害调查与监测预警、水文地质调查与水资源评价、生态地质环境调查、旅游地质资源调查、生态环境修复、热水和矿泉水勘查等领域转型，湖南省益阳市赫山区岳家桥地面塌陷地质灾害防治勘查，湖南下摄司幅、株洲县幅、镇头市幅、普迹幅环境地质调查，炎陵县 1：5 万地质灾害详细调查，桃源县热市镇地下热水资源勘查，郴州嘉禾地下热水资源勘查，张家界市永定区温塘镇矿泉水资源勘查等一大批地质灾害防治、环境地质调查、热水和矿泉水勘查优秀成果陆续浮现，如图 24–3、图 24–4 所示。

图 24–3　四一六队承担的郴州嘉禾地下热水资源可行性勘查现场

图 24–4　四一六队承担的庆云山滑坡应急抢险救灾现场

进入新时代，随着国家战略的调整，地质队员们又整装出发，传承弘扬“三光荣”“四特别”精神和李四光精神，奔波在地灾防治、生态修复、国土空间规划的第一线，切实践行着国家赋予他们的责任和使命。

第二十五章　青海油田采油一厂：“绿色油田，多彩一厂”

一、案例背景

1. 中国石油工业历史和现状

中华人民共和国建国之初，中国石油工业可谓一穷二白、积贫积弱。1949 年年底，全国只有 8 台钻井机，原油产量只有 12 万吨，其中还包括 5 万吨的人造油，弱小的石油工业向国家建设提供的石油不足需要量的 10%。国内石油紧缺，国际又遭到“石油禁运”的封锁，1952 年 2 月，毛泽东主席亲自签发命令，将中国人民解放军 19 军 57 师成建制改编为石油工程第一师，近 8000 名人民子弟兵奔赴石油战线，这些曾经在晋冀鲁豫烽火前线接受抗战洗礼的英雄队伍、经过鄂豫陕等地区解放战争考验的威武之师，成为中国石油工业的生力军。自此，先后有三批解放军指战员成建制地脱下军装换上工装，走上如火如荼的石油工业前线。中国的石油战士以大无畏的英雄主义气概、无坚不摧的创业精神，打造了一支“有高度组织纪律性的战斗队”和“熟练技术的建设突击队”，为中国石油石化发展壮大建功立业，做出了非凡的贡献。

石油化学工业是一个国家的基础性产业，为农业、能源、交通、机械、电子、纺织、轻工、建筑、建材等工农业和人民日常生活提供保障和配套服务，在国民经济中占有举足轻重的地位。石油因其不可再生的珍贵属性，被形象地称作“黑色黄金”。在世界范围内，围绕着石油展开的经济、政治纷争乃至于战争此起彼伏，从未停止过。20 世纪 70 年代美国国务卿基辛格针对当时石油供需局势就曾说过：“如果你控制了石油，你就控制住了所有国家；如果你控制了粮食，你就控制住了所有的人；如果你控制了货币，你就控制住了整个世界。”我国虽然有大庆油田、胜利油田、“聚宝盆”柴达木，但仍是一个“贫油国”，在年均进口量上已经超过美国，成为全球最大的原油进口国。

进入 21 世纪，随着中国工业化的突飞猛进和私家车的普及，汽油价格也一路猛涨，人们越来越真切地感觉到石油的重要性。中国政府致力于打造三大“石油航母”——中国石油化工集团公司、中国石油天然气集团公司、中国海洋石油总公司，加大海、陆石油勘探开发，加快结构调整步伐，整合国际和国内市场资源，提升科技创新能力，全面深化改革，努力建设石油大国和石油强国。

2. 青海油田勘探历史

青海油田是隶属于中国石油天然气集团公司的地区公司，位于柴达木盆地西北缘，被昆仑山、祁连山、阿尔金山所环抱，面积 25 万平方千米，沉积面积 12 万平方千米。柴达木盆地曾经是荒凉寂静的生命禁区，一望无际都是高寒缺氧、风沙肆虐的瀚海戈壁。“南昆仑，北祁连，山下瀚海八百里，八百里瀚海无人烟”是这里的真实写照。但是，柴达木盆地素有“聚宝盆”之称，矿藏资源丰富，其中石油、天然气资源巨大。青海油田平均海拔 3000 米左右，是世界海拔最高的油田，空气中的含氧量仅为内地的 70%，是国内自然条件、工作环境最艰苦的油田之一。

青海油田是中国石油工业发展的先驱之一。1954 年，第一批石油地质勘探队挺进柴达木，拉开了柴达木石油事业的序幕。1955 年，青海石油勘探局在西宁成立，后迁至茫崖。1959 年，青海石油勘探局更名为青海石油管理局，标志着青海石油工业开始步入勘探与开发并举阶段。石油工业部原部长余秋里等领导来到冷湖探区视察，研究确定了“加速冷湖地区的勘探，拿下冷湖油田，为柴达木石油工业大发展打下基础”的方针。青海石油管理局相继在冷湖成立钻井处、采油处，建设炼油厂、水电厂，组织地质处、器材处、运输处、职工医院、社会服务处等科研后勤单位从茫崖、大柴旦搬迁至冷湖，冷湖地区的职工迅速增加到 2 万多人，占到全局职工总数的 84.4%。冷湖原油产量达到 24 万吨，全局原油产量达到 30 多万吨，约占全国原油产量的 12%，成为继玉门、新疆、四川之后的第四大油田。

1977 年，青海油田加强柴达木盆地西部深层勘探工作，证实了尕斯库勒构造是一个油、气富集区，是柴达木油田中面积最大、储量最多的油田。1979 年，石油工业部甘青藏会战指挥部在冷湖成立，会战持续到 1983 年结束。期间累计钻探 3000 米以上的深井 96 口，探明石油地质储量 8500 多万吨。青海石油累计发现地面构造 140 个，探明油气田 23 个。青海油田是继四川、长庆、新疆之后的全国第四大气区。青海油田在敦煌、格尔木、花土沟建有三个基地。敦煌基地是管理局、油田公司机关和部分二级单位所在地，也是油田教育、科研、多种经营、职工轮休和培训基地；格尔木炼油、化工基地有一座年加工原油 100 万吨能力的炼油厂；花土沟原油生产基地是油田勘探开发、生产的第一线，有年产 100 万吨的尕斯库勒油田。

中国改革开放以来，青海石油人走过了一段段不平凡的历程。原油年产量从 1978 年的 13.6 万吨，跃升到 228 万吨，增加了近 17 倍。天然气产量从无到有，突破 64 亿立方米，成为甘青藏地区的重要能源基地。

在长达 60 多年的奋进征程中，几代青海石油人前赴后继、继往开来，克服了无数的艰难险阻，战胜了各种严峻挑战，锻造了一支“特别能吃苦、特别能忍耐、特别能战斗、特别能奉献”的职工队伍，他们睡戈壁、战风沙、斗严寒、冒酷暑、挨饥渴，忍受着常人难以忍受的痛苦，克服着常人难以克服的困难，用青春和热血在荒凉的戈壁滩上树立起一座座丰碑，培育了“顾全大局、艰苦奋斗、为油而战”的柴达木石油精神，托起了“打造高原千万吨级油气田”美好愿景。

2019 年 4 月 12 日，青海油田（见图 25-1）入选由中国科协调宣部主办，中国科协创新战略研究院、中国城市规划学会共同承办的“中国工业遗产保护名录”。

图 25-1　青海油田远景

二、文化主题：“绿色油田，多彩一厂”

青海油田采油一厂（见图 25-2）成立于 1983 年 6 月，其前身是青海石油管理局勘探指挥部、青海石油管理局采油厂。在长期的创业发展过程中，采油一厂以“海拔高，追求更高”“缺氧不缺精神”“艰苦不怕吃苦”的精神追求，奋发图强，创新发展，开拓“石油绿洲”，创造“多彩人生”，培育了“团结奋进、勇挑重担、讲求科学、敢于领先”的企业精神，成为青海油田的主力军、生力军。

图 25-2　青海油田采油一厂局部图

青海油田采油一厂具有“老、大、好”的个性文化特征。

第一，老厂。采油一厂历史悠久、业绩辉煌、文化深厚、人才济济，堪称青海油田的“黄埔军校”。

第二，大厂。采油一厂规模大、贡献大、产量高、人员多、井数多，始终在青海油田居于重要的位置。

第三，好厂。采油一厂干部队伍好、职工队伍好、发展势头好、综合管理素质和管理水平好，是一个优秀的采油企业。

三、创业历程

青海油田采油一厂的历史，是青海油田发展史的缩影，折射出一代又一代青海石油人前仆后继、披肝沥胆、无私奉献、攻坚克难的奋斗史。大体上可以概括为三个阶段。

1. 创业创新时期（1977—1983 年）

这是青海油田勘探、试开采时期。1977 年，青海油田加强柴达木盆地西部深层勘探工作，为了搞清尕斯库勒构造的地下地质情况，青海石油管理局西部勘探指挥部确定了跃参一井的井位，钻进至井深 3253 米，畅喷日产油约 800 余吨，证实了尕斯库勒构造是一个油、气富集区，石油地质储量超过了 1 亿吨，是柴达木油田中面积最大、储量最多的油田。1979—1983 年，在冷湖石油会战期间，累计钻探 3000 米以上的深井 96 口，探明石油地质储量 8500 多万吨。

这一时期，青海油田人艰苦创业，向戈壁滩要石油，形成了艰苦奋斗、作风过硬、敢打敢拼、能打硬仗的文化特质，培育了以“艰苦创业、无私奉献、勇于创新、团结奋斗、科学务实”为特征的青海石油人精神。

2. 改革创新时期（1983—1991 年）

这是青海油田的油气上产时期。1983 年 6 月 1 日，青海石油管理局西部勘探指挥部正式转制为采油厂。1987 年 6 月，国家正式批准青海油田三项工程建设，并列入“七五”计划重点项目。尕斯库勒油田 120 万吨产能建设作为三项工程建设之首，开始大规模建设开发。1987 年建成 20 万吨产能；1988 年、1989 年分别建成 30 万吨产能；1990 年、1991 年分别建成 20 万吨、10 万吨产能。1991 年，尕斯库勒油田年产首次达到了 110 万吨，为青海油田实现由投入型向产出型、由原料型向产品型、由生产型向经营型历史性转变做出了巨大贡献。

这一时期，采油一厂开始了初期的文化建设。1986 年，采油一厂提出了发扬愚公精神，以及“宁可少活 20 年，拼命达到百万吨油产量”的目标追求，面对质量、成本、产量等重大任务，展现出极强的团队精神、绩效意识、成本意识和效益意识，体现出不断超越的领先精神、勇于探索的创新意识。

3. 综合创新时期（1991 年至今）

这是青海油田的稳产时期。1999 年 7 月，采油厂更名为中国石油青海油田采油一厂。这一阶段，采油一厂形成了原油开采、油气集输、油气水处理、油田维护、产能建设、科技攻关为一体的油田开发管理体系。自 1991 年进入百万吨级采油厂以来，采油一厂以“重担文化”和“领先精神”攻坚克难，连续 20 多年保持百万吨稳产，生产原油 3000 多万吨，占全油田累计产量的 65% 以上，为青海油田的发展壮大和甘青藏经济的发展做出了重要贡献。

采油一厂先后多次获得青海油田公司文明建设先进厂处荣誉称号，多次荣获青海油田公司油气上产突出贡献单位，多次被青海省委、省政府命名为文明单位，被中国石油天然气集团公司授予先进单位、勘探重大发现奖等。尕斯库勒油田分别多次获得高效开发油气田、控水稳油典型油田、提高采收率典型油田和高效开发油田等荣誉称号。

采油一厂一直肩负着“青海油田长子”的责任，是青海油田“建成千万吨高原油气田”的主战场。采油一厂自觉加强文化建设，形成了“团结奋进、勇挑重担、讲求科学、敢于领先”的企业精神，提出了“文化铸魂、能力提升、人才强企、创先争优、固本强基、舆论宣传、反腐倡廉、构建和谐”八大工程，体现了采油一厂人的精神追求和时代风采。

四、咨询方案

在企业文化咨询方案形成过程中，我们在深入调研诊断的基础上，对中国石油天然气集团公司企业文化、青海油田企业文化和采油一厂企业文化进行了三级文化定位梳理，提炼形成了青海油田采油一厂的企业文化体系，制订了企业文化建设规划，并且根据安全文化建设的需要提炼设计了安全文化管理模型。主要内容包括：《采油一厂企业文化定位整合方案》《采油一厂企业文化体系方案》《采油一厂企业文化建设规划》《采油一厂企业安全文化管理模型》。

1. 采油一厂“三级文化”定位梳理

采油一厂的企业文化渊源主要由三个部分构成：中国石油天然气集团公司的企业文化要素，青海油田的企业文化要素，以及采油一厂创业发展历程中的企业文化要素。

（1）中国石油天然气集团公司的文化要素。

企业宗旨：奉献能源、创造和谐。

企业精神：爱国、创业、求实、奉献。

企业核心价值观：我为祖国献石油。

企业核心经营管理理念：诚信、创新、业绩、和谐、安全。

（2）青海油田的文化要素。

柴达木石油精神——顾全大局的爱国精神、艰苦奋斗的创业精神、为油而战的奉献精神，以及青海油田的经营管理理念、行为规范等。

（3）采油一厂的文化要素。

重担文化：体现了立足高原、挑好重担的责任精神和奉献精神。

领军文化：体现了心系大局、敢为人先的创新精神和标兵精神。

2. 采油一厂的核心价值理念

企业愿景：打造精品油田、成就精彩人生。

企业精神：团结奋进、勇挑重担、科学发展、追求卓越。

开发理念：善待资源、永续经营。

安全理念：不采一滴带血的石油。

环境理念：绿色井场、美丽油田。

3. 采油一厂员工誓词

我们是光荣而自豪的青海石油人。

忠诚油田事业，追梦青藏高原。

勤于学习，勇于创新，敢于超越，甘于奉献。

恪尽职守，团结协作，砥砺奋进，不辱使命。

为百万吨持续稳产而努力奋斗！

4. 采油一厂安全文化管理模型

采油一厂安全文化管理模型由安全理念管理、安全行为管理和安全可视化管理三部分组成，三者互动互融，构成动态的循环模型。

主要包括："以人为本、安全第一、环保优先"的安全理念；"安全第一、关爱生命、科学发展、构建和谐"的安全人本观；"安全是最大的节约、事故是最大的浪费"的安全价值观；"一切事故都是可以控制和避免的"的安全预防观；"安全源于责任心、源于实际、源于质量、源于防范"的安全责任观；"细节决定一切，安全规范是纪律"的安全执行观；"爱妻爱子爱家庭，忽视安全最无情"的安全亲情观等。

五、番外

1. 花土沟情结

"花土沟"是一个浪漫而又土气的名字，也是一个浪漫而又土气的地方，相信很多中国石油人都对花土沟有着难以忘怀的印象，而很多青海石油人更对花土沟有着难以言说的情结。因为，这里是青海油田的主战场之一，也是青海油田采油一厂的生产基地。毕竟，在这里，一代又一代的青海石油人倾注了自己的青春和热血，奉献了自己的人生和豪情。这些来自五湖四海的青海石油人，经历了创业时期的"激情燃烧"，也接受了改革开放大潮的洗礼，在中国经济强势崛起、社会变革转型的新时代，又如何回首当年岁月？

通过项目调研，改变了我们对高原反应的一般性认知。原来，人们长期工作和生活在高原地区，由于持续低含氧量的状态，心肺功能都变得异常强大，如果回到高含氧量的地区，心肺功能都会大大受损。一些原籍低海拔地区的青海石油人，退休后回到原籍生活，时间一长就会出现不良反应，只好又回到青海油田生活。即使到低海拔地区出差，也不宜太长时间。青海油田人的"高原基因"太强大了！

我们每次从青海油田的生活基地敦煌出发去花土沟，都需要准备应对高原反应的措施，提前吃一些补充含氧量的食品，有一次居然给每人准备了一个氧气袋。踏入花土沟，走路不能太快，否则就会头昏脑胀、脚步轻软；也不能勤洗澡，因为洗澡时容易引起脑部缺氧。咨询团队中的刘博士前脚踏入花土沟，后脚就被送入医院输氧，本来按照医嘱要输氧到第二天一早，结果半夜里刘博士就活蹦乱跳地回到驻地吵醒了我们。缺氧又输氧，反而让人更兴奋不已。

在花土沟，人们入睡也比较晚。如果在北京一般是晚上十一点之后入睡，在花土沟则一般是凌晨一点之后入睡，这可能是因为存在时差，也可能是因为高原缺氧让人难以入睡吧。但是，早晨起来那种明晃晃的阳光如雪一般耀眼，天空清澄无比，空气异常纯净。花土沟的确是一个难以忘怀的地方。

花土沟属于青海海西蒙古族藏族自治州茫崖镇（2018 年改为茫崖市），位于柴达木盆地西北部，北部与新疆库木塔格沙漠交界，东与冷湖镇接壤，西与茫崖镇相连，南接格尔木，海拔高度在 2689 ~ 3800 米之间，荒漠戈壁和流动沙丘占总面积的三分之二以上。这里生态异常脆弱，无自然植被覆盖，只有少部分人工绿化林及园林展示着勃勃生机。

从甘肃敦煌到花土沟大概有 500 多千米的车程，一路上荒滩戈壁、渺无人迹，西北风劲吹，伴我们走向无边无际的旷野（见图 25–3）。这里在长期西北风的侵蚀下，被剥蚀成多种残丘和槽形低地，形成的雅丹地貌，有的酷似古城堡，有的像骏马、骆驼、蘑菇……如鬼斧神工般肆意雕琢。几乎没有任何植被，但是会有零零散散的骆驼刺——一种极为耐旱的植物。

图 25–3　敦煌到花土沟沿途景象

每次中途我们都会在一个清真小餐馆吃午饭。老板和老板娘都很热情，但是更热情的是这里的羊肉炒面和羊肉炒粉，吃起来热辣热辣的，还有热腾腾的花卷，配上一头大蒜，真正过瘾得很。老家山西的成博士更是开怀得很，我们吃一碗，他要吃两碗。这成为我们每次出发去花土沟的“美食之约”。

从敦煌到花土沟会经过一个去德令哈的路口，那里有著名诗人海子的纪念馆，我们无缘去拜访，但是我们会谈起海子的著名诗句“远在远方的风，比远方更远”。这也构成我们花土沟情结的一个情节。

2. 油砂山露头

油砂山露头是青海油田油砂山裸露在地表的一层厚厚的油砂。

1947 年 5 月，当时的国民政府资源委员会组织成立工矿资源调查队，对甘青新边区及柴达木盆地进行地质、水文、土壤、植被、矿藏情况等系统考察。从甘肃省兰州出发，时经近半年时间，克服了重重困难，几经周折，历经磨难和艰险，过金鸿山，穿阿尔金山，到达红柳泉，进入柴达木盆地。调查队在红柳泉一带考察中，听说有人在红柳泉以东的山坡下拾到一种“黑色石块”，点火即能自行燃烧。调查队据此在该地区一个山沟里找到几块干沥青，同时，又发现了一个大断层。这个断层是东西向，远看发白，稍带灰色。当他们爬上断层的崖头，用地质锤一敲，掉下来的块末又变黑，闻有油味。他们在山沟里垒起一个大宝塔，架上红柳，点火立刻燃烧，火苗有 2 米多高。经过丈量，油砂层露出地表约 150 多米，油苗裸露厚度为世界之最，成为柴达木盆地石油宝藏的标志。他们在这里考察了 3 天，测绘了地形图、地质构造图和横切剖面图，在实测图上把此地定名为“油砂山”。

油砂山地处柴达木盆地深处，油砂山油田属断块油藏，分为 6 个断块。由于断层的作用，明显分为东西两部分。东区的Ⅳ、Ⅴ、Ⅵ断块地层被抬高，油砂山外露，受到严重侵蚀，油气散逸，形成了罕见的自然景观和难得的地质剖面。西区的Ⅰ、Ⅱ、Ⅲ断块油层埋深 100 ~ 700 米，保存条件较好。油砂山的沉积环境为三角洲分流河道沉积，其沉积特征是储层薄、多、散、杂，且分布不均匀。该油藏含油面积为 8.6 平方千米，石油地质储量为 2366 万吨。

这次考察为我国后来在柴达木盆地寻找油田提供了重要资料，同时，油砂山露头也成为青海油田的一道特殊景观（见图 25–4）。

图 25-4　油砂山露头

3. 敦煌、阳关与大漠豪情

1992 年，青海油田管理局机关从青海冷湖搬迁至甘肃敦煌七里镇。经过几十年的发展，七里镇镇区规模不断扩大，已成为敦煌第一镇，一座生机勃勃的小城市。2018 年青海海西州将茫崖特区与冷湖特区合并，组建茫崖市，市政府驻地花土沟镇。青海油田身跨青海茫崖和甘肃敦煌两个基地，在青海和甘肃之间也留下了一段“扯不断，理还乱”的情缘。

敦煌位于河西走廊的最西端，地处甘肃、青海、新疆三省（区）的交汇处。敦煌是“丝绸之路”的节点城市，以敦煌石窟、敦煌壁画闻名天下（见图 25-5），是世界遗产莫高窟（见图 25-6）和汉长城边陲玉门关、阳关（见图 25-7）的所在地。2012 年入选“中国特色魅力城市 200 强”，是国家历史文化名城。东汉应邵注《汉书》中说：“敦，大也。煌，盛也。”

图 25-5　敦煌壁画

图 25-6　莫高窟外景

图 25-7　阳关故址

汉武帝时期，派大将卫青、霍去病三次大规模出击匈奴，收河套地区，夺取河西走廊，封狼居胥，将当时汉朝的北部疆域从长城沿线推至漠北，为后来把西域并入中国版图奠定基础。汉武帝派张骞出使西域，也开启了“丝绸之路”（见图 25-8）。汉代“丝绸之路”自长安开始，经过河西走廊到达敦煌，继出玉门关和阳关，沿昆仑山北麓和天山南麓，分为南北两条道路。南线从敦煌出发，经过楼兰，越过葱岭而到安息，西至大秦（古罗马）；北线由敦煌经高昌、龟兹，越葱岭而至大宛。汉唐之际，又沿天山北麓开辟一条新路，由敦煌经哈密、巴里坤湖，越伊犁河而至拂林国（东罗马帝国）。汉宋之际，“丝绸之路”是通往西方的交通要道，敦煌也由此成为“丝绸之路”上的一颗璀璨明珠。

图 25-8 “丝绸之路”遗址

唐朝时期，出现了很多著名的边塞诗人，如高适、岑参、王昌龄、王之涣等，歌颂从军报国、建功立业的豪情，体现大唐时期奋发进取、蓬勃向上的时代精神。如岑参的《走马川行奉送出师西征》：“君不见走马川行雪海边，平沙莽莽黄入天。轮台九月风夜吼，一川碎石大如斗，随风满地石乱走。”高适的《塞上》：“惟昔李将军，按节出皇都。总戎扫大漠，一战擒单于。”王昌龄的《从军行》：“青海长云暗雪山，孤城遥望玉门关。黄沙百战穿金甲，不破楼兰终不还。”王之涣的《凉州词》：“黄河远上白云间，一片孤城万仞山。羌笛何须怨杨柳，春风不度玉门关。”以及王维的《渭城曲 / 送元二使安西》：“渭城朝雨浥轻尘，客舍青青柳色新。劝君更尽一杯酒，西出阳关无故人。”

中国大西北是令无数人心向往之的地方。从甘肃兰州一路向西，可以坐绿皮火车，途经张掖、嘉峪关、玉门关，到达敦煌。你可以领略“黄河之水天上来，奔流到海不复回”的雄伟气魄，也可以领略“长河落日圆，大漠孤烟直”的壮美景象，更有“青藏高原、西部边陲，天辽地阔、驰骋纵横”的豪情意气。从汉唐风采到“一带一路”，不仅带给我们历史的纵深感，更有时代的使命感。

第二十六章　中国农科院蜜蜂研究所：“至诚至信，惟实惟新”

一、案例背景

1. 中国养蜂历史简述

中国是中华蜜蜂（以下简称中蜂）的发源地。蜜蜂行业在中国已经有三千多年的历史，殷商甲骨文中就有“蜜”字记载（见图 26–1）。原始的养蜂可追溯到人类最早采集野生蜂蜂蜜的时代，中华民族将野生中蜂逐步饲养为家养中蜂，经历了原始采集蜂蜜和人工饲养蜜蜂两个阶段。中国晋代张华的《博物志》详细记载了蜜蜂收集方法，宋代罗愿的《尔雅翼》记载了蜜蜂的种类及蜜的色、味与蜜源植物的关系，清代郝懿行的《蜂衙小记》则对蜜蜂形态、生活习性、社会组织、饲养技术、分蜂方法、蜂蜜的收取与提炼、冬粮的补充、蜂巢的清洁以及天敌的驱除等都进行了详尽的描述。

图 26–1　“蜜”的字形演变及释义

中国最早的中药学著作《神农本草经》中记载了石蜜、蜂子、蜜蜡的药用价值，指出蜂蜜有“除百病、和百药”的作用。从汉代开始，蜜蜡就用于民间印染，古称“蜡缬”，现称“蜡染”。

现代蜜蜂养殖因为“不与粮棉争农田，不与禽畜争饲料”，被誉为“空中农业”。特别是随着人们对现代生态健康的关注，蜂产品对于人们的保健功能和蜜蜂行业对于生态环境的调节功能越来越受到重视。

中国蜜源植物丰富、蜂产品种类繁多，是世界上最大的蜂产品生产国和出口国。截至 2010 年，我国蜂群已由 1949 年的 50 万群发展到 820 万群，蜂群数量占世界的 1/8，蜂蜜产量也由 1958 年的 1.23 万吨发展到 30 万吨。蜂群数量的增加，带动了蜂产品产量的快速增长和品种的不断丰富，全国养蜂事业不断发展，科技队伍迅速壮大。

2. 中国农科院蜜蜂研究所概况

中国农科院蜜蜂研究所成立于 1958 年，是在朱德等老一辈革命家和国家领导人亲切关怀和支持下创建的国家级研究所，是当今世界蜂业学科设置最全、规模最大的专业性研究所。其研究方向和任务是：以提高我国养蜂业经济效益和社会效益、推动养蜂科学技术现代化为目标，开展应用基础研究和探索高新技术在蜂业科学上的应用。

中国农科院蜜蜂研究所创建以来，承担了国家蜂业科学的科技支撑计划、国家自然科学基金、科技成果转化项目、科研院所技术开发专项、公益性行业专项、科技基础条件平台项目、“863”项目、“948”项目及国际合作等各种国家和部级科研项目；多次作为牵头单位，主持全国性的蜂业科技攻关计划，引领国内蜂业科研单位联合开展技术攻关，自 2008 年开始主持国家蜂产业技术体系建设，2015 年列入中国农科院科技创新工程。2018 年启动蜂业提质工程项目、国家优质蜂产品科技创新联盟，通过重大科技任务牵引、优势科研资源集聚、科学运行机制保障等手段，集聚全国农业科研优势资源和力量，共同促进我国蜂产品提质增效和产业升级。研究所已取得科研成果 104 项，其中获奖成果 80 项（国家级奖 6 项、省部级奖 39 项），获授权专利 258 项，其中发明专利 95 项，编写出版科学专著和科普书 200 余部，为推动中国蜂业科学研究和技术发展做出了贡献。

中国农科院蜜蜂研究所根据专业研究方向组建了 7 个科技创新团队，并拥有授粉昆虫生物学重点开放实验室、国家蜂产业技术研发中心、蜜蜂遗传资源保护中心、国家蜂产品加工分中心、农业农村部蜂产品质量监督检验测试中心、蜂产品质量安全风险评估实验室和蜂产品质量安全控制重点实验室等科技创新平台。中国农科院蜜蜂研究所还创办了面向全国发行的《中国蜂业》杂志，挂靠单位有蜂产品质量监督检验测试中心、中国养蜂学会，下属企业有北京中蜜科技发展有限公司、北京中农蜂蜂业技术开发中心有限公司、北京中农蜂研科技有限公司。

二、文化主题："至诚至信，惟实惟新"

坚持以人为本的经营理念和以诚信为核心的经营道德，提高广大消费者和社会公众的忠诚度和美誉度，塑造企业科技、质量、服务、信誉等综合形象，打造企业品牌价值。

坚持务实精神和改革创新意识，加强蜂业基础研究特别是应用研究，提高科技转化能力，推动企业改革创新，发挥蜜蜂研究所的核心技术优势，引领整个行业科技发展趋势。

中国农科院蜜蜂研究所坚持"至诚至信，惟实惟新"的文化核心内涵，以"立足科技，造福社会，成就员工"为使命追求，用学习沟通和自我超越精神打造中国和世界蜂业的龙头，实现"引领蜂业科技、打造产业品牌"的愿景。

三、咨询方案

中国科研事业单位的企业化转制是科技体制改革和科技产业化发展中带有普遍性的问题。国务院及有关部委相继出台了一系列政策措施，比如《中共中央国务院关于加强技术创新，发展高科技，实现产业化的决定》《关于深化科研机构管理体制改革的实施意见》《关于深化转制科研机构产权制度改革的若干意见》《中共中央国务院关于分类推进事业单位改革的指导意见》等。根据国家农业农村部和中国农科院的相关要求，蜜蜂研究所面临着从产权制度、管理体制、法人治理结构到人事分配制度等全方位改革的重大任务。

在企业文化咨询过程中，我们从战略创新和文化创新相结合的角度，从理念文化、行为文化和视觉识别三个方面，来构建中国农科院蜜蜂研究所特色的企业文化体系。

咨询方案主要包括：《中国农科院蜜蜂研究所文化调研诊断报告》《中国农科院蜜蜂研究所战略发展规划报告》《中国农科院蜜蜂研究所文化体系设计报告》《中国农科院蜜蜂研究所视觉识别系统（VI）手册》。

1. 战略定位

致力于成为蜂业科技研发和产业化的现代科技型企业，以及行业质量技术标准的领导者和整合者。

第一，成为现代科技型的企业，是基于价值链的选择。根据企业化管理、市场化运作的发展模式，凭借其强大的技术实力，整合生产，引领消费市场，整合销售渠道，最终成为价值链的整合者。

第二，成为行业质量技术标准的领导者和整合者，是基于竞争的选择。中国农科院蜜蜂研究所不仅是中国唯一的国家级蜂业科学综合研究机构，也是世界上规模最大的蜂业研究机构，具有成为行业质量技术标准领导者和整合者的条件。

2. 企业愿景

引领蜂业科技，打造产业品牌。

第一，蜂业科技是中国农科院蜜蜂研究所的发展基础和核心优势，因此要注重发挥核心技术优势，加强蜂业基础研究特别是应用研究，提高科技转化能力，引领整个行业科技的发展。

第二，品牌优势是中国农科院蜜蜂研究所产业化经营的制高点，因此要依托自身科技优势、生产规模优势和行业资源优势，致力于提升科技、质量、服务、信誉等综合形象，打造品牌价值。

3. 企业使命

立足科技，造福社会，成就员工。

一是体现“科技以人为本”“科技造福人类”的思想，满足社会大众的健康生活需要，提高人们的生活品质。

二是体现“出成果、出人才”的思想，为员工提供专业技术平台和职业成长舞台，提高员工的成就感、获得感和幸福感。

4. 行为准则

科技惟先、客户惟上、职工惟本、事业惟大。

第一，科技是蜜蜂研究所生存发展的关键，要坚持科技领先、科技创新、科技立所的战略指导思想，失去科技含金量，就失去了存在的价值。

第二，客户是企业竞争之源、效益之源，要坚持客户导向和服务导向，树立市场意识和共赢意识，没有客户的利益，就没有企业的利益。

第三，员工是企业的人力资源、核心资源，要坚持以人为本的现代管理思想，激励员工、成就员工，实现员工的职业价值和自我价值。

第四，事业是我们为之终身奋斗的目标和理想，我们要脚踏实地、志存高远，持续提升蜜蜂研究所的科技优势、人才优势和品牌优势，致力于成为中国和世界蜂业科技的引领者。

5. 视觉标志

中国农科院蜜蜂研究所视觉标志，由蜜蜂蜂巢图案和中国农科院蜜蜂研究所中文缩写“中蜜”、英文缩写“BRICAAS”（Bee Research Institute，Chinese Academy of Agricultural Sciences）组合设计而成（见图 26-2）。标志采用绿色，象征生命与健康，以及农业生机蓬勃的色彩。

图 26-2　中国农科院蜜蜂研究所视觉标志

四、番外：有趣的中国蜜蜂博物馆

中国蜜蜂博物馆隶属于中国农科院蜜蜂研究所，是一座自然博物馆，位于风景优美的香山北京植物园内，处于著名的古刹卧佛寺西侧，1997 年 4 月经北京市文物局批准正式成立。

蜜蜂由于具有严密的社会性群体结构和高度发达的生物本能而引起人们浓厚的兴趣，成为自然科学的重要研究对象。同时，蜜蜂作为自然界最主要的授粉昆虫，不但是生物链上不可缺少的重要一员，而且在现代农业中仍是不可替代的作物授粉者。养蜂业在世界各国都受到普遍重视。我国有着悠久的养蜂历史，不但拥有丰富的养蜂自然资源，而且形成了精彩纷呈的蜜蜂文化。如今养蜂业发展成就卓著，全国的蜂群数和蜂产品产量均居世界第一，已成为世界养蜂大国。

蜜蜂全身都是宝，向人类提供各种产品。蜂蜜、蜂王浆、蜂花粉、蜂胶、蜂毒、蜂蜡以至蜂体本身，都是宝贵的天然营养品，具有独特的医疗保健效果。随着现代科学技术的发展和现代社会人们的需求趋向，小小蜜蜂造福人类潜力巨大，前景广阔。

为向广大群众宣传普及蜜蜂科学知识和蜂产品保健知识，蜜蜂博物馆常年展出以“蜜蜂是人类的朋友”为主题的科普展览。分三个展室，展出图片 500 多幅，标本、模型和实物 700 余件。内容包括蜜蜂的起源和演化、中国古代养蜂史、蜜蜂与文化艺术、中国蜜蜂和蜜源植物资源、蜜蜂的生物学特性和蜂产品的生产、蜜蜂为农作物授粉增产、蜂产品保健和蜂疗、中国养蜂业发展成就、世界养蜂业概况和国际科技交流等。

通过图片、图表、标本、实物、景观模型、录像播放等手段，以生动直观的形式介绍了我国源远流长的养蜂发展历史、蜜蜂的生物学知识、现代养蜂科学技术和蜂产品市场的繁荣景象。

活蜂观察箱：通过观察，可以看到巢内亮晶晶的蜂蜜、发现蜜源的蜜蜂在巢脾上兴奋地跳着舞、收获归来的蜜蜂正在卸载花粉、个体最大的蜂王正在产卵等有趣的情景。

蜜蜂化石：为镇馆之宝，观察者可以通过放大镜清晰地观察到距今已有 2300 多万年的化石。

蜂群中三型蜂（蜂王、工蜂和雄蜂）的生物学特性和社会性行为：通过图片，可以了解到蜂群的构成、生物学特性、生活习性等“蜜蜂王国”引人入胜的奥秘。

第二十七章　中航工业安大公司："家国天下，立己达人"

一、案例背景

中国航空工业集团有限公司是国家出资设立、由国务院国资委代表国务院履行出资人职责的国有独资公司，是由中央管理的国有特大型企业，也是国家授权投资的机构，于 2008 年 11 月 6 日由原中国航空工业第一集团公司和中国航空工业第二集团公司重组整合成立。

中国航空工业集团有限公司设有航空武器装备、军用运输类飞机、直升机、机载系统与汽车零部件、通用航空、航空研究、飞行试验、航空供应链与军贸、资产管理、金融、工程建设、汽车等产业，下辖 100 余家成员单位及上市公司。

中航工业贵州安大航空锻造有限责任公司（以下简称安大公司或安大）始建于 1966 年，是专门从事航空发动机、飞机和燃气轮机锻件生产的特种锻造企业，是国内最大的精密轧制和特种锻造基地，产品远销美国、加拿大、英国、德国、以色列和日本等国家。

安大公司坚持走"专、精、特、新"的专业化发展道路，建立了国家 / 国防 / NADCAP 实验室、省级企业技术中心、难变形材料锻造技术研究应用中心、博士后科研工作站等，成为国家引进国外智力成果示范推广单位、贵州省创新型企业、贵州省知识产权示范单位及贵州省知识产权优势培育企业。

安大公司拥有国家级、省部级科技成果 60 余项，申获专利 100 余项，获得全国"五一"劳动奖状、全国守合同重信用单位、中航人才工作先进单位、中航工业知识产权先进单位、贵州省高新技术企业等荣誉称号。

安大公司地处贵州省安顺市。安顺素有"中国瀑乡""屯堡之乡""蜡染之乡""西部之秀”的美誉，下辖西秀区、平坝县、普定县、镇宁布依族苗族自治县、关岭布依族苗族自治县、紫云苗族布依族自治县和黄果树风景名胜区、安顺经济技术开发区等，是贵州省级历史文化名城和贵州西部旅游中心。

安顺的“屯堡文化”源于明初朱元璋的调北征南历史事件。据《安顺府志·风俗志》记载：“屯军堡子，皆奉洪武敕调北征南……散处屯堡各乡，家人随之至黔”“屯堡人即明代屯军之裔嗣也”。屯堡文化是明代耕战经济在贵州安顺的历史遗存，可以概括为“明代古风，江淮余韵”。2001 年，国务院将保存较为完整的屯堡村落云山屯、本寨等，公布为全国重点文物保护单位。

二、文化主题：“家国天下，立己达人”

“家国天下”既是一种人文情怀，也是一种责任担当。安大文化源于我国三线建设时期“艰苦创业、无私奉献”的精神传承以及“航空报国、强军富民”的宗旨使命，是“中国梦”和“航空梦”的集中体现。

“立己达人”既是一种道德准则，也是一种事业境界。《论语》中说：“己欲立而立人，己欲达而达人”。安大公司大力践行“创新、协调、绿色、开放、共享”的新时代发展理念，与各种相关者共同构建利益共同体和命运共同体。

总的就如《大学》中所说：“古之欲明明德于天下者，先治其国；欲治其国者，先齐其家；欲齐其家者，先修其身；欲修其身者，先正其心；……心正而后身修，身修而后家齐，家齐而后国治，国治而后天下平。”

中华文化崇尚和谐，中国“和文化”源远流长，蕴涵着天人合一的宇宙观、协和万邦的国际观、和而不同的社会观、人心和善的道德观。在 5000 多年的文明发展中，中华民族一直追求和传承着和平、和睦、和谐的理念。以和为贵、与人为善，己所不欲、勿施于人等理念在中国代代相传，深深植根于中国人的精神中、体现在中国人的行为上。

三、创业历程

安大公司诞生于 20 世纪 60 年代的三线建设时期。当年的三线建设把中国工业布局从沿海推向内地，为发展中国西部经济创造了条件，营造了世界绝无仅有的三线文化氛围。三线建设是一部自力更生、艰苦奋斗、大力协同的创业史，也是一部开拓创新、超越自我、产业报国的文化史。但是，由于三线建设是基于特殊历史时期而采取的一种战略举措，在市场经济体制的新形势下，需要面向未来、与时俱进，建立与现代企业制度相适应的现代企业文化。

1. 创业时期

1966年，在时代号召下，安大的创业者们来到“滇之喉、黔之腹”的贵州安顺，在“地无三里平、天无三日晴、人无三分银”的艰苦条件下，以“一颗红心两只手，自力更生样样有”的气慨，挑沙运石、搭桥修路、挖山掘洞、平整坡地，硬是在荒芜人烟的大横山脚下建成了一个专业化航空锻造企业。

这一时期，安大创业者们一边抓建设，一边抓生产，谱写了一部激情燃烧的创业史。在他们身上，体现了“自力更生、艰苦奋斗、无私奉献、倾情报国”的创业精神和家国情怀，成为安大人薪火相传的文化基因。

2. 改革时期

进入20世纪80年代，适应国家改革开放的大环境，建立健全与市场经济接轨的经营管理机制，安大进入军转民的战略调整期。安大人解放思想，破除“等、靠、要”的传统军工观念，探索军品和民品融合之路；尤其是在科技创新方面，大力研发钛合金锻件，并通过多次重大技术改造，提高了安大的核心竞争力，为安大持续健康发展奠定了坚实的基础。

这一时期，安大培育形成了“团结、创新、求实、奉献”的企业精神，特别是在1991年接受航空航天部中推发动机锻件试制任务中诞生了“自强不息、执着追求、顽强拼搏、同舟共济”的“中推精神”，这些都成为安大人宝贵的精神财富。

3. 转型时期

2000年之后，安大通过改制上市，进入跨越式发展的快车道。安大进行了“三项制度”改革，创建了与现代企业制度相适应的人事、劳动、分配制度；坚持走“专、精、特、新”的发展道路，开展专业化整合、资本化运作、产业化发展，拓展了航天、汽车、舰船、工程机械领域的发展空间，产品从国内市场延伸到国际市场。在推进企业转型升级过程中，持续提升企业的核心竞争力和品牌竞争力。

这一时期，安大概括形成了“责任、诚信、激情、创新”的企业精神，倡导“认识劳模，感悟劳模，学习劳模，争当劳模”的劳模文化，提出了“平安安大、文明安大、和谐安大、幸福安大”（“四个安大”）的发展蓝图，激励广大干部员工为实现“中国梦”和“安大梦”而凝心聚智，再创辉煌。

四、咨询方案

在企业文化咨询过程中，我们采取了“规划第一，体系第二，推广第三”的方式，首先制订实施企业文化五年规划，然后整合提升企业文化体系，最后全面推广实施，最终形成了“母子文化”融合、“特色文化”突出的企业文化系统方案。

咨询方案主要包括：第一，制订企业文化建设“十三五规划”，实施企业文化四大战略工程（体系工程、机制工程、品牌工程、管理工程）；第二，根据中航工业集团、中航通飞、中航重机以及中航安大的“母子文化”关系，明确中航安大的“四级文化定位”；第三，对企业文化体系以及VI应用要素等进行系统化整合提升，特别是将“物竞天择，适者生存”的文化哲学提升为“家国天下，立己达人”；第四，制订企业文化推广实施方案，保障企业文化全面落地实施

1. 企业核心理念

（1）企业愿景：打造世界级宇航锻件供应商。

坚持“专、精、特、新”的发展道路，持续巩固中国特种锻造基地的行业地位，加速形成管理、人才、技术、创新、品牌五大竞争优势，致力于打造世界级宇航锻件供应商。

（2）企业使命：共担时代责任，共建卓越企业，共创美好生活。

我们要勇担新时代赋予的社会责任，秉承航空报国、强军富民的使命宗旨，做强做大中国航空事业。

我们要坚持客户导向，弘扬大国工匠、精益求精的光荣传统，为客户锻造精品，满足客户更高需求，持续创造非凡的业绩。

我们要坚持员工为本，培育和造就人才群体，实现企业与员工共同成长，为安大人创造更加美好的生活。

（3）核心价值观：敬业、报国、创新、共享。

弘扬敬业精神，忠诚担当，恪尽职守，立足岗位建功立业。

秉承报国情怀，不忘初心，爱国奉献，提高国家装备制造实力。

坚持创新驱动，完善创新机制，提高创新能力，激发创新动力。

坚持共同发展，大力协同，和谐共进，共享改革发展成果。

（4）企业精神：责任、诚信、激情、创新。

责任：敢于担当，切实履行国家责任、社会责任和岗位责任。

诚信：内诚于心，外信于人，真诚服务客户，打造诚信品牌。

激情：勇于接受挑战，敢于面对竞争，全力以赴，奋发向上。

创新：解放思想，更新观念，开拓进取，激发潜能，创先争优。

2. 企业哲学基础

企业文化是企业发展的哲学。对安大企业文化的哲学思考，保证企业文化整合提升的逻辑性和思辨性，同时也体现了“以人为本、以文化人”的本质内涵。

由“家国天下，立己达人”取代过去的“物竞天择，适者生存”。达尔文的生物进化论是“丛林法则”，体现了企业在市场竞争中激烈和残酷的极端一面，但是这种竞争法则与新时代的发展要求已经格格不入。

“家国天下”既是一种人文情怀，也是一种责任担当。安大文化体现了中华文化博大精深的文化渊源、三线建设时期“艰苦创业、无私奉献”的精神传承以及“航空报国、强军富民”的宗旨使命。“立己达人”既是一种道德准则，也是一种事业境界。安大公司践行“创新、协调、绿色、开放、共享”的新时代发展理念，体现了中国航空人的家国情怀以及构建企业利益共同体和命运共同体的人文理想。

3. 企业象征图形

安大公司的象征图形为“七彩环”（见图 27–1）。“七彩环”一个基点，联结七环，层层相扣，融为一体，多姿多彩，寓意立足航空、一脉相承、群策群力、同心同德、做大做强。

七彩包括赤、橙、黄、绿、青、蓝、紫，是阳光解析出的色彩，象征安大人丰富多彩的人文内涵和精神品质：赤代表着忠诚与担当；橙代表着激情与实干；黄代表着辉煌与共享；绿代表着健康与希望；青代表着廉洁与严谨；蓝代表着智慧与创新；紫代表着和谐与幸福。

图 27–1　七彩环

4. 企业文化落地深植

安大企业文化整合提升，只是“万里长征”的第一步。如何落地深植，如何茁壮成长，如何成为参天大树，依然任重道远。

根据安大企业文化战略规划和推广实施方案的要求，安大将通过全员培训、选树标杆，开展品牌文化、制度文化、专项文化建设，以及劳模文化和家园文化建设等途径和方法，持续推进企业文化建设。

概括来说，就是通过安大企业文化整合提升咨询项目，对安大文化的历史渊源、沿革路径、创新实践的深入挖掘和提炼，探索安大企业文化建设的基本规律、途径、方法，并从企业文化建设和企业文化管理相结合的角度，推动企业体制、企业战略、人力资源与企业文化协同运作，实现领导力、执行力、文化力综合推进，这将是提升企业文化软实力、品牌竞争力以及核心竞争力的重大举措。

五、番外：安大公司的扶贫历史

从 20 世纪 90 年代起，安大公司就开始对贵州安顺市辖内布依族、苗族等少数民族聚居的老、少、边穷地区开展扶贫工作，其后又开展了“军工支农、党建扶农”的结对帮扶，选派干部、骨干人员驻村帮扶，组织青年志愿者帮扶等多种形式的扶助脱贫活动。党委书记、董事长带队开展扶贫调研，制订扶贫计划，采取教育扶贫、就业扶贫、产业扶贫、抗灾扶贫、生活扶贫、环境治理等针对性举措，为贵州地区的脱贫攻坚任务做出了积极的贡献。

1994 年 4 月，安大公司向安顺市紫云苗族布依族自治县宗地乡政府捐赠总价值 4 万余元的财物。安大公司接着了解到，安顺市镇宁布依族苗族自治县大山乡属老、少、边穷地区，布依族、苗族等少数民族占了该乡人口的 80% 以上，由于长期的闭塞、思想落后、不能受到良好的教育等原因，致使该乡经济很不发达，部分家庭子女到了入学年龄因交不起学费而失学，特别是女孩子因贫困而无法上学或辍学现象突出。经过实地考察后，安大公司于 1996 年 8 月在镇宁大山乡雷召小学组建了“安大希望蓓蕾班”，救助了 40 名因家庭极其困难而无法上学的少数民族女童，每学期无偿资助她们学费 2500 元，同时还购买了 26 吨水泥帮助雷召小学修建了一块 1200 平方米的操场。2003 年 9 月又在大山乡养马小学成立了“安大希望蓓蕾班”，再次救助了 39 名少数民族女童，每学期无偿资助她们学费 3120 元。除资助学费外，安大公司党委、工会、团委、科协等部门还定期到学校看望“安大希望蓓蕾班”的同学，给她们发放学习用品，关心她们的学业等。安大公司承担企业社会责任的善举赢得了社会各界的高度赞誉，

“安大希望蓓蕾班”也成为扶贫帮困的一面旗帜。其中，已经有“安大希望蓓蕾班”的学生在大学毕业后进入安大公司工作了。

2009 年之后，根据贵州省委国防工委的统一安排，安大选派工作经验丰富、工作能力较强的同志相继到镇宁布依族苗族自治县马厂乡旗山村，关岭布依族苗族自治县上关镇、多德村，西秀区永安村、本寨村、玲珑村等村寨驻村帮扶，了解村情民意，解决群众困难，协助或组织制订帮扶发展计划，积极协调争取资源，帮助当地村民脱贫致富。

2015 年，安人公司 23 个党支部与玲珑村开展结对帮扶活动，按每户 500 元标准发放了慰问金和千余元的生活物资，结对帮扶 20 户。

2016 年 5 月，安大公司完成关于改善玲珑村落杠组饮水源的立项与实施工作，共计协调资金 8 万余元。

2016 年“六一”儿童节前，安大公司向玲珑村小学 35 名学生赠送了价值近 1.2 万元的乒乓球、羽毛球、飞机模型及每人一份文具用品的物资。此外，还定期到帮扶村小学举办航空科普活动。

2017 年，安大公司在玲珑村投入 1.23 万元用于美丽乡村卫生治理。

2018 年，安大公司组织党支部与玲珑村 8 户缺乏劳动力的贫困户结对帮扶，为他们购买鹅苗、小鸡，帮助他们通过小型养殖增收脱贫。安大公司还从党费中拨付 15000 元作为村委活动经费，此外还为玲珑村援建 30 平方米的村食堂，硬化了 200 平方米的办公场地，一定程度上改善了村委的办公条件。

安大公司指导、帮助玲珑村成为西秀区首批壮大村集体经济的试点单位，按规定可获得 100 万元国家资金援助；组织制订规划方案，向上级部门申报《全力打造玲珑精品水果园》等 8 个重点产业项目和《玲珑村产业规划》；安大公司还捐资 6.3 万元购买了一台运货卡车，支持玲珑村的未来发展（见图 27–2）。

此外，安大公司还安排了玲珑村 5 名人员进厂工作。同时，根据玲珑村多数青年初中毕业后因各种原因辍学的情况，安大公司还制订了一个长期计划，鼓励他们参加职业技能教育培训，毕业后可优先录用，解决他们的就业问题。

图 27–2　安大向玲珑村捐赠卡车仪式

安大公司在玲珑村派驻第一书记驻村帮扶，建档立卡贫困户 45 户，共 157 人。第一书记对每一户的贫困情况都进行深入家访调研，了解实际情况，帮助解决实际困难。村里有一名重残妇女，十多年前在外地打工不幸出了车祸，司机肇事逃逸，一直得不到赔偿，虽经过治疗，但最终落下了终身残疾，导致生活不能自理，多年来靠爹妈和哥嫂照顾。第一书记到她家时，眼前的场景着实令人震惊：四五平方米简陋的房间，放着一张床和一些盆盆罐罐，人瘫在被窝里，由于没有梳洗，模样都很难分辨；空气中弥漫着浑浊的气味，隔壁猪圈不时飘来一阵阵恶臭，她在里面一躺就是十多年……通过了解，她之前办的是二级残疾证。第一书记立即着手收集相关资料，跑到乡里争取给她申请一级残疾证。但是后来由于各种原因，没有申请到。于是，第一书记又给她申请低保，经过多方努力，最终批下来了。第一书记又自掏腰包给她家安装了热水器，并叮嘱她哥嫂要时不时给她洗个澡，改善一下她的居住环境。

通过安大公司持续多年的大力帮扶工作，玲珑村人均纯收入大幅提升，2017 年该村人均纯收入 9853 元，是规定贫困线的 2.91 倍。2018 年 9 月 25 日，贵州省人民政府发布通告称，同意西秀区等 14 县（区）退出贫困县。

安大公司作为中航工业系统的一个基层企业，诞生于三线建设时期，历经市场转型、企业改制、“两房一车”、军民融合、“四个安大”等不同时期的文化传承。安大公司“家国天下，立己达人”的航空报国情怀、强烈的社会责任意识和时代担当精神，对于推进社会主义特色新时代的企业文化建设，在中国航空工业系统内外无疑都具有巨大的典型示范意义。

第二十八章　中信银行：“以信致远，融智无限”

一、案例背景

1. 中信银行创业历程

中信银行创立于 1987 年，原名中信实业银行，是在中国改革开放大潮中应运而生的新兴商业银行之一，也是中国最早参与国内外金融市场融资的商业银行，并以屡创中国现代金融史上多个第一而蜚声海内外。

1979 年 10 月，前国家副主席荣毅仁先生创办中国国际信托投资公司（简称中信公司），成为中国对外开放的一个窗口。其后由中信公司银行部筹备成立中信实业银行。1987 年 4 月，经国务院和中国人民银行批准，中信实业银行正式成立，作为中信公司所属的国有综合性银行，是自主经营、独立核算、自负盈亏的独立法人，荣毅仁先生任中信银行名誉董事长。2005 年 8 月，中信实业银行正式更名为中信银行。

荣毅仁先生在中信实业银行成立之初，就提出其业务宗旨是“发挥中信公司综合优势，采用现代金融经营方式，面向全国、面向国际金融市场，不断开拓创新，把中信实业银行办成具有特色的新型银行”。中信实业银行作为中国改革开放之后第一家企业设立的银行，把银行对公业务和国际金融业务做得风生水起，领一时风气之先，被誉为“精品银行”“贵族银行”，深深打下了市场化、国际化、民族化的文化烙印。

20 世纪 90 年代之后，历经亚洲金融风暴以及中国金融体制改革，中信实业银行一度困难重重、举步维艰。2001 年中信公司改制成立中信集团后，大力推动中信银行股份制改革，2007 年中信银行在沪港两地交易所同步上市。其后中信银行提出“诚信经营、以客户为中心、为客户创造价值”的经营理念，“以领先的创新和先进的管理为支撑，通过专业化、综合化、国际化、特色化的发展路径，成为走在中外银行竞争前列的一流商业银行”的战略目标等，推动制度创新、产品创新、服务创新等举措，使中信银行进入经营发展的快车道，也大大提升了银行品牌形象。先后荣获“第五届中国中小企业金融服务十大影响力品牌”、英国《银行家》杂志“品牌价值百强银行”、“中国最具人气房地产金融信贷机构”奖、“最佳企业社会责任”奖、十佳金融产品创新奖等。

2012 年之后，中信银行制定实施“建设有独特市场价值的商业银行”的新战略，大力推动“全面进军服务业，大力发展网络银行业务，非主流业务的主流化”三大业务重点，致力于打造有中信银行特色的差异化竞争格局。中信银行根据“零售为王”“得零售者得天下”的竞争战略思路，持续推动中信银行零售服务战略转型，致力于打造中信银行“新品牌、新形象、新团队、新流程、新系统、新产品、新服务”的大零售银行体系，持续提升了中信银行的品牌服务形象。先后荣获中国银行业协会及《亚洲银行家》《银行家》《亚洲货币》等各大权威机构和媒体单位颁发的诸多奖项，包括“中国最佳进步零售银行奖”“最佳客户关系管理奖”“中国最佳私人银行奖”“卓越出国金融服务银行”“中国私人银行最佳客户服务奖”“最佳全国性股份制商业银行私人银行奖”“中国最佳家族财富管理奖”“中国银行业文明规范服务工作突出贡献奖”等。

2. 中信集团文化精髓

1986 年，荣毅仁先生提出并倡导 32 字“中信风格”。多年来，“中信风格”被渗透在中信人的思想和行为当中，在中信事业的发展中得到了大力弘扬，成为中信人的共同追求和行为方式。

（1）中信风格。

遵纪守法，作风正派；

实事求是，开拓创新；

谦虚谨慎，团结互助；

勤勉奋发，雷厉风行。

（2）中信徽标。

中信集团徽标是荣毅仁先生于 1980 年亲自设计的，由中国国际信托投资公司的英文“China International Trust and Investment Corporation”大写字母缩写组成。其正圆形的构图采用传统对称均衡的设计手法，中间像两扇徐徐开启的大门，两边对称的“C”形又如两扇打开的窗口，正中间的“T”则如同一把打开大门和窗口的钥匙，整个构图象征着中信集团是中国对外开放的重要窗口（见图 28–1）。徽标风格在整体上既庄重严谨，又洋溢着现代气息。中信集团的徽标被国家工商行政管理总局认定为中国驰名商标，并在 2001 年中国国际商标知识大赛上被评为最佳创意奖。

图 28–1　中信集团徽标

（3）中信集团核心价值理念。

2009 年 9 月 16 日，中信集团成立 30 年之际，《中信集团企业文化手册》中明确规定了“诚信、创新、凝聚、融合、奉献、卓越”的 12 字核心价值理念，这是全体中信人的共同价值观。

诚信：诚开金石，信达天下。

创新：与时偕行，道在日新。

凝聚：众人齐心，其利断金。

融合：海纳百川，有容乃大。

奉献：苟利国家，生死以之。

卓越：百舸争流，奋楫者先。

二、文化主题：“以信致远，融智无限”

中信银行的文化主题可以概括为 8 个字：以信致远，融智无限。如图 28–2 所示。

中信银行
CHINA CITIC BANK
以 信 致 远　融 智 无 限

图 28–2　中信银行文化主题

以信致远：“信”是中信银行立业之本、发展之品。以信立行，就是以信念指引发展方向，以信心坚定前进步伐，以信任与客户共同前行，铸就百年基业。

融智无限：“智”是中信银行治行之道、强行之策。融智强行，就是将智慧融入金融产品和金融服务，融汇大众智见，创造智慧金融，成就未来无限可能。

概括来说，中信银行的企业文化具有以下基本特征。

（1）诚信为本。诚信是中华文化的精髓，也是中信银行的核心价值观。中信银行30年的发展史，就是坚持诚信为本、诚信致远的历史。

（2）敢为人先。中信银行具有“矢志创新、敢为人先”的文化基因。作为中国改革开放的产物，中信银行从诞生之日起，就秉承了中信集团作为中国“对外开放窗口”的光荣使命，坚持改革创新的精神和大气开放的胸怀，大胆冲破体制障碍和束缚，创造了许多中国金融史上的第一，成为中国对外改革开放的“桥头堡”，占领了中国股份制商业银行创新发展的制高点。

（3）大责无界。中信银行具有“爱国奉献、敢于担当”的文化情怀。中信创始人荣毅仁先生本身就是一个具有爱国情怀的民族资本家，而且无论是中信集团还是中信银行都是国企，以奉献国家、推动改革开放事业为己任，强化社会责任意识，同时作为上市公司每年发布社会责任报告，切实履行对股东、客户、员工以及利益相关者的社会责任。

（4）海纳百川。中信银行具有“中西合璧、大气包容”的文化品格。中信银行人来自五湖四海，从荣毅仁董事长开始就聚集了一批具有国际化视野、专业化能力的高端人才，学习、借鉴国内外先进的经营管理理念，兼收并蓄、为我所用，凝聚人心、招揽贤才，以文化软实力构建企业竞争力。

三、咨询方案

2014—2020年，我们通过持续的咨询服务支持，完成了中信银行企业文化的“顶层设计”、分支机构的“基层践行”以及条线机构的“专项推进”，推进企业文化制度化和常态化、企业文化和品牌文化一体化，为中信银行转型升级和整合创新提供了有力的文化支撑。

第一，构建企业文化纲领体系，根据中信银行“一级法人”体制，形成中信银行企业文化的“顶层设计”，实现“三个统一”，即统一价值理念、统一行训誓词、统一标识形象，全面提升理念文化、行为文化和形象文化。

第二，制订企业文化建设规划以及企业文化落地深植方案，实施“入脑、入心、标杆、氛围、责任”等“五大工程”，即加强培训宣贯、宣讲文化故事、树立文化标杆、营造文化氛围、履行社会责任。

第三，推进企业文化管理实践，构建文化机制、文化队伍、文化载体、文化示范、文化品牌“五位一体”的文化管理模式，为打造中信银行核心竞争力、文化软实力以及品牌竞争力奠定坚实基础。

第四，推进专项文化建设和特色文化建设，从横向推进职能条线机构的专项文化如零售文化、合规文化等，从纵向推进“子文化”和分支行的特色文化，开拓企业文化建设的广度和深度，实现中信银行企业文化全面践行。

1. 中信银行愿景

成为有担当、有温度、有特色、有尊严的最佳综合金融服务企业。

2. 中信银行使命

为客户谋价值；为员工谋幸福；为股东谋效益；为社会尽责任。

3. 中信银行核心价值观

客尊、诚信、创新、协作、卓越。

4. 中信银行行训

客户为尊，员工为本；诚信合规，团队制胜；专业创新，创造价值。

5. 中信银行誓词

我们遵循“客尊、诚信、创新、协作、卓越”的核心价值观。

热爱祖国，忠诚银行。

恪尽职守，敬业专业。

高效执行，协作互助。

守法廉洁，感恩奉献。

做德才兼备的优秀中信银行人！

四、中信银行企业文化建设基本经验

1. 坚持“一把手责任制”，领导团队率先垂范

根据企业文化建设的基本规律，企业文化一般是由企业家或企业领导团队倡导推动而形成的，是领导团队的理想、信念、价值观以及道德情操、精神境界等在经营管理过程中的集中反映。特别是“一把手”在企业文化建设中发挥着主导作用，在此基础上，统率和引领企业全体员工的精神信仰、目标追求和群体意志，为企业持续健康发展提供强大的精神动力和智力支持。

在企业文化推进过程中，中信银行坚持“一把手责任制”，总行和各分行明确企业文化建设领导机制，“一把手”组织领导班子开展企业文化学习活动，班子成员给员工讲授企业文化课，主管领导定期听取工作汇报，研究解决有关重大问题，建立实施企业文化建设考核机制等。

2. 坚持“母子文化”融合，传承中信文化基因

中信银行作为中信集团的子公司，存在“母子文化”关系。“母文化”规定和指导“子文化”建设的目标和方向，“子文化”需要结合自身实际对“母文化”进行细化和完善，并建立具有自身个性特色的企业文化体系。

中信银行依托中信集团的平台，在业务发展中协同推进，特别是响应国家“一带一路”倡议，在资金融通方面实施海外战略布局。同时，中信银行坚持“母子文化融合发展”的思路，对中信集团企业文化既传承了共性文化内涵，又根据中信银行的实际进行了个性文化创新，是对中信文化的丰富和发展。

3. 坚持“总分支行联动”，强化文化执行高效

中信银行企业文化建设坚持“统筹规划、全员参与”的原则，在中信银行总行领导下，以中信银行企业文化纲领和规划为蓝本，充分调动总行职能部门、分支行机构等各层级的积极性和创造性，形成“总分支行联动”的格局。

中信银行一方面根据条线职能推进专项文化建设，另一方面推进分支行机构因地制宜地开展特色文化建设活动，在全行形成了“党政工团、齐抓共管”“上下结合、全员参与”的企业文化建设格局，让总行的文化渗透更具体、具象和深入人心。

4. 坚持“五位一体文化管理”，构建文化管理模式

中信银行大力推进文化与管理融合，构建文化机制、文化队伍、文化载体、文化示范、文化品牌“五位一体”的企业文化管理模式。

文化机制是企业文化建设的体制运行保障。中信银行建立了从总行领导、职能部门领导、分支行机构层层负责的企业文化责任机制和运作机制，并将分行企业文化建设工作纳入年度绩效考核的范畴。

文化队伍是企业文化建设的组织实施保障。中信银行建立了总分支行各级企业文化建设专业人员队伍，立足全行组织开展企业文化推进工作，并形成“党政工团、齐抓共管”的工作局面。

文化载体是企业文化建设的途径和手段。中信银行十分注重文化理念的内外传播，加强各种渠道建设，开展丰富多彩的文体活动、特色文化活动，以及对外交流活动等，激发企业文化的创新活力。

文化示范是企业文化建设的标杆和榜样。中信银行不仅持续推进企业文化示范基地建设，而且通过宣传先进人物事迹，评选表彰先进个人等，营造“比学赶帮超”的文化氛围。

文化品牌是企业文化建设的价值和形象。中信银行坚持“以文化塑造品牌、以品牌彰显文化”的基本方针，更新设计企业形象识别系统，提升中信银行的知名度、美誉度、客户忠诚度，特别是以网点为中心在客户和社会公众心目中塑造卓越的品牌形象。

五、中信银行企业文化落地实施“五大工程”

1. 加强宣贯培训，打造文化“入脑”工程

中信银行将文化宣贯作为企业文化价值理念落地的重要手段。每年培训总分行企业文化建设负责人和骨干工作者，打造一支专业的文化建设基层队伍；将《中信银行企业文化手册》内容设计开发成网络学院和微信大学的动画学习课程，并通过举办企业文化知识竞赛等活动，强化全体员工对文化理念的认知认同；建立独具中信银行特色的“企业文化诵读仪式”，塑造企业文化建设仪式感；在《中信银行》月刊上开辟“企业文化专栏”，开设“信银文化”微信订阅号，开展企业文化的内外传播等。

2. 宣讲文化故事，打造文化“入心”工程

讲好企业故事，传播企业文化。每年面向全行员工征集文化故事，在全行掀起了写故事、讲故事、传播故事、学习故事的热潮，用更感性、更接地气的形式来传播中信银行文化价值理念，激发员工更脚踏实地做好本职工作；创新性地推出了“中信银行·故事汇”文化品牌，以“现场+视频会”形式打造故事宣讲的平台，邀请员工来担当故事讲述者，组织员工现场观看聆听，宣讲形式包括配乐演讲、情景剧、人物访谈等，成为企业文化宣传的重要载体。

3. 塑造示范形象，打造文化“标杆”工程

表彰先进、树立典型是推进中信银行企业文化建设的重要途径。中信银行积极组织开展大力弘扬先进、激励员工、打造优秀团队等创先争优活动，每年开展全行年度先进集体和先进个人评选表彰活动，将总行级“最佳员工”“百佳营销明星”“五十佳客户经理”等先进事迹拍摄成系列“感动中信”先进人物事迹视频宣传片，并通过内网、网络学院、企业文化专栏等向全行展播；面向各分行培育、评选企业文化建设示范基地和企业文化建设特色单位，树立起一批文化建设标杆，激发了文化建设的主观能动性和创新实效性。

4. 营造文化环境，打造文化“氛围”工程

中信银行在全行倡导并广泛开展“一墙两课三会”活动。“一墙”是指“文化上墙”，由总行制定标准，包括规范的企业文化理念标准字及统一的文化海报，在办公场所、营业场所安装、张贴，并设置企业文化建设专栏和展板，打造全行统一的文化环境。“两课”是指各单位领导带头学习宣贯企业文化，听一堂企业文化课，再结合自身

体会，利用各类场合向员工讲一堂企业文化课。“三会”是指各单位利用党委会 / 办公会、部门例会和支行网点的晨夕会学习手册，带领诵读行训誓词，讲故事、谈感想、说体会。

5. 履行社会责任，打造文化“责任”工程

中信银行大力倡导“履行社会责任、追求持续发展”的责任理念，坚持“总行统筹、分行实施、分类管理、监督到位”的基本原则，对扶贫工作进行考核，形成了系统化、规范化、特色化的扶贫慈善工作体系。加强重点扶贫项目投入，如在西藏修建“中信银行渠”，在甘肃修建新农村广场、便民桥和硬化道路，开展“中信银行 • 新长城高中自强班”等。

中信银行还积极实施绿色信贷，制定并严格执行“四个不贷”的原则，以及项目融资的“六项必要条件”，在审查审批阶段实行环保“一票否决制”，将企业环保守法情况作为授信的前提条件。同时，中信银行对高污染、高排放行业分类施策，区别情况并采取“支持、维持、压缩、退出”等措施，进一步加强对“两高”行业的风险管理。

中信银行不断加强社会责任管理工作，每年开展针对社会责任理念的宣贯、工作指导和经验交流，着力提升社会责任管理能力和社会责任报告的信息收集能力；完善对外捐赠管理办法，将“社会责任”纳入分行综合绩效考核指标；加强社会责任信息系统披露，开发了社会责任报告信息管理系统，确保了信息披露的准确性、真实性和全面性。

六、番外

1. 中信银行 30 周年庆典活动

中信银行是一家有着独特文化品格和事业追求的商业银行。2017 年是中信银行创立 30 周年。中信银行 30 年的发展历史，是一部敢为人先、大胆开拓、砥砺奋进的创业历史，也是一部持续超越、追求卓越、刚健自强的创新历史。在“中国梦”和“一带一路”倡议引领下，中信银行将始终坚持社会主义核心价值观，大力践行中信银行“诚信、创新、协作、卓越”的企业核心价值观，脚踏实地，志存高远，锲而不舍，健行致远！

如图 28-3 所示，为中信银行 30 周年庆典活动中的企业发展历程及企业文化展示。

图 28–3　中信银行发展历程及企业文化展示

2.“中信红”

为了配合中信银行整体的 Logo 变更，各个网点的门头也全面进行了更新，网点也开始向“小型化、智能化、多业态”的方向转变。此外，中信银行还设计了统一行服。现在网点都是一抹火热靓丽的“中信红”（见图 28–4）。

图 28–4　火热靓丽的“中信红”

第二十九章　开封新东方村镇银行：“大爱无边，润物无声”

一、案例背景

1. 中国村镇银行发展概况

2007 年 1 月 22 日，中国银行业监督管理委员会（2018 年整合为中国银行保险监督管理委员会）发布《村镇银行管理暂行规定》，2017 年 11 月 15 日又发布《村镇银行监管指引》。村镇银行是指经中国银行保险业监督管理委员会依据有关法律、法规批准，由境内外金融机构、境内非金融机构企业法人、境内自然人出资，在农村地区设立的主要为当地农民、农业和农村经济发展提供金融服务的银行业金融机构。

村镇银行是“草根银行”，是“穷人的银行”，其信贷支持的主要对象为弱势产业——农业，弱势群体——农民，弱势区域——农村。村镇银行的市场定位主要在于两个方面：一是满足农户的小额贷款需求，二是服务当地中小型企业。

据统计，截至 2017 年末，村镇银行机构组建数量已达 1601 家，其中中西部地区机构占比 65%；已覆盖全国 31 个省份的 1247 个县（市、旗），县域覆盖率达 68%；全国 758 个国定贫困县和连片特困地区所辖县市中，有 416 个（占比 55%）县市已设立或已备案规划拟设村镇银行。

2. 开封新东方村镇银行概况

开封新东方村镇银行创建于 2011 年 10 月 12 日，是经中国银行业监督管理委员会批准、由河南省新郑农村商业银行发起设立的股份制地方金融机构。

开封新东方村镇银行创业伊始，始终秉承“兴一方经济，富一方百姓，创一方诚信，促一方和谐”的企业宗旨，以文化建设为引领、以科技创新为支撑、以合规经营为保障，充分发挥村镇银行立足乡镇、服务区域的自身优势，走出了一条有本地特色的地方法人金融机构发展新模式。

开封新东方村镇银行坚持“扎根三农”的初心，突出“支农支小”的本质，精耕细作农村金融市场，大力拓展“三农”金融业务渠道，解决小微企业融资难的问题，不断扩大普惠金融覆盖面；创新金融服务方式，加大金融科技投入，推行一行一策，创办“智能金融中心”“流动银行”“玩具银行”“书香银行”“超市银行”等特色金融服务（见图 29-1）；积极履行社会责任，大力开展扶贫捐助公益活动、金融知识教育活动以及社会文体活动等，成为实施乡村振兴战略、普惠金融、精准扶贫、金融扶贫等的重要生力军。

图 29-1　开封新东方村镇银行的流动服务车

在开封新东方村镇银行艰苦创业和砥砺创新的历程中，创业者们心往一处想、劲往一处使，同舟共济，众志成城，形成了“有责敢担、有难敢上、有险敢攀”的创业精神，培植了“责任文化、服务文化、创新文化、家园文化”的基本内涵，推动开封新东方村镇银行从无到有、从小到大、从弱到强，发展成为本地网点分布广、业务规模大、支农份额多、百姓口碑好的金融机构，被誉为“老百姓心目中自己的银行”“与小微企业共同成长的银行”。

开封新东方村镇银行先后荣获全省银行业金融机构小微企业金融服务先进单位、开封市青少年公益事业突出贡献奖、祥符区总工会“五一”劳动奖章、祥符区金秋助学爱心企业、祥符区服务先进单位、河南省村镇银行系统标杆银行、河南省青年文明号、开封市青年文明号、先进基层党组织、开封市社会扶贫工作突出贡献奖，以及连续多年的“开封百姓口碑榜”等 30 多项先进荣誉称号。

3. 中国古城开封概况

开封，古称东京、汴京、汴梁等，中国首批国家历史文化名城，迄今已有4100余年的建城史和建都史。开封是中国五大古都之一，素有“八朝古都”“东京梦华”之美誉，是《清明上河图》《千里江山图》的诞生地、中国豫剧发源地，也是中国书法名城和菊花名城。开封市祥符区朱仙镇被国家命名为历史文化古镇，其“模板年画”作为中华民族民间艺术，被列入中国非物质文化遗产名录。

开封是河南省新兴副中心城市、中原城市群核心发展区城市、郑州大都市区核心城市、郑州航空港区主体城市、郑汴一体化发展的重要一翼，也是国家级文化产业示范园区、河南省文化产业发展和文化体制改革试点城市、河南省旅游景区管理体制改革试点城市、河南省服务业综合改革试点城市、河南省文化改革发展试验区。开封自贸区是中国（河南）自由贸易试验区三大片区之一。

二、文化主题：“大爱无边，润物无声”

开封新东方村镇银行提出“四大战略”：一是大爱战略，让金融充满爱；二是创新战略，立足于做特色，靠有生命力的产品求生存；三是联动战略，与发起行业务联动，资源共享，优势互补；四是本土化战略，要融入当地的文化和发展氛围，依托本土化来防范风险和拓展业务。大爱是基础，创新是关键，联动和本土化是重要保障。

开封新东方村镇银行企业文化的基本内涵，主要概括为以下几个方面。

1. 责任文化：不忘初心，扎根三农

开封新东方村镇银行始终坚持“立足社区、服务三农、服务小微企业”的市场定位，秉承“兴一方经济，富一方百姓，创一方诚信，促一方和谐”的企业宗旨，积极履行社会使命，开展金融知识教育活动、扶贫捐助公益活动以及社会文体活动等，成为助力区域经济发展的金融新生力量。

2. 服务文化：耕耘真情，普惠金融

围绕“三农”做文章，精耕细作区域农村金融市场，在不断加大信贷支农力度的基础上，积极拓展、推广、创新“三农”贷款业务，解决小微企业融资难的问题，充分发挥村镇银行立足乡镇、服务区域的自身优势，将最贴心、最优质、最便捷、最高效的优质金融送至千家万户，不断扩大普惠金融覆盖面。

3. 创新文化：智慧创新，团队制胜

开封新东方村镇银行大力推动企业管理创新、服务创新、营销创新、科技创新等综合创新体系和机制建设，有效整合企业内部资源、客户资源、社会资源，创新金融

服务方式，细分市场，一行一策，构建优秀的经营管理团队，提高执行力和战斗力，从而不断提升企业的核心竞争力和市场竞争优势。

4. 家园文化：亲情和谐，学习成长

开封新东方村镇银行注重关心人、爱护人、培养人、成就人，不仅关注员工职业成长，而且细致入微地关注员工生活福利，建立“关爱员工、亲情和谐”的和谐企业关系，在企业成员之间建立情感纽带，同事之间像同学、像朋友，从而构筑“大家庭、大学校、大熔炉、大舞台”的企业文化氛围。

三、创业历程

开封新东方村镇银行诞生于农村金融改革的背景下，在坚强有力、团结一致的领导班子带领下，依靠一支平均年龄 27 岁的员工队伍，“初生牛犊不怕虎”，在激烈的市场竞争之中，打造了一个百姓欢迎、政府关注的高成长型村镇银行。

1. 艰苦创业阶段（2011—2013 年）

2011 年成立的开封新东方村镇银行只有 23 名员工，作为新兴的中小农村金融机构，社会认知度低，与众多国有银行和地方商业银行相比，没有规模优势，没有业务优势，在当时既不被银行业同行认同，也不被村民认同。新东方村镇银行在创业起步阶段面临着巨大的压力和挑战，从零开始，举步维艰，只能吸收同业同行资金，开展票据往来业务，在夹缝中求生存求发展。

从 2011 年成立到 2013 年，开封新东方村镇银行围绕“服务三农、支农支小”的市场定位和根本宗旨，在艰难中起步，在拼搏中创业，存贷款业务稳步增长，逐步打开了农村金融市场，在广大村民、商业储户心目中提高了知名度和美誉度，同时也赢得了祥符区委、区政府部门的关注和支持，为其持续健康发展打下了坚实的基础。

这一时期，开封新东方村镇银行的创业者们体现了艰苦创业、励志创新、勇于拼搏、敢于奉献的精神境界和事业追求，他们知难而进、迎难而上、拼荆斩棘、砥砺奋进，实现了开封新东方村镇银行的从无到有、从弱到强，并积极培育企业文化、塑造企业形象，有效提高了企业核心竞争力。

2. 创新探索阶段（2014—2017 年）

2014 年以来，开封新东方村镇银行坚持“以客户为中心，以市场为导向，以服务三农为根本”的经营理念，通过建立健全营销创新、服务创新、科技创新、管理创新等创新体系和创新机制，聚焦三农、服务小微、立足乡镇、精耕细作，实现企业效益和社会效益并驾齐驱，探索出一条具有自身特色的地方金融机构发展新路径、新模式。

这一时期，开封新东方村镇银行坚持“服务三农、不忘初心”的基本宗旨，实施“文化引领、创新驱动、科技支撑、品牌制胜”的经营管理思想，提出了“把职业当事业，把发展当使命，把权力当责任，把质量当生命，成果见证付出，生命演绎辉煌”的银行行训，“用服务赢得客户、用服务开拓市场、用服务取得信任、用服务获得尊重”的服务信条，以及“团队协作、亲情和谐”的大家庭文化氛围等，这些都构成了开封新东方村镇银行的优秀文化积淀，成为可资继承和弘扬的宝贵精神财富。

四、咨询方案

在企业文化咨询方案的讨论修改过程中，项目专家组与企业领导层多次沟通交流，最终形成了企业文化与党建文化、社会责任文化有机融合的一体化方案，为推动企业转型升级、持续创新提供强有力的精神动力和智力支持。

咨询方案主要包括：第一，构建以“大爱无边，润物无声”为主题的企业文化体系（见图 29–2）；第二，发布《企业文化宣言》和《银行行训》；第三，提炼企业党建理念及社会责任理念（见图 29–3）；第四，编写《行志》，记录创业足迹，传承创业精神；第五，制订企业文化建设三年规划，保障企业文化落地实施。

图 29–2 以“大爱无边，润物无声”为主题的企业文化手册发布活动

图 29–3　党建理念及社会责任理念提炼

1. 企业文化宣言

我们是扎根三农、崇尚智慧、追求理想、快乐成长的开封新东方银行人。

我们坚持“立足区域、服务社区、支农支小”的市场定位，倾心守护美丽家园，竭诚建设美好生活。

我们秉承“兴一方经济、富一方百姓、创一方诚信、促一方和谐”的企业宗旨，促进人与社会的和谐有序、共同发展。

我们要做新型农业金融的先锋队，坚持党的领导，大力推进普惠金融、绿色金融，走进千家万户，造福大众百姓。

我们要做区域经济发展的生力军，服务实体经济，用前瞻的思维、开放的胸怀，不断开拓新视野、追求新境界。

我们关爱社会，奉献社会，为客户创造服务价值，为自己创造人生价值。

我们脚踏实地，志存高远，让理想照进现实，用汗水耕耘未来。

2. 企业核心价值理念

（1）企业使命：让乡村更美丽，让生活更美好，让金融充满爱。

我们挚爱这片热土，以服务三农、振兴乡村为己任。

我们为客户奉献高品质的金融产品和金融服务。

我们关爱员工、造就人才，实现企业与员工共同成长。

（2）企业愿景：我们致力于成为新时代村镇银行的开拓者和耕耘者。

我们要做新时代村镇银行的开拓者。在中国特色社会主义新时代的征程中，我们坚持振兴乡村战略和服务“三农”战略，坚持人才强企战略和科技创新战略，努力建设具有团队凝聚力、市场竞争力、社会影响力和品牌感召力的现代化村镇银行。

我们要做新时代村镇银行的耕耘者。我们要健全法人治理制度，创新经营管理机制，建设“人文银行、科技银行、智慧银行、绿色银行”，赢得每一个客户的忠诚和信赖，不断满足人民日益增长的美好生活需要，打造充满生机与活力的现代化村镇银行，实现基业长青。

（3）核心价值观：责任、激情；团队、创新；诚信、共赢。

开封新东方村镇银行的核心价值观是在社会主义核心价值观和新时代发展理念指导下培育形成的。

责任和激情主要针对岗位层面——责任是一种强大的内驱力，责任让我们勇于担当、义无反顾；激情感染我们自己，也感染别人，激情让我们全力以赴、状态最佳。

团队和创新主要针对管理层面——团队是我们职业成长的平台，也是我们能力和智慧的源泉；创新是时代的需求，我们创新思维，创造奇迹，成就卓越。

诚信和共赢主要针对经营层面——诚信是我们安身立命之本，播种诚信的种子，收获金色的美誉；共赢让我们共享改革发展成果，实现客户、股东、员工的价值最大化。

（4）企业精神：携手共担当，超越在路上，奉献给远方

同舟共济，风雨共担——树立团队意识和担当意识，有责敢担、有难敢上、有险敢攀，为共同的目标而努力拼搏。

挑战自我，超越自我——树立创新意识和竞争意识，提升综合素质和专业技能，创造更多的服务价值，也创造自我职业价值。

志向远大，锲而不舍——树立奉献意识和事业追求，脚踏实地，坚韧不拔，专业专注，砥砺奋进，在奉献中成就“诗和远方”的精彩篇章。

（5）党建理念：党建引领，脱贫攻坚，乡村振兴，金融有爱。

我们要牢固树立“党建＋”理念，把党建工作融入银行发展的全方位、全过程，不忘初心，牢记使命，坚定信仰，砥砺奋进，作为开封新东方村镇银行的灵魂工程。

我们要积极响应党中央的部署，坚持政策引导与市场机制相结合，推动“三农＋扶贫＋乡村普惠金融”的协同发展模式，以“政银合作”为主导，以产业带动为支撑，为实施乡村振兴战略建功立业。

（6）社会责任理念：不忘初心，牢记使命，振兴乡村，建功立业。

我们坚持大爱战略，树立“不忘初心、奉献大爱”的事业情怀，投身捐资助学、精准扶贫及各种社会公益活动，切实履行企业的政治责任、经济责任、环境责任和社会责任，做一个有担当的企业公民。

我们坚持服务“三农”，心系大众百姓，为“三农”事业殚精竭虑、默默奉献，推进中国特色社会主义新时代建设，更好地满足人民日益增长的美好生活需要，建设美丽乡村，建设美丽中国，推动社会和谐进步。

3. 银行行训

把职业当事业，把发展当使命，把权力当责任，把质量当生命，成果见证付出，生命演绎辉煌。

4. 员工职业素养

诚信——信字当头，对客户一诺千金，对同事坦诚相待，对亲友真诚关爱，就会赢得更多的信任、信赖和信誉，这是职场中最大的无形资产。

感恩——心存感恩，我们就会发现工作和生活中更多美好的东西，更好地享受当下，享受我们已经拥有的一切；感恩向善，就会在遭遇挫折的时候，获得内心的平衡和智慧，从自卑到超越，让我们走得更远。

担当——有担当的人，是有使命感的人、有责任感的人、有领导力的人，也是有人格魅力的人；有担当，就会不胆怯、不懈怠、不找借口，就会最终解决问题。

分享——分享知识和经验，就能不断提高团队的智慧和能力；分享不是让我们拥有的减少，而是让我们拥有的更多；分享也是一种分担，分担风雨、同舟共济。

专业——当客户评价你“专业”的时候，一定不是评价你的专业知识和专业技术，而是评价你的专业能力、专业经验和专业态度；专业的人，做专业的事；每一个具有工匠精神的人，一定有自己的“金饭碗”。

学习——学习不仅是一种能力，也可以成为一种工作方式和生活方式；学习需要我们保持开放式的思维和胸怀，不能妄自尊大，更不能故步自封，“三人行，必有我师”。

自律——自律是一种自我控制力，更是一种意志力；与其他律，不如自律；主动或被动、积极或消极，需要自律来控制。

奉献——奉献精神，是一个人的道德升华；奉献他人成就自我，奉献社会成就大家；职业奉献，将会造就更加广阔的职业前途。

梦想——梦想是一种幻光，但是这种幻光会指引着你创造人生的价值和意义；人生就像一张白纸，梦想就是你自己绘出的那幅蓝图；梦想是必须要有的。

五、番外

1. 员工餐厅："让众口难调变为众口好调"

开封新东方村镇银行的员工餐厅好似一个开放的空间走廊，视野很好，让人轻松（见图 29-4）。员工餐厅里是开封人喜欢吃的面食和炒菜，好像每顿饭都有粥和菜汤，中午人比较多，晚上主要是值班的员工。开封新东方村镇银行成立以来，餐厅管理就考虑如何"让众口难调变为众口好调"，不断改善餐厅管理和菜品质量，使广大职工体会到"大家庭"的温暖。在餐厅管理中，科学制定菜谱，充分发挥厨师的技术专长，尽量满足不同生活习惯和不同口味要求的就餐人员；保证食品安全，对餐具做到一洗、二冲、三消毒，并执行"食物留样"制度；开展"光盘行动"，增强节约意识，杜绝铺张浪费，体味"谁知盘中餐，粒粒皆辛苦"。

图 29-4　开封新东方村镇银行员工餐厅

在这里，可以感受到开封新东方村镇银行领导和员工们身上的"乡土范儿"和"帝都范儿"，他们的工作和生活都很接地气，体现了"扎根三农"的业务特色，同时骨子里也都浸染着八朝古都文化，透着现代化金融科技气质。毕竟，开封是中国最早的夏朝和商朝的都城，春秋时期就定名"启封"，取"启拓封疆"之意。大宋王朝定都开封，更是在中国历史上留下了丰厚的文化财富。1949 年中华人民共和国成立之初，开封市仍为河南省省会城市，1954 年 10 月，河南省会才由开封市西迁至郑州市。开封新东方村镇银行的领导们大多来自中国银行、中国农业银行等国内一流银行，而且银行也多次安排去国外先进银行考察学习交流，因而他们都具有很先进的管理理念和国际化视野。

2. 古城开封的大宋遗韵

宋朝张择端的《清明上河图》，是中国十大传世名画之一，属国宝级文物，现藏于北京故宫博物院。

《清明上河图》以长卷形式，生动记录了中国12世纪北宋都城东京（今河南开封）的城市面貌和当时社会各阶层人民的生活状况。在五米多长的画卷里，描绘了数量庞大的各色人物，牛、骡、驴等牲畜，车、轿、大小船只，房屋、桥梁、城楼等各有特色（见图29–5），具有很高的历史价值和艺术价值。

图29–5　清明上河图（局部）

《清明上河图》内容大致分为汴京郊外春光、汴河场景、城内街市三部分，在描绘一派繁荣景象的同时，又揭示了城防、安全、交通等诸多社会问题和社会顽疾，被视为带有忧患意识的“盛世危图”。

《简明不列颠百科全书》对《清明上河图》评价道：这是一幅具有重要历史价值的风俗长卷，成功地描绘出汴京城内及近郊在清明时节社会各阶层的生活景象。主要表现的是劳动者和小市民。对人物、建筑物、交通工具、树木、水流之间的相互关系的处理，非常巧妙，整体感很强，具有极大的考史价值。此后历代绘制的都市风俗画，无不受其影响。

宋代孟元老的《东京梦华录》是一部笔记体散记文集。宋钦宗靖康二年（1127年），北方游牧民族金国的铁骑长驱中原，直捣汴京，掳掠徽、钦二帝及太妃、太子、宗室三千人，宗庙毁废，北宋灭亡。大批臣民逃命南方，颠沛流离，孟元老抚今追昔，创作了《东京梦华录》。所记大多是宋徽宗崇宁到宣和（1102—1125年）年间北宋都城东京的情况，描绘了这一历史时期居住在东京的上至王公贵族、下及庶民百姓的日常生活情景，是研究北宋都市社会生活、经济文化的一部极其重要的历史文献古籍。《东京梦华录》大致包括这几方面的内容：京城的外城、内城及河道桥梁，皇宫内外官署衙门的分布及位置，城内的街巷坊市、店铺酒楼，朝廷朝会、郊祭大典，当时东京的汉族民风习俗、时令节日，饮食起居、歌舞百戏等，几乎无所不包。

孟元老的自序追述了当年的繁胜："太平日久，人物繁阜。垂髫之童，但习鼓舞；斑白之老，不识干戈。时节相次，各有观赏：灯宵月夕，雪际花时，乞巧登高，教池游苑。举目则青楼画阁，绣户珠帘。雕车竞驻于天街，宝马争驰于御路，金翠耀目，罗绮飘香。新声巧笑于柳陌花衢，按管调弦于茶坊酒肆。八荒争凑，万国咸通。集四海之珍奇，皆归市易；会寰区之异味，悉在庖厨。花光满路，何限春游；箫鼓喧空，几家夜宴。伎巧则惊人耳目，侈奢则长人精神。"

根据中国学者邓广铭、漆侠对中国宋朝历史的研究结果，以及英国学者安格斯·麦迪森出版的《世界经济千年史》所记，北宋是中国古代历史上经济文化最繁荣的时代，科技发展突飞猛进，政治也比较开明，经济文化繁荣。中国著名历史学家陈寅恪先生也认为："华夏民族之文化，历数千载之演进，造极于赵宋之世。"西方和日本史学界中亦有学者认为宋朝是中国历史上的文艺复兴与经济革命的时期。

千年历史烟云渐渐散去，在开封大地上留下了众多的历史遗迹。比如开封朱仙镇的岳王庙以及点将台，象征大宋繁盛的清明上河园，纪念公正无私"黑脸包拯"的包公祠，鞭挞北宋奸臣的浑水的潘家湖，颂扬杨家将的清水的杨家湖等，都贯穿着中国人源远流长的文化情结。

在现代市场经济条件下，开封人也开发建设了"小宋城"，被誉为"开封人的待客厅"（见图 29–6），成为一个亮丽的商业景观。

图 29–6　开封"小宋城"

第三十章　中天钢铁集团："中天钢铁，如日中天"

一、案例背景

1. 中国钢铁工业发展历程

如果说石油是现代工业的血液，那么钢铁就是现代工业的脊梁。钢铁作为工业化进程中不可或缺的金属材料，在国计民生中扮演着十分重要的角色。钢铁工业对国家基本建设、国防工业、装备制造业发展，对于中国工业化和现代化的进程起着巨大的支撑和推动作用。

中国的钢铁工业诞生于风起云涌的洋务运动之中，基础薄弱，步履蹒跚。1949 年，中国的钢铁产量只有 15.8 万吨，仅相当于当时美国钢铁产量的 2.2‰。在中华人民共和国成立之初，我国钢铁工业的基础十分薄弱，之后我国钢铁工业开始逐步恢复和发展，并在苏联援助下建设了鞍钢、武钢、包钢等钢铁厂。随着"三线建设"的铺开，西南、西北等地纷纷建设了一批新的钢铁企业，初步形成了我国的钢铁工业布局。

党的十一届三中全会后，改革开放又为钢铁行业的发展带来了良好机遇。1978 年 12 月 23 日，随着宝钢在上海长江口畔打下第一根钢桩，宝钢成为当时中国投资最多、规模最大并且全套引进国外设备的头号工程，这也标志着我国钢铁行业发展迎来一个新的起点。在建设上海宝钢、天津无缝钢管厂等具有世界先进水平的现代化大型钢铁企业的同时，一些老的大型钢铁企业也进行了技术改造和升级，例如鞍钢、武钢、首钢、包钢等。1996 年之后，我国钢产量持续位居世界第一，2020 年我国钢铁产量占世界的比重已上升至 57.1%。

随着我国钢铁工业的不断进步，中国钢铁工业工艺技术装备已经跻身世界水平，一批高端钢铁产品更是打破国外垄断，占据了高端用钢的高点。中国经济发展进入新常态后，钢铁工业面临转型升级的压力：一方面，中国的经济发展和西方国家经济的发展仍存在一定差距；另一方面，当前我们的装备水平以及钢铁质量和发达国家相比仍然有差距，未来我国钢铁行业将在质量方面要求更高，用以满足未来参与高精端领域竞争的需求。

中国钢铁工业为满足国民经济发展及各部门对钢铁材料的需求、为提高中国的综合国力、为中国的社会经济发展做出了巨大贡献。同时，中国钢铁产业在探索“走出去”方面大力拓展，特别是为“一带一路”沿线国家提升工业制造能力，为中国钢铁产业创造了非常难得的机遇，推动中国从工业大国向工业强国迈进。

2015 年 5 月，国务院颁布《中国制造 2025》，提出坚持“创新驱动、质量为先、绿色发展、结构优化、人才为本”的基本方针，坚持“市场主导、政府引导，立足当前、着眼长远，整体推进、重点突破，自主发展、开放合作”的基本原则。通过“三步走”实现制造强国的战略目标：第一步，到 2025 年迈入制造强国行列；第二步，到 2035 年我国制造业整体达到世界制造强国阵营中等水平；第三步，到中华人民共和国成立一百年时，我制造业大国地位更加巩固，综合实力进入世界制造强国前列。

“绿水青山就是金山银山”。2018 年以来，钢铁工业实施了历史上、世界上最严格的环保政策。2020 年 9 月中国政府明确提出 2030 年“碳达峰”与 2060 年“碳中和”目标。2021 年 10 月，中共中央、国务院印发《关于完整准确全面贯彻新发展理念做好碳达峰碳中和工作的意见》。“双碳”战略倡导绿色、环保、低碳的生活方式；加快降低碳排放步伐，引导绿色技术创新，提高产业和经济的全球竞争力；持续推进产业结构和能源结构调整，兼顾经济发展和绿色转型同步进行。当前，中国钢铁工业绿色低碳发展已经走在世界前列，为世界钢铁工业发展树立了方向，在为人民生活质量改善提供基础材料和重要功能材料的同时，正在通过自身努力促进全社会实现绿色低碳发展，让世界变得更加美好。

2. 中国钢铁行业整合发展趋势

我国钢铁行业长期以来存在集中度过低的问题，需要通过提升行业集中度避免企业间的恶性竞争，提升中国钢铁的国际竞争力。2016 年 6 月，宝钢集团和武钢集团宣布战略重组，当年 12 月，中国宝武钢铁集团在上海总部揭牌成立，其后宝武相继整合马钢、重钢、太钢、新疆八钢、中南钢铁、中钢等大型国有钢铁企业，又进一步整合山钢、包钢以及托管昆钢，成为世界最大的钢铁生产集团。

2021 年 10 月，鞍钢集团本钢集团有限公司正式揭牌，成为国内第二、全球第三的钢铁集团。鞍本重组是一项综合性改革，包括鞍钢股权多元化改革、本钢 51% 股权无偿划转、本钢债转股、本钢混改、鞍本整合融合及本钢市场化改革等。鞍本整合不仅进一步确立了钢铁行业整合的趋势，也是供给侧结构性改革以来竞争市场体系日趋完善，各类资源要素向优势企业集聚的体现。

民营钢铁企业也出现兼并重组趋势，比如沙钢重组东北特钢、建龙重组北满特钢、德龙重组天津渤钢集团、敬业收购接管广东泰都钢铁实业股份有限公司等。伴随着我国改革开放的步伐，民营钢铁企业从无到有、从小到大，逐步发展壮大。我国钢铁行业创造出中国速度、中国品牌、中国奇迹，民营钢铁企业发挥了重要作用，在钢铁行业持续推进供给侧结构性改革、实现高质量发展的进程中，民营钢铁企业也是不可或缺的重要力量。

中国钢铁行业是一个年产量超过 10 亿吨的巨型生态圈，随着钢铁行业整体迈向高质量发展阶段，行业整合作为重要抓手，自然也要与时俱进。在政策层面，《“十四五”原材料工业发展规划》和《关于促进钢铁工业高质量发展的指导意见》（以下简称《指导意见》）等旨在引导各种资源要素向优势领域、企业集聚，为钢铁行业整合的方向及整合的质量提供了基础性保障。《指导意见》提出“依托行业优势企业，在不锈钢、特殊钢、无缝钢管、铸管等领域分别培育 1～2 家专业化领航企业”“鼓励钢铁企业跨区域、跨所有制兼并重组，改变部分地区钢铁产业‘小散乱’局面”。《指导意见》将行业碳达峰时间设定在 2030 年前，也让钢铁行业可以更加从容地应对“双碳”约束。

3. 中国工业精神与文化传承

中国工业精神，是指中国工业创业成长和改革创新过程中形成的以“独立自主、自力更生”为标志，包括大庆铁人精神、“两弹一星”精神、载人航天精神、航空报国精神、劳模精神、工匠精神、企业家精神、创新精神、诚信精神等的一系列工业文化精神。

2016 年 12 月，工信部、财政部发布的《关于推进工业文化发展的指导意见》指出，工业是强国之本，文化是民族之魂。工业文化是伴随着工业化进程而形成的、渗透到工业发展中的物质文化、制度文化和精神文化的总和，对推动工业由大变强具有基础性、长期性、关键性的影响；工业文化在工业化进程中衍生、积淀和升华，时刻影响着人们的思维模式、社会行为及价值取向，是工业进步最直接、最根本的思想源泉，是制造强国建设的强大精神动力，是打造国家软实力的重要内容；大力发展工业文化，是提升中国工业综合竞争力的重要手段，是塑造中国工业新形象的战略选择，是推动中国制造向中国创造转变的有力支撑。

《关于推进工业文化发展的指导意见》提出，要大力发扬中国工业精神。

一是弘扬工匠精神。培育一批尊崇工匠精神的高素质产业工人，引导企业建立高技能人才奖励机制，树立“大国工匠”标杆，发挥模范带动作用，使工匠精神成为生产者的行为准则和消费者的价值取向。引导企业“十年磨一剑”，长期专注于产品的质量提升和品牌培育，将工匠精神融入现代工业生产与管理实践。

二是践行创新精神。提高工业企业创新意识，鼓励企业通过“众创”等新型方式激发创新活力，建设一批创新创业示范基地，统筹推进科技、管理、品牌、组织、商业模式创新，把创新的理念融入企业的核心价值观。组织开展创新创业大赛、成果展示、技术沙龙等丰富多彩的创新活动，树立一批创新典型，激发全社会的创新激情和活力。

三是倡导诚信精神。传承“言必信、行必果”的诚信精神，推进工业诚信体系建设，推动部门间企业信息共享，发展工业征信服务，适时发布失信企业名单，形成诚信光荣、失信可耻的社会环境，让诚信担当成为自觉行动。

四是培育企业家精神。倡导实业兴国的发展理念，树立开放、合作、共赢的博大胸怀，强化创业兴业的价值导向。通过创业训练营、行业领军人才培训等活动，培育一批敢于担当、勇于作为、把握时代脉搏、具有全球视野的企业家队伍。

根据 2018 年工信部颁发的《国家工业遗产管理暂行办法》，国家工业遗产是指在中国工业长期发展进程中形成的，具有较高历史价值、科技价值、社会价值和艺术价值并经工信部认定的工业遗存。工业文化遗产是由工业文化遗留物组成的，这些遗留物拥有历史、技术、社会、建筑、审美或者是科学上的价值，包括建筑物，机器设备，车间制造厂和工厂，矿山和处理精炼遗址，仓库和储藏室，能源生产、传送、使用运输以及所有与工业相联系的社会活动场所，以及工业非物质文化遗产例如生产工艺、流程、手工技能、企业精神、企业文化等。

2021 年 6 月，工信部等八部门联合发布的《推进工业文化发展实施方案（2021—2025 年）》指出，坚持新发展理念，以深化供给侧结构性改革为主线，坚持以社会主义核心价值观引领文化建设，把工业文化建设作为推动制造业高质量发展的重要内容，完善工业文化发展体系，强化承载重要文化的工业遗产的保护利用，弘扬中国工业精神，促进文化与产业融合发展，丰富中国制造的文化内涵，培育工业文化的新业态新模式，不断增强国家文化软实力和中华文化影响力。

在中国钢铁工业创业征程中，涌现出一大批钢铁工业先进代表，从孟泰、王崇伦、雷锋、马万水到刘汉章、陈钰珊、李双良、曾乐（见图 30–1），再到新时代的郭明义、李超、宋嗣海等，积淀形成了“孟泰精神”“马万水精神”“攀枝花精神”“铁山精神”“李双良精神”“曾乐精神”等为代表的钢铁行业精神（见图 30–2）；在改革开放进程中，中国钢铁工业始终勇立潮头，成为解放思想、探索变革的先锋。鞍钢宪法、邯钢经验、首钢经济责任承包制、马钢股份制改革、武钢质量效益型道路、宝钢现代化管理经验……这些已经成为中国钢铁工业传承和弘扬的宝贵文化财富。

图 30–1 鞍钢“雷锋班”收藏品

图 30–2 “孟泰精神”群像

二、文化主题：“中天钢铁，如日中天”

中天钢铁集团（见图 30–3）成立于 2001 年 9 月，历经 20 余年艰苦创业，已发展成为年营业收入超 1900 亿元，业务涵盖钢铁冶炼、深加工服务、现代物流、国际贸易、酒店、教育、体育等多个板块的大型钢铁联合企业。连续 10 余年荣列中国企业 500 强，位居 2021 年中国企业 500 强第 166 位、制造业 500 强第 69 位、江苏省百强民营企业第 8 位。获得“第六届中国工业大奖”“全国十大卓越品牌钢铁企业”“钢铁行业改革开放 40 周年功勋企业”等荣誉称号。

图 30–3　中天钢铁集团标志

中天钢铁集团始终坚守实业初心，深耕钢铁主业，“做优、做精、做强”钢铁板块，形成建筑用钢、工业棒材、工业线材、热轧带钢四大产品系列（见图 30–4），拥有钢铁研究总院——研究应用基地、国家企业技术中心、国家博士后科研工作站等多个创新平台，高技术、高品质、高附加值钢种 700 余个，远销全球近 70 个国家和地区，广泛用于铁路轨道、汽车轴承、船舶锚链、石油化工、海洋工程、核电风电、军工等领域。多项“中天”牌产品荣获“冶金实物金杯优质产品”“江苏精品”“高新技术产品”等称号。

图 30–4　中天钢铁厂区一景

中天钢铁集团始终牢记社会责任，将绿色发展、环保发展作为企业底线，累计投入超 200 亿元，实施 190 余项节能减排、循环利用工程，并围绕“碳达峰、碳中和”的目标任务，提前研究碳捕捉等低碳冶炼技术。此外，坚持“致富思源、反哺社会”的理念，多年来用于各类社会捐助超 8 亿元，获评“国家级绿色工厂”“中国公益慈善十大影响力企业”“履行社会责任十大典范企业”等荣誉。

“十四五”期间，中天钢铁集团将围绕“炼就非凡品质、构铸美好生活”的共同使命，奋力迈入世界 500 强企业行列，建设“有规模、有品牌、有内涵、有温度、有核心竞争力，备受尊敬的世界一流钢铁联合企业”。

中天钢铁集团的文化传统和文化精髓，是中天钢铁人智慧和汗水的凝结，也是中天钢铁需要传承和弘扬的文化精神。一是“听党话、跟党走、感党恩”的政治站位；二是“诚信经营、依法合规”的原则底线；三是“对国家多贡献，对社会多奉献，让员工增收入”的责任担当；四是“团结可以战胜一切”的精神引领；五是“进了中天门，就是中天人”的家园氛围。

三、中天钢铁文化发展历程

中天钢铁集团是一家从优秀到卓越的企业，不仅传承了国有企业的文化基因，而且在改制和创新过程中形成了具有中天钢铁特色的企业家文化和经营管理思想，积淀形成了中天钢铁传承和弘扬的精神文化财富。

1. 孕育传承期（1973—2008 年）

1973—1997 年，在原武进轧钢厂到原武进钢铁集团的发展历程中，共经历四任领导集体，且形成了各具特色的企业文化脉络，为中天钢铁注入了优秀文化基因。

1997—2001 年，董才平正式接手武进钢铁集团，并将自身经营管理思想践行和内化到企业改制工作中，为改制后的中天钢铁集团企业文化传承与创新奠定了坚实基础。

2001—2008 年，以中天钢铁集团创始人董才平的“四明人格”（即决策英明、胸怀开明、管理精明、操作光明）、“三商智慧”（即智商、情商、胆商）、领导力“三大抓手”（即当好班长、建好班子、带好队伍）和团队管理方针“五多五不”（即多鼓励、多沟通、多理解、多支持、多信任，不埋怨、不排斥、不抵触、不嘲笑、不贬低）等理念为主，初步形成了具有中天钢铁特色的企业家文化和企业经营管理之道。

2. 系统建设期（2009—2015 年）

2010 年 7 月，构建企业文化体系，发布《中天九条文化宪章》。

2011 年 3 月，组建百名企业文化宣教员队伍。

2011 年 11 月，开展《中天九条文化宪章》知识竞赛。

2012 年，获评“江苏省民营企业文化建设示范单位”。

3. 科学发展期（2016—2020 年）

2016 年 7 月，企业管理理念升级，推动企业文化管理。

2017 年 10 月，提出科学治企“三心”（即尽心、净心、静心）理念。

2018 年 3 月，荣获常州首批省级“幸福企业”。

2018 年 9 月，发布《如日中天》企业发展史。

4. 升级跨越期（2020 年至今）

2021 年，完成“中天九条 2.0”修编工作。

2021 年，发布集团未来 15 年发展规划，以“中天九条 2.0”为指导，协同落地实施，推进集团新发展阶段愿景目标实现。

2022 年，于 2020 年开始编撰的《董才平传记》出版发行，与《如日中天》和“中天九条 2.0”共同构成了中天钢铁三大企业文化读物。

四、咨询方案

1. 从“中天九条 1.0”到“中天九条 2.0”的整合升级

2021 年，适逢中天钢铁集团成立 20 周年之际，启动“中天九条”文化纲领的整合升级项目。首先，这是基于集团战略创新的需要，为积极落实全面对接长三角一体化、长江经济带建设等国家发展战略，中天钢铁集团提出“二次创业”的概念和“一总部多基地”的战略框架，根据国家“十四五规划”，制定了集团发展的近期目标（2021—2025 年）和中长期目标（2026—2035 年）。其次，是应对组织管理变革的需要，中天钢铁集团正面临新老领导集体更替、组织体系变革、人才知识结构重塑等管理变革创新的课题。再次，是适应市场的变化和新时代的要求，2009 年编撰的《中天九条文化宪章》（以下简称“中天九条 1.0”）的部分内容已不适应中天钢铁集团的未来发展，亟待重新修编和完善。

“中天九条 1.0”的精髓包括：“成就百年基业、打造绿色钢城”的共同使命，“炼就非凡品质、坚固人类生活”的集团愿景，“效率领先、效益优先、创业创新、永不停步”的发展源泉，“市场为先、客户为上”的经营理念，“三管三制”（即厉行高效管理、公平透明管理、精益生产管理及首长负责制、责任追究制、结果导向制）的规范管理体系，“尊重员工、换位思考、共赢发展、共享成果”的工作方针，“忠诚敬业、爱岗奉献、乐观进取、守律守信”的德治修养，“以德为先、以效为重、凭能力上岗、按贡献分配”的用人机制，“当好班长、建好班子、带好队伍”的团队建设思想等。

我们从深入细致的综合调研诊断入手，分析了中天钢铁企业文化的基因传承、新文化理念的植入、文化与战略的融合、文化与管理的融合等问题，构建了基于战略导向、核心竞争力导向的企业文化，致力于打造中天钢铁的文化软实力和品牌竞争力（见图 30–5）。我们把“中天九条 1.0”的“333”架构体系模式升级为“中天九条 2.0”的“3222”架构体系模式，从原来的“战略层、经营层、基础层”提升至“战略层、价值层、经管层和人本层”。

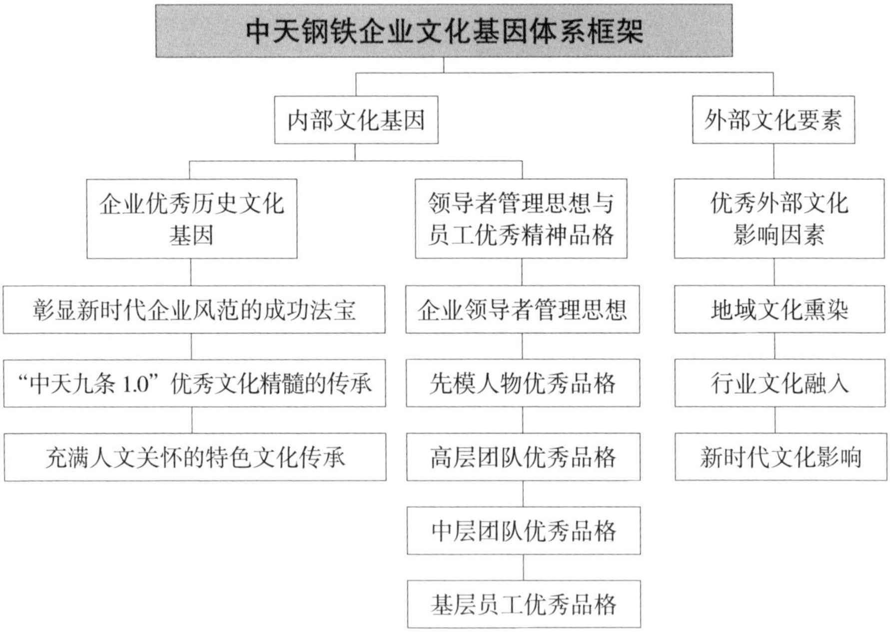

图 30–5　中天钢铁企业文化基因体系框架

2.“中天九条 2.0”文化纲领架构体系

“中天九条”文化纲领是中天钢铁集团企业文化建设的顶层设计，是指导企业开展理念文化、制度文化、行为文化、物质文化建设的纲领性文件和文化落地践行指南。

企业文化作为一种先进的管理理论和管理方式，是与企业经营管理实践密切结合的。在中天钢铁企业文化建设过程中，需要在战略目标、精神价值、经营管理和人本导向四个方面建立良性的互动关系（见图 30–6）。从四者的逻辑关系分析，战略目标层是发展道路的选择和核心竞争能力的培育，是企业未来发展的航标和指针；价值理念层是凝聚员工、激励员工的企业之魂，是企业持续发展的根本动力；经营管理层是企业的体制机制安排，是企业运营的基础；人本导向层则是基于企业的人力资源管理，对全体员工的行为准则导向规范，是具体落实践行战略层、价值层和经管层理念，指导全员统一思想，打造执行有力的人才队伍，助力企业不断做大做强，实现共同愿景和发展战略的关键。

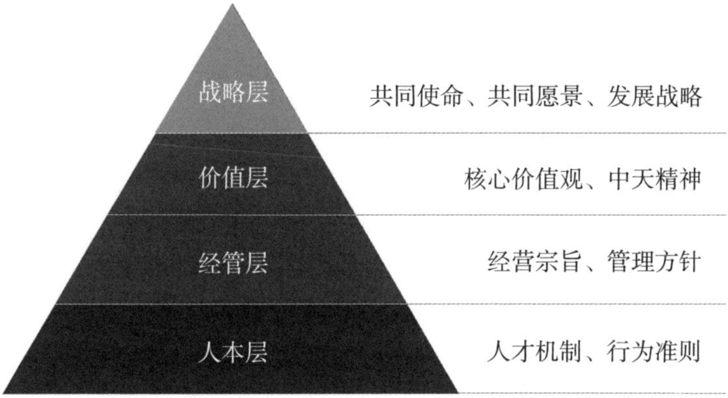

图 30-6 “中天九条 2.0”的“3222”架构体系

3.“中天九条 2.0”文化纲领基本内容

第一条：担当“炼就非凡品质、构铸美好生活”的共同使命。

第二条：打造“备受尊敬的世界一流现代钢铁企业”的共同愿景。

第三条：推进“创新驱动、创效领先、人才强基、科技强企”的发展战略。

第四条：秉承“实干、诚信、创新、卓越”的核心价值观。

第五条：弘扬“团结可以战胜一切”的中天精神。

第六条：坚守“市场导向、共生共赢、行稳致远”的经营宗旨。

第七条：贯彻“底线思维、精益至善、智慧高效”的管理方针。

第八条：完善“以人为本、德才兼备、激励有方”的人才机制。

第九条：遵守“身心必正、职守必忠、进取必勤”的行为准则。

五、番外

1. 从武进钢铁到中天钢铁的嬗变

1997 年 9 月之前，中天钢铁集团的前身——江苏武进钢铁集团是一个年产钢不到 6 万吨、产销不足 10 亿元的小型钢厂，当时，企业最精良的设备、最年轻的操作工人、最优秀的科技人才都进了合资的大众钢铁公司。设备陈旧老化，产品严重积压，资金奇缺，人心涣散，3000 多名员工拿不到应有的工资，被合资企业退回的 300 多名“老弱病残”员工以及 400 多名内退职工的生活需要安置。企业正处于不被自身经营拖垮，也被政策性关闭的绝对困境之中。

在这危难关头，以董才平为首的新一代领导人毅然喊出“誓与企业共存亡”的口号，走上了破局自救的创业征程。通过清理整顿，抛下了子公司和联营公司拖欠的债务包袱，轻装上阵，掀开了创业发展的新篇章。困境中，中天钢铁上下 3000 多人坚定“誓与企业共存亡”的决心与斗志，坚持“只有上项目才能不死”“科技为根、项目兴业是走出困境唯一出路”的信念支撑，精诚团结，迎难而上，开启了“一火成材高线项目”“热电一期项目”“90 吨超高功率电炉炼钢项目”等三大工程，让全体干部员工看到了企业重生的希望。惊心动魄的“三大工程”胜利竣工，背后凝聚着中天人不服输、不屈服、不认命的勇气，也见证了团结创造的奇迹。

2.“冲出江河，走向蓝海”——中天绿色精品钢基地

2020 年，中天绿色精品钢基地启动，从长江之畔挺进黄海之岸，从常州本部走向江海之滨，这是 20 年来中天钢铁集团下得最大的一步棋。在疫情防控最紧张的阶段，中天钢铁集团与当地政府团结合作，携手并肩，坚持疫情防控和项目施工两手抓，紧扣时间节点，倒逼重点任务，挂图作战，攻坚克难，分秒必争，依法依规全面完成任务。这是“团结可以战胜一切”的中天精神与“担当实干、自强不息”的“张謇精神”的高度融合所取得的重大成果。

中天钢铁一次次的实践证明，奇迹就蕴藏在团结之中，而“团结可以战胜一切”的中天精神，正是集团能够无往不利的制胜法宝。无论过去、现在还是将来，“团结可以战胜一切”的中天精神始终是集团最为重要的支撑力量，它激励着中天人不断顽强拼搏、勇往直前，也将成为中天人追求个人价值、企业价值、社会价值实现的精神引领。

中天钢铁集团作为江苏常州最大的工业企业和首批 5G 智慧园区，坚持以智改数转作为传统产业转型升级、高质量发展的切入点，逐步形成智能制造、产销协同、三流合一的立体信息化大格局，全力打造“智慧中天”“数字中天”（见图 30-7、图 30-8）。依托工业化和信息化的深度融合，中天绿色精品钢项目已建成当今行业最高水平的钢铁智控中心，可实现操作区域远离生产现场 5 千米，助力全员劳动生产率达到每年每人 2000 吨。

图 30-7　5G+ 数字钢厂

图 30-8　智能管控中心

3.“四明人格、高超三商”——董才平的治企思想

董才平作为中天钢铁集团的创始人和领军者，在武进钢铁集团濒临倒闭的关键时刻，临危受命，带领企业走出困境，创造了一个又一个的奇迹。在这个过程中，他将自身的经营管理思想践行和内化到企业改制工作中，为改制后的中天钢铁企业文化传

承与创新指明了方向。

（1）爱国爱党、担当有为。提出“有国才有家，热爱祖国，胸怀使命，肩扛责任”，勇于担当政治责任、国家责任和社会责任。

（2）全球视野、对标一流。提出要有世界眼光，要打造一流标准，明确“五化五一流”的集团目标发展方向。

（3）臻于至善、追求卓越。提出“要么不做，要做就做最好”“跨过长江，走向海洋”“有规模、有品牌、有内涵、有温度、有核心竞争力”等。

（4）未雨绸缪、超前预判。提出“下雨天后是晴天，晴天不忘下雨天”，要有安全意识、前瞻意识和辩证思维等。

（5）生态环保、持续发展。提出“环保是企业的底线，环保做不好，一切等于零”，实现人与自然、人与环境的和谐相处。

（6）诚信经营、防控风险。提出“经营上不被别人害，也不能去害别人”，要讲诚信、讲仁义，同时也要树立风险防范意识。

（7）居安思危、市场导向。提出“市场无限大，看你本事大不大；市场无限小，有你没有他”，要树立市场意识、竞争意识，要与雄鹰为伍，不能小肚鸡肠。

（8）创新思变、务求实效。提出“要巧干，不能蛮干，民企不宜打阵地战、人海战，不搞花架子，一切从实际出发，一切以效益为中心开展工作”等。

（9）“四明人格、高超三商”。“四明人格”是指：决策英明，重大决策无失误；胸怀开明，关爱员工见真情；管理精明，识人用人重三德；操作光明，民主公开显人品。“高超三商”是指：智商 = 知识 + 智慧 + 才华；情商 = 人格 + 素养 + 能力；胆商 = 超前意识 + 果敢决策 + 抗风险力。

（10）举贤任能、人才强企。提出“有德有才破格使用、有德无才培养使用、无德有才限制使用、无德无才坚决不用”的人才战略，“当好班长、建好班子、带好队伍”的三大法宝，以及“五多五不”的团队管理方针。

结　语

业精于勤　行成于思——企业文化咨询项目简析

作者从20世纪90年代末开始企业文化理论研究和实践工作，形成了“经营理念是企业发展哲学”“企业形象是企业无形资产”“优质服务是企业效益之源”“职业道德是企业伦理基石”等系列观点。从2000年开始从事企业文化咨询工作，服务客户从煤炭行业到钢铁行业，从电力行业到石油行业，从航空行业到港口行业，从汽车行业到通信行业，从建筑行业到金融行业，从军工行业到核电行业，从地质行业到医疗行业，以及行政事业单位，等等。

这是一个变革创新的时代，也是一个问题叠出的时代，更是一个智慧碰撞的时代。“三人行，必有我师”。我们的咨询团队与企业领导团队、企业文化工作团队互相学习和交流，深切感受到企业家的魅力、企业文化的魅力，以及企业成长的魅力，也深切体会到“咨询的过程，是输出的过程，也是输入的过程”“我们不仅享受咨询的成果，更享受咨询的过程”。比如企业家们提出的“什么都可以落后，唯思想不能落后”“发展中的问题，在发展中解决”“跳出企业看企业，跳出行业看行业，跳出中国看中国”等，无不闪耀着思想和智慧的光芒。

2000—2004年

咨询客户主要包括：北京双鹤药业；中国联通；北汽福田；北京同仁堂集团；京能热电；京煤集团；中国钢铁研究总院（中国钢研）；中国农科院蜜蜂研究所；首都机场集团；首都机场要客部；北京空港配餐有限公司；北京安定医院；北京顺义区医院。

这一时期的咨询客户中，既有现代企业，也有传统企业，以及老字号企业，甚至事业单位，体现出不同的文化需求。比如，北京双鹤药业上市之后，开始跨地区兼并扩张，在全国建立多个事业部，需要统一的文化统领；北京同仁堂在传统与现代的结合中，需要建立与现代企业制度相匹配的企业文化；中国农科院蜜蜂研究所面临事业单位和企业单位的双重管理，需要新的管理理念和管理方式；首都机场集团开始进行跨地域兼并重组，需要新的文化纲领；此外，医院文化也成为企业文化的一个延伸部分，等等。

2005—2008 年

咨询客户主要包括：河北津西钢铁股份有限公司；日照港集团；山东将军烟草集团；吉林省吉林市烟草公司；陕西省西安市烟草公司；陕西省延安市烟草公司；安徽省巢湖市烟草公司；安徽省宿州市烟草公司；安徽省巢湖市烟草公司；北京空港配餐有限公司。

这一时期，北京以外的客户开始增加，特别是国家烟草局提出“两个至上”的行业价值观，在整个烟草系统产生很大影响，很多烟草工业企业和商业企业开始着力于企业文化的整合提升工作。日照港作为一个年轻的港口，开启了“阳光文化”的征程；北京空港配餐有限公司作为中国和新加坡的合资企业，也产生了新的文化需求；河北津西钢铁公司作为上市公司，一方面要适应国有企业向民营企业的转制过渡，另一方面也需要建立现代企业制度和企业文化；等等。

2009—2013 年

咨询客户主要包括：河南省郑州市交通局；青岛钢铁集团；国电科技环保集团；首都机场集团；首都空港贵宾服务管理有限公司；北京首都机场餐饮发展有限公司；北京首都机场商贸有限公司；首都机场集团资产管理有限公司；首都公务机有限公司；江西省机场集团；辽宁省机场集团；山东中烟工业公司济南卷烟厂；湖南省地勘局四一六队；日照港裕廊码头有限公司；日照港股份有限公司轮驳分公司；日照港油品码头有限公司。

这一时期，日照港集团和首都机场集团成为我们咨询业务的重点，两者都存在集团“母子文化”和“文化管控”的问题，无论是集团层面和子公司、分公司层面都产生了文化需求；河南省郑州市交通局和湖南省地勘局四一六队作为行政机构和事业单位，也面临“交通文化”和“地勘文化”的课题；青岛钢铁集团是老国企，需要接受新的市场化的文化理念；国电科技环保集团正在成为中国国电集团新能源领域的增长点，也需要在集团文化指导下建立个性化的“特色文化”。

2014—2016 年

咨询客户主要包括：辽宁省鞍山市燃气总公司；广东粤电集团韶关发电厂；青海油田采油一厂；中信银行；中国核能电力股份有限公司；中航工业安大公司；日照港集团；日照港第一港务分公司；日照港动力通信公司；拜博口腔医疗集团；中航信托股份有限公司。

这一时期，日照港集团提出“三次创业”概念，推进转型升级，开启“阳光文化2.0”时代。中信银行开始从“高大上银行”到“零售银行”的战略转型，实施“企业文化战略工程”，从构建文化体系到推出文化故事集、文化示范基地等，进行文化引领和创新驱动。同时，中航工业系统、中国核电系统、地方性企业以及民营企业等，也十分重视企业文化建设，比如青海油田采油一厂的“三级文化”、辽宁省鞍山市燃气总公司的“服务文化品牌”等，说明企业文化的深度和广度在进一步拓展。

2017—2020 年

咨询客户主要包括：开封新东方村镇银行；河南省第一建筑工程集团有限责任公司；中信银行；广西北部湾投资集团；上海新亚药业有限公司；中国石油四川石化有限责任公司；华能国际电力公司辛店电厂。

2017 年党的十九大之后，中国特色社会主义进入了新时代。企业转型升级以及企业文化整合创新成为发展主题。比如开封新东方村镇银行的“党建文化”和“社会责任文化”，广西北部湾投资集团的企业重组和“文化融合创新”，中信银行企业文化从总行文化向“条线专项文化”和“分行特色文化”纵深推进等，企业文化建设和企业文化管理进入一个新的发展时期。

企业文化建设永远在路上，我们依然任重道远。

参考文献

［1］查兰．引领转型：如何在大变革时代实现企业成功转型［M］．杨懿梅，译．北京：机械工业出版社，2014.

［2］森德勒．工业 4.0：即将来袭的第四次工业革命［M］．邓敏，李现民，译．北京：机械工业出版社，2014.

［3］雷恩，贝德安．管理思想史［M］.6 版．孙健敏，黄小勇，李原，译．北京：中国人民大学出版社，2012.

［4］克雷纳．管理百年：20 世纪管理思想与实践的批判性回顾［M］．邱琼，钟秀斌，陈遊芳，译．海口：海南出版社，2003.

［5］阿川，罗瑟尔．卓越领导力：理论、应用与技能开发［M］.4 版．郑晓明，赵子倩，译．北京：清华大学出版社，2010.

［6］德鲁克.21 世纪的管理挑战［M］．朱雁斌，译．北京：机械工业出版社，2006.

［7］博西迪，查兰．执行：如何完成任务的学问［M］．刘祥亚，等译．北京：机械工业出版社，2003.

［8］达夫特，马西克．管理学原理［M］.5 版．高增安，马永红，李维余，译．北京：机械工业出版社，2009.

［9］圣吉．第五项修炼：学习型组织的艺术与实务［M］．张成林，译．北京：中信出版社，2009.

［10］彼得斯，沃特曼．追求卓越［M］.3 版．胡玮珊，译．北京：中信出版社，2012.

［11］迪尔、肯尼迪．企业文化：企业生活中的礼仪与仪式［M］．李原，孙健敏，译．北京：中国人民大学出版社，2015.

［12］科特，赫斯克特．企业文化与经营业绩［M］．李晓涛，曾中，译．北京：华夏出版社，1997.

［13］大内.Z 理论［M］．朱雁斌，译．北京：机械工业出版社，2015.

［14］沙因．组织文化与领导力［M］．章凯，罗文豪，朱超威，等译．北京：中国人民大学出版社，2014.
［15］邹广文．企业文化与企业竞争力［M］．北京：新世界出版社，2004.
［16］孟凡驰．企业文化研究［M］．北京：中国经济出版社，2016.
［17］李磊．企业文化经典著作导读［M］．北京：中国工人出版社，2015.
［18］周宁．CIS：企业形象识别与设计全书［M］．北京：北京广播学院出版社，1995.